# MEXIKO
## Der Weg in die Krise

herausgegeben von:

**Albrecht von Gleich, Rainer Godau und Michael Ehrke**
Institut für Iberoamerika-Kunde Hamburg

mit Beiträgen von:

**Gabriela Comel**
**Michael Domitra**
**Michael Ehrke**
**Klaus Eßer**
**Rainer Godau**
**Wolfgang König**
**Volker Lehr**
**Christian Pollak**
**Victor L. Urquidi**

**Verlag Rüegger**

**Im gleichen Verlag erschienen:**

## Transnational Corporations in Latin America

Interactions between Nation States and Transnational Corporations: The Case of German and Swiss Firms operating in Colombia, Brazil and Mexico.

Jean-Max Baumer and Albrecht von Gleich with Renate Heierli and Karsten Jaspersen.

**175 pages, SFr. 28,— (1982) ISBN 3 7253 0157 3**

- Which problems and restrictions arise for foreign companies in their relations with laws and authorities in Latin America?
- How must the regulations and conditions be interpreted?
- How can the companies adapt themselves to them, how can they defend themselves against them should the need arise?
- What changes can be expected for the future?

© Verlag Rüegger · CH-8253 Diessenhofen 1983
ISBN 3 7253 0209 X

# Inhalt:

| | |
|---|---:|
| **Vorwort** | 5 |
| **Einführung und Überblick** | 8 |
| Victor L. Urquidi<br>**Nicht nur vom Öl allein…**<br>**Die Zukunftsaussichten Mexikos** | 18 |
| Gabriela Comel<br>**Öl und Gas in Mexiko, –**<br>**Reserven, Produktion, Export** | 40 |
| Wolfgang König<br>**Die Rolle der verarbeitenden Industrie im Zeichen**<br>**entwicklungspolitischer Alternativen** | 60 |
| Michael Domitra<br>**Arbeitsmarkt und Gewerkschaften** | 76 |
| Rainer Godau<br>**Ölreichtum und soziale Ungleichheit:**<br>**Das »andere« Mexiko** | 92 |
| Christian Pollak<br>**Technologieimport:**<br>**Ansätze zu einer selektiven Kooperationspolitik** | 110 |
| Volker Lehr<br>**Staat und Politik nach dem Boom** | 123 |
| Michael Ehrke<br>**Von der »Verwaltung des Überschusses« zur Abwertung –**<br>**Zu einigen industrie- und finanzpolitischen Aspekten der**<br>**mexikanischen Wirtschaftspolitik unter López Portillo** | 135 |
| Klaus Esser<br>**Mexiko im internationalen Kontext** | 158 |
| **Nachtrag und Ausblick:**<br>**Das Krisenjahr 1982** | 177 |
| **Zu den Autoren** | 187 |

# Vorwort

Die dem Anschein nach so unvermittelt über Mexiko hereingebrochene Wirtschaftskrise des Jahres 1982 hat weltweit die Aufmerksamkeit auf ein Land gelenkt, das erst vor kurzem durch seinen neuen unermesslichen Ölreichtum für Schlagzeilen gesorgt hatte. Wie konnte es geschehen, dass der zweitgrösste Erdölexporteur innerhalb so kurzer Zeit zum grössten Schuldner unter den Entwicklungsländern wurde? Die Entwicklung kam selbst für die Mexiko-Experten überraschend. Auch die Beiträge des vorliegenden Sammelbandes wurden vom Gang der Ereignisse, die Mexikos neue Wirtschaftskrise kennzeichneten, zum Teil überholt. Manche Aussage erschien im Licht der aktuellen Lage hinfällig.

Die Herausgeber standen somit vor der Frage, ob eine Veröffentlichung der Beiträge angesichts der seit Mitte 1982 so einschneidend veränderten Wirtschaftslage Mexikos noch vertretbar wäre. Wenn sie sich dennoch dazu entschlossen haben, so vor allem aus folgenden Gründen:

Die Krise kam früher als erwartet – auch für die Autoren dieses Sammelbandes, die dem erdölreichen Land sicherlich eine grössere Widerstandsfähigkeit zugetraut hatten. Sie setzte einen vorläufigen Schlusspunkt unter eine Entwicklungsstrategie, die Mexiko in vier Jahrzehnten fast kontinuierlichen Wachstums aus dem Lager der Entwicklungsländer herausgeführt zu haben schien. Dabei hat nicht so sehr die Tatsache der Krise an sich überrascht, sondern ihre Plötzlichkeit und das Ausmass, in dem sie die Schwachstellen der mexikanischen Wirtschaft blosslegte. Dieser Überraschungseffekt hängt vor allem mit der spektakulären Eigendynamik finanzieller und monetärer Krisen zusammen: Auslandsschulden von über 80 Mrd. US-$, die rund die Hälfte des Bruttosozialproduktes ausmachen, ein gewaltiges Zahlungsbilanzdefizit, eine galoppierende Inflation, mehrere Abwertungen, Haushaltsüberschreitungen von fast 40 % der geplanten Ausgaben, eine Kapitalflucht ungeahnten Ausmasses usw. Die finanzwirtschaftlichen Aspekte der Krise haben den Blick auf die dahinter stehende Verzerrung und Unausgewogenheit der gesamtwirtschaftlichen Entwicklung Mexikos verstellt. Die vorrangig auf finanzpolitischem

Gebiet geführte Diskussion hat die Frage nach den strukturellen Ursachen und Bedingungen zurückgedrängt, obwohl schon seit Ende der sechziger Jahre die Anzeichen wirtschaftlicher Strukturmängel ständig zunahmen. Die in diesem Sammelband vorgelegten Analysen versuchen daher auf strukturelle Probleme hinzuweisen, um über die gegenwärtige Finanzkrise hinaus den Blick für längerfristig angelegte Entwicklungstendenzen zu schärfen.

Die mexikanische Wirtschaftskrise rüttelt an den gesellschaftlichen Grundfesten und wird dadurch zur Systemkrise. Unter diesem Blickwinkel versucht der Sammelband, neben den wirtschaftlichen auch die aktuellen sozialen und politischen Zwänge auszuloten. Fragen nach der Flexibilität des sozialen Systems werden dabei ebenso gestellt wie die nach den Möglichkeiten wirtschaftspolitischer Kurskorrekturen. Die Verknüpfung der wirtschaftlichen Entwicklungstendenzen mit sozialen Gegebenheiten und politischen Handlungsmargen führt dazu, sich direkt mit der Überlebensfähigkeit des Systems in seiner bekannten Form zu beschäftigen. Nach Ansicht der Autoren dieses Sammelbandes wäre es ein Trugschluss anzunehmen, dass nach einer Überwindung der finanziellen Krise das bisherige wirtschaftliche Entwicklungsmodell weiterverfolgt werden könnte. Diese Auffassung stützt sich auf die strukturellen Defizite des Landes wie Vernachlässigung des Agrarsektors, ungleichgewichtige Regionalentwicklung, verknöchertes politisches System, sich verschärfende soziale Ungleichheit usw., deren Überwindung den Willen oder den Zwang zur Veränderung voraussetzt. Aus dieser Perspektive heraus wird die aktuelle Wirtschafts- und Finanzkrise Mexikos relativiert und in einen Zusammenhang gestellt, der sowohl Erklärungen für ihre Ursache als auch Hinweise für ihre Überwindung gibt. Der soziale und politische Test, den die Wirtschaftskrise für das System bedeutet, steht dabei noch aus.

Das Konzept für den Sammelband beruhte auf einer kritischen Auseinandersetzung mit dem mexikanischen Standpunkt, der von einer Entwicklungspolitik des »finanziellen Überflusses« auf der Basis gigantisch gewachsener Erdölreserven ausging. Nun haben sich durch die jüngste Entwicklung die Hoffnungen der Mexikaner zerschlagen. Anstatt als reiches Öl- und Industrieland an der Seite der westlichen Industrienationen zu stehen, muss es mit deren Hilfe darum kämpfen, eine wirtschaftliche Katastrophe zu vermeiden.

Die Meinung der Autoren ist einhellig. In unterschiedlicher Weise weisen alle auf die ungerechtfertigten Hoffnungen der Mexikaner hin, ihren Traum von Reichtum und nationaler Bedeutung auf einem Meer von Erdöl zu verwirklichen. Die strukturellen Verzerrungen des mexikanischen Wirtschaftssystems und der sozialen und politischen Strukturen hätten vielleicht mit Hilfe der Erlöse aus dem Erdöl noch eine Weile überspielt oder kompensiert werden können; der Zwang zu Reformen wäre bestenfalls hinausgeschoben worden. Zudem ist von vielen die Rolle des Erdölreichtums als Verstärkungsfaktor des ökonomischen Ungleichgewichts unterschätzt worden. Anstatt seine negativen Folgen zu mildern, verstärkte der plötzliche »Reichtum« die sozioökonomischen Unterschiede noch zusätzlich.

Indem sie der Fehlentwicklung der mexikanischen Wirtschaft und ihren Ursachen nachgehen, sollen die Beiträge zugleich Hinweise dafür geben, wie dieses Land möglicherweise aus der Sackgasse herausgeführt werden könnte. Die in Mexiko und in den Kreisen der internationalen Bankenwelt geführte Diskussion über die zur Überwindung der Krise notwendigen Massnahmen lässt befürchten, dass viele Beobachter die Lösung vorrangig in einer Sanierung der Finanzen, der Währung und der öffentlichen Haushalte sehen. Eine solche Betrachtungsweise wäre kurzsichtig und würde der nach grundlegenden Reformen drängenden Lage Mexikos nicht gerecht.

# Einführung und Überblick

Anlass zur Herausgabe des vorliegenden Mexiko-Sammelbandes war ein Vortrag, den Víctor Urquidi, der Präsident des Colegio de México, Anfang Februar 1981 in Hamburg gehalten hat. Der Vortrag von Víctor Urquidi, den wir einleitend wiedergeben, betont die vielversprechenden Möglichkeiten, die sich für Mexiko mit seinem neuentdeckten Erdölreichtum eröffnen würden. Die Schwierigkeiten, die die Transformation der aus dem Erdölexport resultierenden externen Einnahmen in Potentiale wirtschaftlicher und sozialer Entwicklung mit sich bringen würde, wurden von Urquidi keineswegs bagatellisiert; gleichwohl zeichnete sich der Vortrag durch einen optimistischen Grundton aus, der ihn in gewisser Weise zu einer programmatischen Zielsetzungserklärung der mexikanischen Entwicklungspolitik machte.

Das Institut für Iberoamerika-Kunde hat den Vortrag zum Anlass genommen, einige deutsche Wissenschaftler, die sich intensiv mit Mexiko befasst haben, zu bitten, die von Urquidi vorgetragenen mexikanischen Entwicklungsperspektiven zu kommentieren. Es sollten keine profunden wissenschaftlichen Analysen der mexikanischen Gegenwartsprobleme vorgenommen werden, sondern eher eine Beurteilung der zukünftigen Entwicklung, bei der das Wagnis der »Spekulation« – und damit das Risiko des Irrtums – bewusst eingegangen werden musste. Hauptgegenstand der Kommentare sollte die Darstellung gerade der kritischen Faktoren und Probleme sein, an deren Lösung die Ergebnisse der mexikanischen Entwicklungspolitik zu messen sein würden.

Die vorliegenden Beiträge wurden fast alle zwischen Februar und August 1982 geschrieben. Die Autoren hatten also Kenntnis von der Abwertung vom Februar 1982, die dem mexikanischen Wachstums-Boom ein abruptes Ende setzte. Sie hatten damit einen »Erkenntnisvorsprung« vor Urquidi: sie wussten vom Ende des Booms, das zumindest vorläufig auch der Realisierung der ehrgeizigen Entwicklungspläne einen Riegel vorschob und das ein Jahr vorher noch nicht voraussehbar war. Dennoch hat keiner der Autoren die Dimensionen der Krise, in der Mexiko seit August 1982 steckt, abschätzen können. Zwar weist jeder auf eine Verengung des entwicklungspolitischen Handlungsspielraums der mexikanischen Regierung hin, keiner jedoch ahnte, dass die Krise sich im finanziellen Bereich zur Beinahe-Katastrophe entwickeln würde.

Die Ursache dieser unzureichenden Prognosefähigkeit mag zum Teil darin liegen, dass sich fern von Mexiko, dem Gegenstand des wissenschaftlichen Interesses, eine Sensibilität für wirtschaftliche, soziale und politische Veränderungen – Veränderungen, von denen auch die Mexikaner überrascht wurden – nur schwer ausbilden lässt. Zum Teil jedoch hat sie zur Grundlage, dass auch viele deutsche Wissenschaftler die mexikanischen Perspektiven in einer Form beurteilten, die sich in Mexiko unter Vertretern wie Gegnern der Regierungspolitik durchgesetzt hatte. Fast als Axiom galt, dass finanzielle Restriktionen die zukünftige Entwicklung Mexikos nicht beeinträchtigen würden. Exemplarisch kann auf Urquidi hingewiesen werden, der auf der Seite 31/32 seines Vortrags sagt: »Es kann daher mit erheblichen finanziellen Überschüssen gerechnet werden, die sich in Deviseneingängen, Steuereinnahmen und in der Bildung von Investitionskapital im gesamten Wirtschaftssystem niederschlagen.« Diese Überzeugung hatte eine extrapolierende Projektion der Entwicklungen auf dem internationalen Erdölmarkt, wie sie für die 70er Jahre kennzeichnend gewesen waren, auf die 80er Jahre zur Voraussetzung. Nach den Ölkrisen von 1973/74 und 1979/80 und vor dem Hintergrund der politischen Instabilität im Nahen Osten konnte man sich nicht vorstellen, dass Erdöl wieder zu einem »Überschuss«-Produkt werden würde, dessen Kommerzialisierung zu attraktiven Preisen Schwierigkeiten bereiten könnte.

Unter dieser Voraussetzung – dass der Erdölexport finanzielle Restriktionen der Entwicklung auf absehbare Zeit beseitige – wurde von den Wirtschafts- und Sozialwissenschaftlern innerhalb und ausserhalb Mexikos die Problematik analysiert, von der ein finanziell nichtrestringierter, aber mit erheblichen strukturellen Defiziten belasteter Wachstumsprozess gekennzeichnet sein würde. Ein Ansatz der Kritik an der Regierungspolitik der Jahre 1978–81 artikulierte Skepsis hinsichtlich der Schnelligkeit des wirtschaftlichen Wachstums, die hohe Folgekosten (Inflation und Importe) impliziere. Urquidi selbst schlägt vor (S. 36), das jährliche Wirtschaftswachstum von 7–8 % auf 6–7 % herunterzuschrauben (ein Jahr später gilt Nullwachstum als realistische Perspektive für 1982). Ein vor allem in Mexiko immer wieder betonter Kritikpunkt war die Belastung der Reserven durch eine »exzessive« Exportpolitik. Pessimisten befürchteten, die Reserven könnten bis zum Jahre 2000 erschöpft sein, womit dem Boom ein Ende gesetzt sei. Nicht unabhängig von der nationalen Debatte um die Belastbarkeit der

Erdölreserven bemühte sich PEMEX, das nationale Erdölunternehmen, immer neue Öllager aufzufinden, um die Reichweite der Reserven strecken und eine Steigerung der Exporte rechtfertigen zu können – ohne dass das Problem der Kommerzialisierung eines steigenden Produktionsvolumens thematisiert worden wäre.

Ein weiterer Kernpunkt der Kritik an der mexikanischen Erdölpolitik bestand in der Sorge, die nun leichte Finanzierung des wirtschaftlichen Wachstums werde auch die Finanzierung eines ineffizienten und international nicht konkurrenzfähigen Produktionsapparats, einer ungleichgewichtigen Einkommensverteilung und eines nicht mehr funktionalen politischen Systems erlauben. Szenarios, die die Ausbildung einer reichen, aber unproduktiven Verschwendungsökonomie voraussahen, wurden periodisch erstellt. Um noch einmal Urquidi zu zitieren (S. 37): »Mexiko muss unbedingt vermeiden, ein ausschliesslich erdölproduzierendes oder ›petrolisiertes‹ Land zu werden; dies würde zwar finanzielle Überschüsse erzeugen, die aber – selbst bei einer günstigen Machtkonstellation – für die interne Entwicklung nicht voll genutzt werden könnten. Mexiko richtet seine Anstrengungen auf die Lösung dieser strukturellen Probleme.«

Die Autoren, die in dem vorliegenden Sammelband zu Wort kommen, waren zum Teil zu sehr in diesem Schema der Kritik an der mexikanischen Entwicklungspolitik der Jahre 1978–1981 befangen, als dass sie das katastrophale Ende des Booms hätten vorhersagen können. Das heisst nicht, dass die Beiträge von der Entwicklung überholt wären: fast alle Autoren weisen darauf hin, dass die Verfügbarkeit umfangreicher finanzieller Ressourcen allein Entwicklung in einem umfassenderen Sinne nicht würde garantieren können, sondern im Gegenteil: eher die Kaschierung als Überwindung struktureller Defizite befördere. Mit dem Nachweis struktureller Defizite in verschiedenen Bereichen verwiesen sie implizit auch auf die entwicklungspolitischen Probleme, deren Nicht-Lösung letztlich die finanzielle Krise erklärt. Eine Fehleinschätzung bestand »nur« hinsichtlich eines Faktors: dem der Zeit. Der schnelle Eintritt der Krise, die vorher kaum geahnte Kurzfristigkeit des Booms, lassen die Versäumnisse der mexikanischen Entwicklungspolitik, auf die die Autoren hinweisen, in einem um so grelleren Licht erscheinen. So wurde die Gesamtheit der Beiträge, die noch vor einem Jahr im Sinne eines Vorschlags zur Reform der mexikanischen Entwicklungspolitik hätte präsentiert werden können, unter der Hand zu einem Erklärungsansatz der aktuellen Krise.

Der Beitrag von *Gabriela Comel* befasst sich mit der Situation der mexikanischen Erdölindustrie selbst. Er weist auf technische und geologische Probleme der Erdölförderung in Mexiko hin, auf die niedrige Qualität des mexikanischen Erdöls, auf Engpässe im Transportsystem, Lagerkapazität und inländischer Verarbeitung, kurz auf Probleme, die vor dem Hintergrund der Erdöl-Euphorie der letzten Jahre kaum beachtet worden waren, die in einer Phase internationaler Knappheit und steigender Energiepreise eine zweitrangige Bedeutung zu haben schienen. Bei sinkenden Erdölpreisen und zunehmenden Kommerzialisierungsschwierigkeiten dagegen erhalten auch diese geologisch-technischen Probleme eine neue Dimension. Ähnliches gilt für die von der Autorin nachgewiesene Inflexibilität der mexikanischen Exportpolitik, die man sich leisten konnte, als das mexikanische Erdöl international gefragt war, die aber in einer Phase zunehmender Absatzprobleme zusätzliche Einkommensverluste hervorrief.

Der Beitrag von *Wolfgang König* hat die Rolle der verarbeitenden Industrie im Rahmen der wirtschaftlichen Entwicklung Mexikos zum Gegenstand. Eine einleitende Analyse des mexikanischen Industrialisierungsmodells der Importsubstitution weist dessen Defizite von der Seite des Aussenhandelsmusters her nach. Wolfgang König kommt zu Schlussfolgerungen, die implizit auch die Ursachen der aktuellen Krise beleuchten:

- das chronische Zahlungsbilanzungleichgewicht Mexikos ist struktureller Natur und im Industrialisierungsmuster Mexikos verankert;
- das Industriemuster Mexikos befindet sich in einem anhaltenden Konflikt mit der internationalen Arbeitsteilung;
- wirtschaftliches Wachstum und Beschäftigung sind in hohem Grade von der Zahlungsbilanz abhängig; und
- der kurzfristige Ausgleich der Zahlungsbilanz ist »für die mexikanische Wirtschaftspolitik derart wichtig, dass sich ihm eine längerfristig angelegte Entwicklungsstrategie und die Bewältigung sozialer Probleme unterordnen müssen ...« (S. 65).

Der Erdölboom hat, so König, einige Sachzwänge aussenwirtschaftlicher Natur abgemildert und den Spielraum wirtschaftlicher Entwicklung erweitert. Eine Wirtschaftspolitik jedoch, die in erster Linie auf hohe Wachstumsraten setzte, hat zur Zementierung der ineffizienten, exportunfähigen und kapitalintensiven Industriestruktur geführt. König analysiert im Anschluss die Option des Aufbaus einer exportorientierten Industrie, weist aber die Grenzen dieses Modells nach.

Der Autor kommt zu dem Schluss, dass ein Industrialisierungsprozess, der »wesentliche Entwicklungsspielräume« erschliessen will, »... völlig anders als bisher im Zusammenhang mit den drängenden sozioökonomischen Problemen des Landes konzipiert sein« muss. Eine entsprechende Chance sieht der Autor in der »ländlichen Industrialisierung«, von der die Erschliessung des ländlichen Binnenmarktes, die industrielle Dezentralisierung und vor allem eine Verbesserung der Beschäftigungssituation erwartet werden kann. Ob die Chance einer Reorientierung des Wachstumsmusters zugunsten der »ländlichen Industrialisierung« ergriffen wird, bleibt König zufolge eine »offene Frage«. Für wahrscheinlich hält er, dass das importsubstituierende Industrialisierungsmodell auch in Zukunft vorherrschen wird.

Der Beitrag von *Michael Domitra* analysiert Arbeitsmarkt, Beschäftigung und Gewerkschaften. Einleitend äussert er Zweifel hinsichtlich der zukünftigen Erdöleinnahmen und weist diesen eine komplementäre, nicht eine entscheidende Rolle bei der Lösung der Arbeitsmarkt- und Beschäftigungsprobleme zu. Nach einer kurzen Analyse der mexikanischen Arbeitsmarktsituation werden folgende Thesen expliziert:
- die industrielle Differenzierung wird den Bedarf an unqualifizierter Arbeitskraft sinken lassen, gleichzeitig aber zu Angebotsengpässen bei qualifizierter Arbeitskraft führen;
- die Expansion des Erdölsektors (einschliesslich der Petrochemie) wird nur wenig neue Arbeitskräfte absorbieren, gleichzeitig aber unkontrollierbare Migrationsprobleme auslösen;
- weltweite technologische Entwicklungen werden die Wachstumschancen arbeitsintensiver Exportindustrien schmälern;
- das Ventil der Migration in die USA wird in der Zukunft verstopft werden.

Als Folge der zunehmenden »Internationalisierung der Produktion« und neuer technologischer Entwicklungen befürchtet Domitra eine Schwächung der mexikanischen Gewerkschaften. Eine Schwächung, so Domitra, habe aber auch den Erdölboom gekennzeichnet: an die Stelle der Gewerkschaften, deren Macht innerhalb des politischen Systems Mexikos auf ihrer Funktion als »Legitimationsproduzenten« basiert, seien staatliche Sozialprogramme getreten. Mit der vorsehbaren Einschränkung dieser Sozialprogramme aber – und vor dem Hintergrund der durch den Erdölboom »gesteigerten Erwartungen« – sei mit einer Radikalisierung der traditionellen Gewerkschaften zu rechnen. – Für die Zukunft weist Domitra auf zwei Entwicklungen hin: das Ausscheiden des alten Gewerkschaftsführers Fidel Velásquez wird das mexikanische Gewerkschaftssystem vor eine innere Zerreissprobe stellen. Längerfristig werden Forderungen nach Demokratisierung des Gewerkschaftsapparats, die vor allem von der Arbeiteraristokratie der traditionellen Gewerkschaften ausgehen, Transformationen des Gewerkschaftssystems erzwingen.

*Rainer Godau* stellt mit seinem Beitrag die Frage, ob der Einsatz der Erdöleinnahmen die Überwindung der sozialen Ungleichheit innerhalb der mexikanischen Gesellschaft fördern kann. Die Verfügbarkeit finanzieller Ressourcen aus dem Erdölexport setzt Godau hypothetisch voraus. Einleitend gibt der Autor einige Hinweise zur Dimension der Ungleichheit und illustriert die Realität, die Víctor Urquidi in seinem Vortrag das »andere Mexiko« genannt hatte; er weist nach, dass sich verschärfende soziale Ungleichheit logisches Resultat der wirtschaftlichen Entwicklungsstrategie, gerechtfertigt durch die Konzeption des »trickle-down«-Effekts, ist. »Restraints« jeder Sozialreform, die die Abschwächung der Ungleichheit zum Ziel hat, sieht Godau
— in der demographischen Entwicklung und den von ihr ausgehenden Zwängen;
— in der Verlagerung der ökonomischen Entscheidungszentren aus Mexiko heraus; und
— in den Funktionsbedingungen des politischen Systems Mexikos.

Vor diesem Hintergrund sieht Godau zwei Möglichkeiten des sozialpolitischen Einsatzes der Erdöleinnahmen: eine »reformistische« Option würde die bestehenden sozialen Strukturen subsidiieren, einen unter Umständen hohen Anteil der Einnahmen aufwenden, um den sozialen Frieden unter gegebenen Bedingungen aufrechtzuerhalten, ohne das Nebeneinander »zweier Mexikos« aufzuheben. Eine »radikale« Option dagegen bestünde in dem Versuch, die »beiden Mexiko« im Rahmen eines erneuerten Entwicklungsschemas zu integrieren. Voraussetzung wäre die aktive politische Partizipation der marginalen Massen.

*Christian Pollak* untersucht in seinem Beitrag die mexikanische Politik des Technologie-Imports sowohl im Zusammenhang ausländischer Direktinvestitionen als auch in dem von Kooperationsformen ohne Kapitalbeteiligung. Er bezeichnet die mexikanische Technologie-Import-Politik als »selektiv«, sieht aber, dass diese Politik nicht intensiv für die Bevorzugung mexikanischer Technologie eingesetzt wird. Als Ursachen gibt Pollak den noch wenig entwickelten Stand der mexikanischen Technologieproduktion sowie die Präferenz für hohe Wachstumsraten an, die verhindere, dass die benötigte Technologie im eigenen Land entwickelt wird. In dieser zuletzt genannten Tendenz sieht der Autor eine Gefahr, die durch die Verfügbarkeit der Erdöleinnahmen verstärkt wird.

Der Beitrag von *Volker Lehr* zum politischen System Mexikos analysiert die wirtschaftliche-soziale Ausgangslage der künftigen Regierung Miguel de la Madrids, die Veränderungen, die die Zusammensetzung der politischen Elite des Landes in den letzten Regierungsperioden erfuhr, sowie die Wahlen von 1982. Die Beschreibung der Ausgangslage für die neue Regierung ist in erster Linie eine Beschreibung von »restraints«, die einer »Gestaltung« der Entwicklungs- und Sozialpolitik im Wege stehen. Diese »restraints« interpretiert Lehr nicht als konjunkturelle Phänomene, die traditionell den Regierungswechsel in Mexiko kennzeichnen, sondern als strukturelle Faktoren. In der Person des neuen Präsidenten Miguel de la Madrid sieht der Autor ein Indiz für die Neuzusammensetzung der politischen Elite Mexikos, die sich immer mehr aus »técnicos« (Technokraten) des öffentlichen Sektors rekrutiert und die traditionellen »políticos«, die innerhalb der PRI-Organisationen oder des parlamentarischen Apparats aufgestiegen sind, verdrängt. Der Prozess der Ablösung der »políticos« – die ihrerseits in den 40er Jahren die aus dem Militär rekrutierte Elite abgelöst hatten – setzte, so Lehr, mit dem Amtsantritt des Präsidenten Echeverría (1970) ein und wurde über López Portillo bis de la Madrid fortgesetzt.

Bei der Interpretation der Präsidentschaftswahlen kommt Lehr zu folgenden Resultaten:
- die Wahlbeteiligung, die so etwas wie eine »diffuse Systemunterstützung« anzeigt, hat sich gegenüber 1976 erhöht; eine Ursache sieht der Autor in der grösseren Bandbreite formaler Optionen;
- die »spezifische Systemunterstützung« dagegen ist zurückgegangen: auf de la Madrid entfiel der niedrigste Stimmenanteil, den ein mexikanischer Präsident seit 1946 gewann.
- Die grössten Zugewinne konnten die rechten Oppositionsparteien für sich verbuchen.

Da den Minderheitsparteien der Zugang zu den nationalen Entscheidungsinstanzen trotz ihrer relativen Wahlerfolge prinzipiell verwehrt bleibt, sieht Lehr für die Zukunft eine Zunahme ausserparlamentarischer Protestaktionen voraus. Neue politische Reformen, die der Opposition neue legale Ventile öffnen können, vermutet der Autor in der Einrichtung einer Volksvertretung des hauptstädtischen Distrito Federal sowie in der Öffnung des Senats für oppositionelle Parteien. Gleichwohl geht der Autor davon aus, dass das politische System Mexikos in der Zukunft erheblichen Spannungen ausgesetzt sein wird.

Der Beitrag von *Michael Ehrke* zu industrie- und finanzpolitischen Aspekten der mexikanischen Wirtschaftspolitik weist – in Übereinstimmung mit der Analyse Königs – auf einige strukturelle Defizite des mexikanischen Industrialisierungsmodells hin, die sich in den vergangenen Jahrzehnten akkumuliert hatten und die mit der Verfügbarkeit umfangreicher finanzieller Ressourcen aus dem Erdölexport überwunden zu sein schienen. Anschliessend beschreibt der Autor die Charakteristika des auf dem Erdölexport basierenden Wachstumszyklus von 1978–1981 und entdeckt in ihm die Grundelemente des traditionellen Wachstumszyklus in Mexiko wieder, dessen »sensibler« Faktor die Zahlungsbilanz ist (vgl. auch König). Er weist die Unvereinbarkeit einer Erdölpolitik, wie sie López Portillo 1980 verkündet hatte (und die die Konservierung der nationalen Reserven zum Ziel hatte) mit der Fortsetzung des Wachstums im Rahmen des etablierten Musters nach. Drittens beschreibt Ehrke einige Charakteristika der mexikanischen Geld- und Finanzpolitik und des privaten Bankensystems, dessen extreme Sensibilität für Wertveränderungen des Peso die Kapitalflucht der letzten Monate und die von ihr erzwungenen Abwertungen erklären.

Abschliessend wird nach den Folgen der aktuellen Wirtschafts- und Gesellschaftskrise für die Stabilität des politischen Systems gefragt. Dabei wird zum einen auf die Erosion politischer Legitimation hingewiesen, die die Krise vor dem Hintergrund »gesteigerter Erwartungen« auslösen wird; zum anderen wird darauf hingewiesen, dass die politische Stabilität Mexikos auf einem nach politischen Kriterien funktionierenden Verteilungssystem von Einkommen und Einkommenschancen basiert, das beim Fortfall oder der drastischen Einschränkung des vom Staat gelenkten Ressourcenflusses »austrocknen« könnte. Da in Mexiko eine machtpolitische tragfähige Alternative zum System des PRI nicht existiert, wird die Möglichkeit eines Zerfalls der Institutionen nicht ausgeschlossen. Diese »pessimistische« Einschätzung konnte nicht die am 1. September 1982 verordnete Nationalisierung der privaten Banken in Rechnung stellen, ein Eingriff, der – unabhängig von seinen finanzpolitischen Vor- oder Nachteilen – sowohl die politische Legitimation des Regimes wiederhergestellt als auch neue politische Verteilungschancen eröffnet hat.

*Klaus Esser* weist in seinem Beitrag zu den internationalen Beziehungen Mexikos darauf hin, dass der aussenwirtschaftliche Spielraum des Landes überschätzt worden war und binnenorientiertes Wachstum

und exzessive Konsumsteigerungen gleichzeitig nicht decken konnte. Die um so notwendigere Reorientierung der Wirtschafts- und Entwicklungspolitik hat, nach Esser, folgende Faktoren zu berücksichtigen:
- ein überproportionales Wachstum der langlebigen Konsumgüterindustrie ist zu vermeiden;
- nur die Förderung der Grundstoff- und Investitionsgüterindustrie wird es ermöglichen, »... einen zunehmend selbsttragenden und autonomen Industrialisierungsprozess durchzusetzen« (S. 161);
- da der moderne Sektor auch bei hohen Wachstumsraten das Problem der Beschäftigung nicht lösen wird, müssen komplementär Landwirtschaft und der Ausbau der regionalen Infrastruktur gefördert werden;
- die aussenwirtschaftliche Konsolidierung wird in den kommenden Jahren im Zentrum der Wirtschaftspolitik stehen müssen.

Um seine Attraktivität als Wirtschaftspartner längerfristig wiederzugewinnen, müsse Mexiko neben der Konsolidierung seiner aussenwirtschaftlichen Beziehungen auch sein Binnenmarktpotential erschliessen. Eine positive Entwicklung der aussenwirtschaftlichen Beziehungen sieht Esser gegeben, wenn es gelingt, den Wirtschaftspartnern Investitionsfelder im Bereich der Grundstoff- und Investitionsgüter, Erdöl und petrochemische Produkte anzubieten und als Gegenleistung Investitionsgüter und Technologie zu beziehen.

Nach einer detaillierteren Prognose der mexikanischen Beziehungen zu den USA, zu den anderen Industrieländern, zu den latein- und zentralamerikanischen Staaten kommt der Beitrag zu dem Schluss, dass »... die Aufschliessung des subregionalen Wirtschaftspotentials, die Stabilisierung der Nachbarländer im Süden, die Ausweitung der wirtschaftlichen und politischen Beziehungen zu den teilindustrialisierten Ländern Südamerikas, der allmähliche Abbau von Dominationselementen in den Beziehungen zu den USA und die Entwicklung neuer Kooperationsformen mit immer mehr westlichen und östlichen Industrieländern« (S. 175) im Zentrum der mexikanischen Aussen- und Aussenwirtschaftspolitik stehen werden. Gleichwohl wird die Binnenorientierung Mexikos in den 80er Jahren vorherrschend bleiben.

Alle Beiträge, so lässt sich zusammenfassen, nehmen eine Korrektur an dem entwicklungspolitischen Optimismus vor, der – wie immer kritisch eingeschränkt – noch aus dem Vortrag von Víctor Urquidi herausscheint. Diese Korrektur ist allerdings nicht so überwältigend wie die Korrektur, die die Realität der Finanzkrise an den Entwicklungszielen Mexikos vorgenommen hat. Weist die Mehrzahl der Beiträge auch den Nachteil auf, die Dimension der Krise und die mit ihr sich stellenden neuen Probleme nicht präzise vorhergesagt zu haben, so wird doch dieser Mangel durch den Vorteil mehr als kompensiert, dass sie auf strukturelle Probleme der mexikanischen Entwicklung hinweisen, deren Lösung Voraussetzung der weiteren Entwicklung des Landes ist. Die Finanzkrise und das ihr folgende konjunkturelle Tief wird die Lösung der strukturellen Probleme des Landes erschweren, aber nicht unmöglich machen – wie umgekehrt der kurzfristige, vom Erdölexport induzierte Boom diese Problemlösungen hätte erleichtern können, nicht aber automatisch bewirkte. Der Optimismus, der von einer zu schnellen Umsetzung finanzieller Ressourcen in Entwicklungspotentiale ausging, war zu korrigieren; es gilt nun, nicht den umgekehrten Fehler zu machen und in einen apokalyptischen Pessimismus zu verfallen, der vor dem schwarzen Hintergrund der Finanzkrise die natürlichen, wirtschaftlichen, sozialen und politischen Entwicklungspotentiale des Landes vernachlässigte.

# Nicht nur vom Öl allein — Mexikos Zukunftsaussichten*

von Víctor L. Urquidi

### Einleitung

In jüngster Zeit wird viel spekuliert über Mexikos Entwicklungschancen im Hinblick auf den aktuellen Ölboom. Wegen der grossen Ölreserven Mexikos, ihrer geographischen Lage und im Hinblick auf die gegenwärtige Entwicklung der Weltnachfrage nach Erdölprodukten, speziell seitens Nordamerikas, kommen viele Beobachter zu dem — allerdings extrem vereinfachten — Schluss, dass Mexikos Entwicklungsprobleme im Grunde genommen als gelöst betrachtet werden könnten; es sei nur noch eine Frage der Zeit. In etwas pessimistischer Einschätzung verweisen andere Beobachter auf Mexikos anhaltende Schwierigkeiten bei der Landumverteilung und der landwirtschaftlichen Produktion, dabei insbesondere auf das Nahrungsmitteldefizit, seine tief verwurzelten sozialen Ungleichheiten, seine relativ ineffiziente Industrie und auf das besonders geartete politische System dieses Landes. Diese Wesenszüge werden als ernsthafte Hindernisse auf dem Wege zur Erreichung eines höheren Lebensstandards für eine ziemlich rasch wachsende Bevölkerung angesehen. Schafft Mexiko den Eintritt in den »Club der hoch entwickelten Nationen«? Ist dies seine letzte Chance?

Auf den folgenden Seiten möchte ich daher einige der unter mexikanischen Sozialwissenschaftlern, einschliesslich Ökonomen, verbreiteten Sorgen und Bedenken erläutern, die sich auf die vielschichtigen Folgen beziehen, die durch die plötzliche Vorrangstellung des Ölsektors in der Wirtschaft ausgelöst wurden.

Ich möchte voranstellen, dass die Ölexporte aus mexikanischer Sicht verständlicherweise nicht so sehr als eine Antwort auf den Bedarf an den internationalen Märkten betrachtet werden, sondern vielmehr, vorausgesetzt sie werden gut genutzt, als ein wesentlicher Faktor, um

---

* Aus dem Englischen übersetzt von Utta von Gleich

die Chancen auf Verwirklichung nationaler Entwicklungspläne zu vergrössern. Zum besseren Verständnis dieser mexikanischen Option ist hier ein kurzer historischer Abriss erforderlich, speziell für den mit der Materie weniger vertrauten ausländischen Leser[1].

## Historischer Hintergrund

Nach drei Jahrhunderten spanischer Herrschaft erlangte Mexiko Anfang des 19. Jahrhunderts seine Unabhängigkeit. Fortgesetzte politische Unruhen liessen dem jungen Nationalstaat wenig Raum zur Entfaltung. Mexiko wurde Opfer einer Reihe folgenreicher ausländischer Invasionen (General Scott und Napoleon III.). Dennoch gelang Mexiko gegen Ende des 19. Jahrhunderts der Einstieg in die Weltwirtschaft durch den Bau von Eisenbahnen, ausländische Investitionen im Bergbau und durch den Export nicht nur geringfügig bearbeiteter Mineralien, sondern auch einiger agrarischer Erzeugnisse. Obwohl Mexikos Exporte sehr schnell anstiegen, hatten sie keine weitreichenden Auswirkungen auf die heimische Wirtschaft. Zudem verhinderte die enorme Konzentration von landwirtschaftlichem Besitz die Teilnahme der Landarbeiter und Kleinbauern am wirtschaftlichen Aufschwung. Tatsächlich profitierte nur ein sehr geringer Teil der Bevölkerung, Grossgrundbesitzer und eine winzige städtische Arbeiter- und Mittelschicht, von dieser ökonomischen Expansion. Bis zum Vorabend der Mexikanischen Revolution von 1910 war die Gesamtbevölkerung Mexikos sprunghaft auf nahezu 15 Millionen angestiegen, und weniger als 10 % der Arbeitskräfte von 4 Millionen waren in nicht agrarischen Bereichen der Wirtschaft beschäftigt.

Als Ursache der Revolution werden im allgemeinen drei Gründe genannt: die Notwendigkeit, den grossen Grundbesitz (Latifundien) einer kleinen Anzahl von Eigentümern, darunter auch Ausländer, neu zu verteilen; die Unzufriedenheit und der wachsende Protest über die fehlenden Rechte der Arbeiter (mehrere bekannte Streiks, hauptsächlich in der Textilindustrie und im Kupferbergbau kennzeichneten den Beginn der Arbeiterbewegung in Mexiko) und die übermässige Abhängigkeit vom ausländischen Kapital. Diese Beurteilung der Lage wurde von einer politischen Bewegung aufgegriffen, die letztlich zum Ende der 35jährigen Herrschaft des Diktators Porfirio Díaz führte und die den Versuch unternahm, ein demokratisches System wiederherzustellen und die im Laufe der Zeit entstandenen sozialen Spannungen

abzubauen. Bereits 1917, noch bevor der Bürgerkrieg entschieden war, wurde eine neue Verfassung verabschiedet. Es war eine liberale Verfassung, inspiriert von europäischen und nordamerikanischen Prinzipien, aber auch mit neuen Elementen, die fortan die politische und ökonomische Entwicklung charakterisieren sollten. Unter diesen neuen Elementen ragen drei heraus:
1. die Verpflichtung des Staates zu einem öffentlichen Erziehungswesen, das inbesondere den Zugang zu Primarschulen garantiert;
2. die exklusiven Eigentumsrechte der Nation an allen natürlichen Ressourcen, einschliesslich der Bodenschätze (also offensichtlich auch des Erdöls, der Mineralien und anderer Ressourcen; vor kurzem wurde diese Bestimmung auch auf den Meeressockel und sogar auf den Luftraum ausgedehnt);
3. eine klare Grundlage für die Arbeitsgesetzgebung, einschliesslich einer Reihe von Forderungen und Prinzipien, die in den Statuten einer Verfassung nicht üblich sind.

Die Verfassung von 1917 weicht auch von der Idee eines freien, kapitalistischen Unternehmersystems im Stile des 19. Jahrhunderts ab und legt die gesetzlichen Grundlagen für das, was wir heute ein gemischtes Wirtschaftssystem nennen; mit anderen Worten: der Staat erhält das Recht, gewisse wirtschaftliche Aktivitäten im öffentlichen Interesse durchzuführen, einschliesslich der Möglichkeit, privates Eigentum zu verstaatlichen oder zu enteignen.

Schon vor der Revolution war Mexiko ein bedeutendes erdölproduzierendes Land. Um 1910 waren die ausländischen Investitionen im Erdölbereich bedeutend; sie basierten auf Konzessionen, die die Gesellschaften dahingehend interpretierten, dass sie auch das Eigentum an den Bodenschätzen gewährten. Selbst während der Kriegsjahre stieg Mexikos Ölförderung noch kontinuierlich an, bis sie im Jahre 1921 ca. 120 Millionen barrels erreichte – ein schneller Produktionszuwachs, aber fast ausschliesslich für den Export bestimmt. Um 1921 hingegen, als die Gesetzgebung nach der neuen Verfassung diskutiert wurde und nachdem bedeutende Öllager in Venezuela entdeckt worden waren, begannen die Ölgesellschaften, ihre Investitionen dorthin zu verlagern. Dieser Schritt wurde zweifellos von den aufkommenden nationalistischen Tendenzen Mexikos ausgelöst, die sich gegen die ausländischen Interessen richteten. Eine reglementierte Ölindustrie sollte fortan keine Eigentumsrechte mehr auf Gas- oder Erdölfundstätten anerkennen, sondern lediglich Konzessionen für Exploration, Produktion und Verteilung zulassen.

## Das Erdöl und die Anfänge der mexikanischen Industrialisierung

In den 20er Jahren war Mexiko vollauf damit beschäftigt, eine von der Revolutionszeit stark in Mitleidenschaft gezogene Wirtschaft wiederaufzubauen, und konzentrierte sich vor allem auf die Schaffung neuer Institutionen. Die Finanzen des Landes wurden reorganisiert durch die Gründung neuer Währungs- und Bankeinrichtungen, unter ihnen die Zentralbank und die staatseigene Landwirtschaftsbank. Strassenbauprogramme und Bewässerungsprojekte wurden begonnen. Die Gesetzgebung für die führenden Sektoren der Wirtschaft wurde erstellt. Auch wurden grosse Anstrengungen im Erziehungssektor unternommen. Dennoch war es keine Phase des Wohlstands. Nachdem Mexiko 1921 der zweitgrösste Ölexporteur in der Welt war, musste es zusehen, wie seine Ölproduktion rasch abnahm. Exporte von Bergbauprodukten ersetzten den Ölexport zum Teil, da aber Öl und Mineralien die wichtigsten Exportgüter waren, waren die Auswirkungen der Grossen Depression von 1929–1933 verheerend. Mexiko konnte kaum Fortschritte in der Industrialisierung und in der Landwirtschaft aufweisen. Um 1930 war die Bevölkerung auf nahezu 17 Millionen angewachsen.

Präsident Cárdenas, der Ende 1934 inmitten einer Serie von Währungs-, Wirtschafts- und Haushaltskrisen an die Regierung kam, griff einen Teil der grundlegenden Politik des Revolutionsprogramms wieder auf, allem voran Erziehung, Landreform und die Förderung der Arbeitsrechte. Die Landumverteilung wurde intensiviert und landwirtschaftliche Grossbetriebe wurden in das »ejido-System« überführt, in dem das die Dörfer und Städte umgebende Land gemeinsam bewirtschaftet oder Landarbeitern zugeteilt wird, zur lebenslänglichen Nutzung, aber nicht als persönliches Eigentum. Gleichzeitig wurden die Voraussetzungen geschaffen für die Entwicklung von kleinen und mittleren privaten landwirtschaftlichen Betrieben. Die Nutzfläche in privatem Besitz wurde begrenzt auf 100 Hektar für bewässertes Land und 300 Hektar Land mit natürlicher Regenbewässerung, grössere Flächen für die Viehaufzucht oder besondere Anpflanzungen mit besonderer Genehmigung. Das Ziel war die vollständige Beseitigung des Grossgrundbesitzes. Ab 1934 wurde auch die Arbeiterbewegung auf nationaler Ebene und rechtlicher Grundlage organisiert.

Arbeitskonflikte mit den ausländischen Ölgesellschaften, insbesondere deren Weigerung, sich den Entscheidungen des Obersten Gerichts zu beugen, führten 1939 zur Nationalisierung der Ölindustrie. Ein internationaler Konflikt zwischen Mexiko und den USA war die unmittelbare Folge, ebenso mit Grossbritannien (das die britisch-niederländischen Interessen vertrat). Die britische Regierung leugnete hartnäckig Mexikos Recht, das Erdöl und das Ausländern gehörende Land zu enteignen. Die Roosevelt-Regierung zeigte im Zuge der »Good-Neighbourhood Policy« Mexiko gegenüber mehr Verständnis. Mexiko hingegen bestand darauf, dass die Bereitschaft zu Entschädigungsleistungen für die Enteignung sich lediglich auf Investitionen an der Erdoberfläche bezogen, wie z. B. Installationen für Erdölförderung, Anlagen, Gebäude usw., und keinesfalls den Wert der nachgewiesenen Ölvorräte einschlösse. Zum Zeitpunkt der Enteignung produzierte Mexiko nur ca. 35 Millionen barrels pro Jahr. Aber die Nationalisierung der Erdölindustrie und der Boykott mexikanischer Rohölverkäufe auf dem internationalen Markt, die zudem noch in den Zeitraum einer weiteren weltweiten Rezession hineinfielen, führten zu einer Finanzkrise und zur Abwertung des Peso. Bevor der Zweite Weltkrieg ausbrach, versuchte Mexiko erneut, Rohöl an die westlichen Länder zu verkaufen — allerdings mit wenig Erfolg. Die einzige Alternative war daher ein Expansionsprogramm, das auch die Schaffung einer grösseren Verarbeitungskapazität für den Bedarf des einheimischen Marktes einschloss. Ein solches Programm wurde von dem Staatsunternehmen PEMEX in die Wege geleitet.

Das Ziel der mexikanischen Erdöl- und -Gaspolitik während der 40er und 50er Jahre bestand im wesentlichen darin, den einheimischen Markt zu möglichst niedrigen Verbraucherpreisen zu versorgen und die vorhandenen Vorräte so effizient wie möglich zu nutzen. Ausländische Gesellschaften hatten zwar bedeutende Bohrstellen errichtet, aber die meisten geologischen Untersuchungen waren um 1950 veraltet, und neue Ölfelder mussten erschlossen werden. Für diese Aufgabe waren die einheimischen Ressourcen völlig unzulänglich. Es bedarf wohl nicht der Erwähnung, dass ausländische Anleihen für die nationalisierte Erdölindustrie nicht zur Verfügung standen; doch konnte die Verarbeitungskapazität zum Teil mit Hilfe eines Kredits der Eximbank noch aus der Kriegszeit ausgebaut werden. Ingenieure und Techniker wurden ausgebildet, und Pläne für eine weitere Expansion wurden erarbeitet.

Die äusseren Umstände während des Zweiten Weltkriegs begünstigten das Ziel, eine verarbeitende Industrie zu entwickeln. Die Einschränkung der Importe während der Kriegszeit stimulierte die einheimische Produktion. Es gelang auch, die Importe wichtiger Zwischenprodukte und Ausrüstungsgüter aufrechtzuerhalten oder sogar zu erhöhen, und zwar auf dem Landweg, ohne der Gefahr der U-Boote ausgesetzt zu sein. Ebenso stiegen die Exporte von Rohstoffen und Mineralien im Dienst der Kriegsanstrengungen der Alliierten. Mexiko trat 1942 an deren Seite in den Krieg ein und unterstützte diese, so gut es konnte.

Die Industrieproduktion nahm allmählich zu. Gegen Ende der 40er Jahre hatte Mexiko eine recht gut konzipierte Industrialisierungsstrategie eingeschlagen, die auch die Errichtung einer Schwerindustrie umfasste: Eisen und Stahl, Papier und Zellulose, Chemikalien, Metallprodukte, Maschinenbau usw. Eine externe Wirtschaftskrise in den Jahren 1947–1948 brachte indessen ernsthafte Zahlungsbilanzprobleme. Mexiko verbrauchte seine Devisenüberschüsse aus der Kriegszeit sehr schnell für alle möglichen Importe, einschliesslich Luxusautomobile und Haushaltsgeräte. Die Währung war schnell überbewertet und wurde 1948 abgewertet. Nach einer Erholungsphase wiederholte sich der gleiche Vorgang 1954, jedoch mit länger anhaltenden Ergebnissen.

**Die Konsolidierungsphase der mexikanischen Entwicklung:**
**Wirtschaftlicher Wandel und soziale Folgen**

Zwischen 1950 und 1970 verzeichnete das BIP einen raschen Anstieg mit einer durchschnittlichen jährlichen Wachstumsrate von über 6 % real. Mexiko wurde international bewundert, insbesondere in Weltbankkreisen, und viele ausländische Beobachter fingen an, von einem »mexikanischen Wunder« zu sprechen. Die wirtschaftliche Expansion ist zum Teil auf die Entwicklung eines modernen Agrarsektors zurückzuführen, der in der Lage war, in bewässerten Gebieten technische Fortschritte umzusetzen, und das hervorbrachte, was später die »Grüne Revolution« genannt werden sollte. Das Tiefland im Nordwesten Mexikos und einige andere Regionen erzielten in kleinen und mittleren landwirtschaftlichen Betrieben sehr hohe Hektarerträge. Die landwirtschaftliche Produktion nahm rasch zu und verminderte in grossem Umfang die Einfuhr von Nahrungsmitteln, insbesondere von Weizen.

Ein wesentlich intensiveres Industrialisierungsprogramm wurde durchgeführt, zum Teil durch die Errichtung von Staatsunternehmen, aber auch durch die stetige Ermunterung privater Investitionen, einschliesslich ausländischen Kapitals. In dieser Periode wurde die Industriestruktur von transnationalen Unternehmen durchdrungen, die von der protektionistischen mexikanischen Wirtschaftspolitik angezogen wurden. Diese fingen mit der Montage importierter Teile an, um an der steigenden Nachfrage nach Konsumgütern zu partizipieren. Später gingen sie dazu über, einige Teile in Mexiko selbst herzustellen und in vielen Fällen Güter, wie z. B. Haushaltsgeräte, auch vollständig im Lande zu produzieren. Schliesslich folgte die Herstellung von Kraftfahrzeugen und Elektroerzeugnissen, wodurch der Anteil der im Lande hergestellten Produkte spürbar anstieg. Häufig tat sich privates mexikanisches Kapital mit den transnationalen Unternehmungen zusammen oder ging Lizenzverträge für Technologie, Marken usw. ein.

In dieser zwanzigjährigen Phase wurden allerdings »zwei« Mexikos geschaffen, ein technologisch modernes Mexiko, das auf dem einheimischen Markt und gelegentlich auch auf den Exportmärkten wirtschaftlich erfolgreich war, ein Mexiko, das den internationalen Trends in der Technologie, der Landwirtschaft, der Industrie, im Transportwesen und in der Finanzierung folgte. Aber gleichzeitig existierte weiterhin ein anderes Mexiko, das – obwohl historisch gesehen bedeutender – ins Hintertreffen geriet. Dieses Mexiko umfasste die Mehrheit der Bevölkerung, die auf Minifundien lebte (sei es im Eigenbesitz oder im Ejido-System). Dieses Mexiko profitierte nicht von der »Grünen Revolution«. Dort herrschte Wassermangel und man war abhängig von gelegentlichen oder unzureichenden Regenfällen. Es gab keinen Zugang zum Transportwesen, zu Vermarktungseinrichtungen oder zu finanzieller Hilfe, und man wurde durch zu viele Zwischenhändler ausgenutzt. Dies war und ist noch immer das traditionelle Mexiko.

In dieser Periode zwischen 1950 und 1970 konzentrierte sich die industrielle Produktion auf einige wenige Unternehmen, wobei viele der grössten in ausländischem Besitz waren. Kleine und mittlere Betriebe, die mit zu hohen Kosten arbeiteten, wurden von der Regierungspolitik vernachlässigt. Sie hatten ungenügenden Zugang zu Bankkrediten und konnten nur sporadisch moderne Technologien verwenden. Ebenso wenig war auch das Handwerk in der Lage, auf den wachsenden Handel im Tourismus zu reagieren und sich entsprechend zu entwickeln.

Dieser Dualismus, den die Ökonomen so gründlich untersucht haben, trat nunmehr in Mexiko deutlich in Erscheinung. Er verstärkte die bereits vorhandenen sozialen Unausgewogenheiten und die Ungleichheit der Einkommensverteilung. Die oberen Einkommensklassen, die ca. 10 % der Bevölkerung ausmachen, kamen in den Genuss von 40 % des Nationaleinkommens, während die unteren 40 % der Bevölkerung knapp 10 % des Nationaleinkommens erhielten. Es gab zwar eine gewisse Verbesserung in den mittleren Einkommensschichten parallel zur wachsenden städtischen Mittelklasse zu verzeichnen, aber es bleibt das Faktum, dass die Armut sich ausbreitete. So viel zum »trickle down«-Prozess.

Während des gesamten Zeitraums entstanden darüber hinaus weitreichende regionale Disparitäten. Vierzig Prozent der gesamten industriellen Fertigung hatten sich auf Mexiko-Stadt konzentriert, der Rest verteilte sich auf drei oder vier weitere Städte. Dadurch wurde eine starke Migration vom Land in die Städte in Gang gesetzt. Die Bevölkerung des Grossraums Mexiko-Stadt wuchs jährlich um über 5 %; die von Guadalajara und Monterrey, der beiden nächstgrössten Städte, um 6 bzw. 7 % jährlich; einige andere Städte in den nördlichen Teilen des Landes wuchsen sogar noch schneller. Die Migration wurde nicht nur durch Industrie, Dienstleistungsbetriebe und die Attraktivität der Städte ausgelöst, sondern auch hervorgerufen durch die relative Rückständigkeit und Armut in bestimmten ländlichen Gegenden, insbesondere jener in den abgelegenen gebirgigen Regionen. Noch heute leben ungefähr 20 Millionen Menschen – 30 % der mexikanischen Gesamtbevölkerung – in Dörfern mit durchschnittlich weniger als 1000 Einwohnern.

Die Migration hat aber auch in den Städten zu wachsender Unausgewogenheit geführt, da die Industrie und das Dienstleistungsgewerbe nicht in der Lage waren, die zugewanderte Bevölkerung zu absorbieren. Unkontrollierte Siedlungen und deprimierende Slums entstanden sowohl an den Stadträndern als auch in den Zentren selbst. Viele der Einwohner leben in äusserst ärmlichen Behausungen, ohne ausreichende sanitäre Einrichtungen und Wasserversorgung. Die »marginale« städtische Bevölkerung ist nur unregelmäßig beschäftigt, häufig unterbeschäftigt oder arbeitslos. Städtische Versorgungseinrichtungen halten in diesen Gegenden niemals Schritt mit dem Bedarf. Grösstenteils als Folge all dieser Umstände haben die zugewanderten ländlichen Familien die hohen Geburtenraten ihrer Dörfer aufrechterhalten und somit zu der städtischen Bevölkerungsexplosion beigetragen.

Insbesondere nach 1960 ist eine bemerkenswerte finanzielle Entwicklung als auch ein schnelles Wirtschaftswachstum zu verzeichnen. Die Inflation konnte auf einer minimalen Rate von 3 – 4 % pro Jahr gehalten werden. Die Ersparnisbildung wurde angeregt, die öffentlichen Finanzen wurden umsichtig geführt und die Auslandsverschuldung war gering. Langfristige ausländische Darlehen wurden vorrangig für wichtige Entwicklungsprojekte in Bereichen wie Elektrizität, Strassenbau, Landwirtschaft und verarbeitende Industrie benutzt.

Im Energiesektor allerdings war die staatliche Erdölindustrie nicht in der Lage, umfangreiche ausländische Mittel für ihre Entwicklung zu bekommen, und zwar weil zu diesem Zeitpunkt internationale Finanzkreise noch nicht bereit waren, die Nationalisierung des mexikanischen Öls zu verzeihen. Andererseits war Mexiko nicht gewillt, irgendeine private Investition in diesem Bereich zu akzeptieren. Es gelang der Regierung jedoch, durch Umverteilung Mittel zu beschaffen; sie beantragte Kredite für elektrische Energie, öffentliche Infrastrukturmassnahmen, Landwirtschaft und verarbeitende Industrie und setzte die eigenen nationalen Ressourcen für den Ausbau der Erdölindustrie ein. Jedoch war das Wachstum der Erdölindustrie weder ausreichend, noch ermöglichte es die Kapitalbildung für die in der Ölwirtschaft erforderlichen Investitionen für die Exploration neuer Lagerstätten und noch weniger für neue Bohrungen auf dem Festland oder off shore, wobei gerade die letzteren oft besonders risikobeladene Investitionen bedeuten. Trotz dieser Einschränkungen nahm die Raffineriekapazität zu, eine wichtige petrochemische Basisindustrie wurde geschaffen, Pipelines wurden gebaut, um Öl und Erdgas zu den Industriezentren zu befördern; die Produktion chemischer Düngemittel wurde begonnen, und letztlich sorgte die Erdölindustrie für einen raschen Ausbau der Stromerzeugung. Zusätzlich wurden hydroelektrische Ressourcen – mit einem erheblichen Potential – entwickelt.

Im verarbeitenden Sektor sorgte die Politik der Importsubstitution für eine Ausweitung der Eisen- und Stahl-, Papier und Zellulose- als auch der chemischen Industrie. Dieses Konzept, das die CEPAL, die UN-Wirtschaftskommission für Lateinamerika, in ihren Studien über Lateinamerika unterstützt hatte, erforderte hohe Schutzzölle und strenge Importbeschränkungen. Gegen Ende dieser Phase wurde argumentiert, die Möglichkeiten der Importsubstitution seien zunehmend erschöpft. Dies trifft sicherlich für die Verbrauchsgüter zu, aber nicht für Zwischenprodukte oder Kapitalgüter. Da eine eigentliche Planung für die industrielle Entwicklung nie verwirklicht wurde, entstanden neue wirtschaftliche Ungleichgewichte. Die auf dem Binnenmarkt bestehenden Unausgewogenheiten wurden nicht korrigiert. Zudem war die Inflationsrate gestiegen. Es war der Punkt erreicht, wo es sehr schwierig wurde, die sog. »stabilisierende Entwicklung« fortzusetzen,

d. h. ein Wachstumsmodell mit minimaler Inflation, aber zugleich ein Modell, das sich um wachsende Einkommensungleichheiten oder tiefer liegende soziale Probleme kaum kümmerte.

**Die Übergangsphase: von der Krise zum Wohlstand?**

Nach 1970 geriet die mexikanische Wirtschaft in eine strukturelle Krise (die noch nicht ausreichend untersucht worden ist). Während der Regierung von Echeverría, von 1970 – 1976, wurden die Fehlentwicklungen mit ihren Ungleichheiten in der Produktivität und Einkommensverteilung stärker beachtet. Die dahinterstehenden Widersprüche zwischen den zwei – oder mehreren – Mexikos wurden offensichtlicher. 1970 kam man auch zu der Feststellung, dass die Erziehung vernachlässigt worden war trotz der Tatsache, dass die Zahl der vom Schulsystem betreuten Kinder ständig zugenommen hatte. Pläne für die Zukunft waren nicht entwickelt worden. Technische Ausbildung war so gut wie nicht vorhanden, obwohl es einige spezielle Schulen und polytechnische Institute hierfür gab. Es fehlte ein Programm für wissenschaftliche und technologische Entwicklung.

In den ländlichen Gebieten dominierten Unterernährung, Krankheiten und hohe Sterberaten. Die autochthone Bevölkerung, die mehrere Millionen Einwohner umfasst, häufig nicht spanischsprechend, war vom Zugang zu sozialen Programmen ausgeschlossen und wurde wirtschaftlich ausgebeutet. Die Entwicklung auf dem Lande war generell vernachlässigt worden. Projekte zur Erstellung von billigem Wohnraum waren grundsätzlich unzureichend.

Die neue Regierung begann 1971 mit einer Reihe von Reformen[2]. Es wurden spezielle Programme in Angriff genommen, um die Krise in den Bereichen Erziehung und Gesundheit, Wissenschaft und Technologie, Wohnraumbeschaffung und ländliche Entwicklung zu überwinden. Zur gleichen Zeit wurden die Eisen- und Stahlindustrie, die Metallverarbeitung und die petrochemische Industrie mit Nachdruck gefördert. Die Automobilindustrie wurde erweitert und dahingehend verändert, dass sich der Anteil der im Inland produzierten Motoren und Teile vergrösserte. Die Arbeiterschaft wurde ermuntert, eine grössere Beteiligung an den wirtschaftlichen Aktivitäten durchzusetzen. Dennoch erreichte Mexiko infolge der finanziellen Misswirtschaft, dem starrsinnigen und irrationalen Festklammern an einem festgeschriebenen und zunehmend überbewerteten Wechselkurs Mitte 1976 die Grenzen der Auslandsverschuldung; die Inflation hatte sich erhöht und das Vertrauen in die Währung war geschwunden. Politische Gründe und Gerüchte führten zu einer grossen Kapitalflucht. Die Regierung sah sich gezwungen, den Peso gegenüber dem US-Dollar um 46 % abzuwerten, und mußte seitdem einen flotierenden Kurs beibehalten.

Auch der Ölsektor war in eine Krise geraten. Nachdem Mexiko von 1960 bis 1970 Selbstversorger war und geringe Ölmengen exportiert hatte, mußte es 1973 Erdöl importieren, also zu einem Zeitpunkt, in dem sich der Weltmarktpreis um das Vier- bis Fünffache erhöht hatte. Natürlich wurden die Anstrengungen, die Selbstversorgung wiederzuerlangen, verdoppelt. Weitere Umstände kamen hinzu: die geologischen und die Bohrtechnologien hatten sich verbessert und gleichzeitig machte der neue Ölpreis auch Bohrungen in grösseren Tiefen rentabel. Von 1972 bis 1974 begann man auf der Grundlage neu erkannter Lagerstätten mit der Ölproduktion im Südosten des Landes. Gegen Jahresende 1976 wurden die Reserven für Erdöl und Erdgas mit 6 Mrd. barrels beziffert, im internationalen Massstab keine besonders grosse Menge. Kurz danach jedoch kletterte die Zahl auf 11 Mrd. barrels, und dies wurde auch von qualifizierten internationalen Consultingfirmen bestätigt. Wenig später konnte die PEMEX aufgrund der Erkenntnisse neuer Grossuntersuchungen ankündigen, dass die nachgewiesenen Reserven sogar noch grösser seien.

Unterdessen wuchs die Gesamtbevölkerung seit Beginn der starken ökonomischen Expansion in den 50er Jahren mit einer aussergewöhnlich hohen jährlichen Rate von 3,5 % und erreichte 1970 51 Millionen Einwohner. Auf die Hauptstadtregion Mexiko City entfielen davon mehr als 20 % der Gesamtbevölkerung. Die Abwanderung in die Städte hielt an, und eine beträchtliche internationale Migration nach den Vereinigten Staaten setzte ein.

Die nach der finanziellen Krise von 1976, die ökonomische, soziale und politische Ursachen hatte, einsetzende Konsolidierungsphase ist zum großen Teil auf das rasche Anwachsen der Ölproduktion zurückzuführen. Das Erdöl wirkte als ein ökonomischer Katalysator und wurde zum wichtigsten Instrument einer neuen Entwicklungsdynamik. Off shore wurden Ölquellen erschlossen, die 45 Tausend barrels täglich förderten, und in verschiedenen Regionen wurden große Erdgaslagerstätten entdeckt.

1980 hatte die tägliche Förderung 2,2 Millionen barrels erreicht, eine Menge, die selbst nach Abzug des gestiegenen einheimischen Konsumbedarfs noch ungefähr 1,1 Millionen barrels für den Export zur Verfügung ließ, wovon 50% in die USA gingen. Anfang 1981 erreichte die tägliche Fördermenge das gesetzte Ziel von 2,75 Millionen und die Exporte stiegen auf 1,3 bis 1,5 Millionen barrels täglich.

Als Folge hiervon erlangte die mexikanische Förderung von Öl und Gas internationale Bedeutung. So produzierte Mexiko nun mehr Öl als Venezuela. Die nachgewiesenen Erdöl- und Erdgasreserven wurden kürzlich auf über 100 Mrd. barrels geschätzt. Das gesamte Förderungspotential Mexikos soll zwischen 200 und 250 Mrd. barrels liegen, wobei diese Zahlen auf Schätzungen basieren und als hypothetisch betrachtet werden müssen, solange die notwendigen Explorationen noch nicht erfolgt sind. Doch bereits auf der Basis nachgewiesener Reserven kann Mexiko davon ausgehen, bis weit in das nächste Jahrhundert hinein ein Produzent und Exporteur von Petroleum zu bleiben.

Nach dem finanziellen Schock von 1976 gab dieser Rückhalt im Petroleum dem Land wieder das Vertrauen in einen neuen wirtschaftlichen Aufschwung. Die Jahre 1976 und 1977 waren kritisch. Die Inflation war noch beträchtlich, die Arbeitslosigkeit sank nicht und das BIP nahm kaum stärker zu als die Bevölkerung. Dann allerdings begann die Wirtschaft 1978 und 1979 und noch bis in das Jahr 1980 hinein mit einer jährlichen Rate von 7 bis 8 % rasch zu expandieren, und die Beschäftigungszunahme war grösser als das Bevölkerungswachstum. 1978 betrugen die Deviseneinnahmen aus dem Erdöl und Erdgas ungefähr 2 Mrd. US-Dollar. 1980 reichte diese Zahl nahe an 11 Mrd. US-Dollar und für 1981 erwartete man – trotz rückläufiger Erdölpreise um die Jahresmitte – einen Anstieg auf 15 bis 16 Mrd.

Die mexikanische Regierung hat ihre Politik in bezug auf das Erdöl eindeutig klargemacht. Mexiko will nicht ein ausschliesslich ölexportierendes Land wie im Nahen Osten werden, das hauptsächlich produziert, um den Bedarf auf dem Weltmarkt zu decken. Mexiko beabsichtigt, Öl in erster Linie für den internen Entwicklungsbedarf zu produzieren und erst an zweiter Stelle, ausländische Märkte mit Öl zu beliefern. Letzteres, weil eine Nachfrage besteht und der Weltmarktpreis offensichtlich sehr attraktiv ist. Mexiko benötigt die zusätzlichen ausländischen Devisen zur Lösung seiner Zahlungsbilanzprobleme und um die relativ hohe Auslandsverschuldungsrate zu mindern. Die für die Expansion der Erdölindustrie erforderlichen grossen Investitionen, wurden zum grossen Teil durch ausländische Kredite finanziert.

Mexiko verschuldete sich bis 1980 bei sinkender Rate und in ungefähr gleichbleibender nomineller Höhe, auch um die in vielen anderen Sektoren erforderlichen Investitionen auszuweiten. (1981 jedoch nahm die Verschuldung wieder beträchtlich zu.) Zur selben Zeit werden die Staatseinnahmen aus Erdölexporten und Erdgas in die Nicht-Erdölindustrie kanalisiert und auch in die sozialen Bereiche (Erziehung, Gesundheit, ländliche Strukturverbesserung).

Was hat nun der Ölboom für Mexiko bis heute bewirkt? Da die Erdölindustrie ein staatlicher Wirtschaftszweig ist, ermöglichte es der gestiegene Ertrag, finanzielle Ressourcen direkt in den öffentlichen Sektor in Form von Steuereinnahmen zu transferieren. Dies hat den öffentlichen Sektor einschliesslich die staatlichen Unternehmen in die Lage versetzt, die Entwicklung in anderen industriellen Bereichen verstärkt zu fördern. Hinzu kam ein direkter wirtschaftlicher Anstoss durch die Erdölindustrie selbst mittels ihrer Käufe, Lohnzahlungen und ihrer zunehmenden Aktivitäten. Dies wiederum löste Multiplikatoreffekte aus. Das Öl trug dazu bei, das Leistungsbilanzdefizit in einem erträglichen Verhältnis zum BIP zu halten mit der mittelfristigen Perspektive einer Reduzierung oder gar Eliminierung dieses Defizits.

1979 stiegen die öffentlichen Investitionen real um 18 %, und die privaten, teilweise stimuliert durch diese Steigerung, nahmen in ähnlichem Ausmass zu. 1980 betrug die Zunahme 17 bzw. 15 %. Viele grosse industrielle Projekte werden mit mexikanischem Kapital, aber auch mit Hilfe ausländischer Investitionen d.h. Kapital aus Japan, Schweden, der Bundesrepublik Deutschland, Frankreich, den Vereinigten Staaten, Kanada und anderen Ländern durchgeführt. Mexiko bemüht sich bei seinen Ölverkäufen, nicht nur einfach Teile des Weltmarktes zu beliefern, sondern im Austausch Technologie für wichtige künftige Entwicklungen zu erlangen. Die Erdölexporte verteilen sich auf ca. 16 Länder, darunter Japan, Westeuropa, Kanada, Zentralamerika und die Karibik, Indien und Israel. Durch die Erweiterung der industriellen Basis mit ausländischer Technologie werden bis Ende des Jahrhunderts viele Arbeitsplätze in nicht erdölgebundenen Erwerbszweigen geschaffen sein und zahlreiche neue Exportmöglichkeiten neben dem Erdöl und Erdgas.

Unglücklicherweise hat dieser gesamte Prozess den ohnehin schon starken inflationären Druck verstärkt. Die Inflationsrate von 30 % in den Jahren 1980 und 1981 hat zum Teil externe Ursachen. Industrieanlagen z. B., die Mexiko im Ausland kauft, kosten nun 20, 30 oder sogar 60 % mehr als noch vor wenigen Jahren. Aber wichtiger sind unmittelbare interne Ursachen. Die Ausgaben für Investitionen sind ausgeweitet worden, ohne dass gleichzeitig ein ausreichendes inländisches Sparaufkommen bewirkt worden wäre. Mexiko leidet an einer typischen Keynes'schen Inflationslücke. Zudem wuchs das Defizit im öffentlichen Sektor auf ungefähr 8 % des BIP und damit über ein vernünftiges Mass hinaus, und 1981 war es sogar noch grösser. Hinzu kommt, dass einige Sektoren der mexikanischen Gesellschaft übermässig ausgabenfreudig sind. Insgesamt stiegen die Konsumausgaben jährlich real um 5 %. Diejenigen, die zusätzliche Einnahmen aus dem Erdölsektor erzielen, oder andere Gruppen, die sich eines gewissen Wohlstandes erfreuen, wie z. B. die privilegierten Facharbeiter und Angestellten, die freiberufliche und technische Mittelklasse, die Zwischenhändler (vorwiegend im Gross- und Einzelhandel) und andere Schichten mit hohem Einkommen, die von dieser gesamten Entwicklung profitieren, geben einfach mehr aus. Die Inflation begünstigte vorgezogene Ausgaben und entmutigte das Sparen. Ausserordentlich hohe Zinssätze – von 30 bis 40 % für einen Bankkredit – wirken sich negativ auf die Kleinindustrie aus und führen zu Schwierigkeiten in der Land- und Bauwirtschaft. Sie heizen den inflationären Prozess an und erzeugen Erwartungen, die ihrerseits die Inflation beschleunigen. Für Besitzer von Wertpapieren oder von kurzfristigen Einlagen schwindet der reale Zinsertrag auf Null oder kehrt sich sogar ins Negative.

Obwohl die Beschäftigung in den letzten drei Jahren zugenommen hat, sind die Reallöhne gesunken, mit Ausnahme einiger Sektoren mit starken Gewerkschaften. Die Lohnerhöhungen haben die steigenden Lebenshaltungskosten nicht kompensiert, obwohl es ein System von Subsidien und eine breite Skala zusätzlicher Vergünstigungen gibt, um die Belastungen der einkommensschwachen Familien zu mindern.

Wie sieht nun die Zukunft aus? Das meistdiskutierte Thema ist die Frage, wie der Erdölüberschuss genutzt werden soll. Dieser Überschuss kann weiterhin beträchtlich sein, da man annimmt, dass der Ölpreis auf dem Weltmarkt weiterhin leicht steigt, im Verlauf der nächsten zehn Jahre um real mindestens 1 % jährlich. Mexiko ist nicht Mitglied der OPEC, aber die PEMEX schliesst ihre Öllieferungsverträge zu OPEC-Preisen ab, unter Berücksichtigung der Qualität des mexikanischen Erdöls. Es kann daher mit erheblichen finanziellen Überschüssen gerechnet werden, die sich in Deviseneingängen, Steuereinnahmen und in der Bildung von Investitionskapital im gesamten Wirtschaftssystem niederschlagen.

Die Regierung ist in der Lage, einen grossen Teil dieser Überschüsse wirtschaftlich zu nutzen; die Formulierung des »Allgemeinen Entwicklungsplans« und verschiedener sektoraler Pläne trägt dem ausdrücklich Rechnung. Diese Pläne betreffen die Wachstumsziele und die Mobilisierung bzw. Verwendung der finanziellen und realen Ressourcen. Ziel ist ein mittel- und langfristiges Wachstum des BIP, um real ca. 8 % jährlich zu erreichen. Man erhofft sich von diesem Wachstum ein schnelleres Ansteigen der Beschäftigung, die Korrektur der Ungleichgewichte zwischen den Sektoren und die Verbesserung der Einkommensverteilung. Ein Industrialisierungsplan definiert die langfristigen Ziele, die grosse Industrieprojekte stimulieren soll. Ein Beschäftigungsplan zielt auf der Grundlage der stetigen wirtschaftlichen Expansion auf die Schaffung von mehr als zwei Millionen neuen Arbeitsplätzen zwischen 1980 und 1982 ab. Das im November 1980 angekündigte Energieprogramm sieht eine integrale Entwicklung des Energieversorgungssystems, einschliesslich Kohle und Atomenergie, mit Zielprojektionen bis 1990 und darüber hinaus vor. Das gleichfalls 1980 verabschiedete nationale Ernährungsprogramm legt die Politik zur Überwindung der Fehlentwicklungen im Agrarsektor fest. Weitere Pläne und Zielvorgaben existieren für andere Sektoren.

Die erwähnten Programme basieren auf der Annahme, daß die Regierung die realen und finanziellen Ressourcen effektiv einsetzen kann. Mehrere Wege können dabei beschritten werden:
1. Investitionen in der öffentlichen Infrastruktur und Ausweitung der staatseigenen Industrie, die in Mexiko unter anderem so wichtige Sektoren wie Eisen und Stahl und die petrochemischen Grundstoffe einschliesst.
2. Transfer der Ressourcen durch das staatliche Finanzierungssystem sowie durch private Banken, um den privaten Sektor zu veranlassen, sowohl in den Bereichen der Grossindustrie, die im Industrieplan aufgeführt sind, als auch in der Kleinindustrie zu investieren und zwar zusätzlich zu den Ressourcen, die der private Sektor selbst aufbringt.
3. Kanalisierung von Ressourcen in die Landwirtschaft (Getreide und Viehzucht). Dieser Sektor macht eine schwere Krise durch, die zum Teil auf die geringen Preisstützungen zurückzuführen ist, aber auch auf Änderungen im Nahrungsmittelkonsum, die zu einer starken Nachfrage nach Sojabohnen, Ölsaaten und anderen Futtermitteln auf Kosten der Produktion von Mais, Bohnen und Weizen geführt haben. Rind-, Schweine- und Hühnerfleisch sowie Milchprodukte in den Städten werden zunehmend konsumiert. Ausserdem ist es

sehr schwierig, in den benachteiligten ländlichen Sektoren die Hektarerträge zu steigern. Als Folge hiervon importierte Mexiko 1980 ca. 10 Millionen Tonnen und 1981 6 Millionen Tonnen Getreide und andere Nahrungsmittel, einschliesslich Mais für den direkten Konsum der Bevölkerung. Zucker, der noch vor wenigen Jahren ein wichtiges Exportgut war, wurde aus Cuba in einem Volumen von 800.000 Tonnen importiert (1981: 600.000 Tonnen). Die Importe für Milchpulver belaufen sich jährlich auf 250 Millionen US-Dollar.

Kritiker der Regierung behaupten, Mexiko tausche Öl gegen Nahrungsmittel. Das Problem ist offensichtlich nicht so einfach, aber es ist richtig, dass das Erdöl die Devisen für den Import von Nahrungsmitteln bereitstellt. Das Erdöl kann aber auch die finanziellen Mittel schaffen, um den landwirtschaftlichen Ertrag zu steigern. Andererseits können in der Landwirtschaft keine Wunder vollbracht werden, und obwohl es einen Landwirtschafts- und einen Nahrungsmittelplan gibt, werden die zu erwartenden Erfolge nicht nur begrenzt sein, sondern auch nur allmählich eintreten. Ferner darf nicht übersehen werden, dass die Bevölkerung Mexikos sich alle sechs Jahre um eine Zahl vergrössert, die der gesamten Bevölkerung Venezuelas entspricht. Es besteht kein Zweifel, dass, solange das Einkommensniveau steigt, auch die Nachfrage nach Nahrungsmitteln steil zunehmen und die Sozialpolitik dazu beitragen wird, die Ernährungsniveaus anzuheben. Nach der besseren Ernte von 1981 hat die Regierung ihren Landwirtschaftsplan bereits als Erfolg bezeichnet. Es muß aber abgewartet werden, ob die Ernteerträge sich weiterhin verbessern werden, denn bisher waren sie zum Teil die Folge aussergewöhnlich guter Regenfälle und anderer günstiger klimatischer Bedingungen. Die Selbstversorgung mit Lebensmitteln ist für Mexiko ein schwer zu erreichendes Ziel.

Der Landwirtschaftsplan schafft die Grundlage, um die Ungleichgewichte und Ungerechtigkeiten in der mexikanischen Gesellschaft zu korrigieren, denn 40 % der Bevölkerung leben noch auf dem Lande und 20 Millionen in kleinen Dörfern. Produktivität und Einkommen sind im Durchschnitt gering. Die bisher durchgeführten Erhebungen zeigen, dass der Lebensstandard in einigen ländlichen Bereichen Mexikos noch immer als extrem arm bezeichnet werden muss, trotz der Entwicklungsprogramme der letzten Jahre und der zahlreichen Reformen, die bis in die Regierungszeit von Präsident Cárdenas zurückreichen.

Die Bevölkerungspolitik, die 1973 bis 1974 aufgestellt wurde, hat sich bisher als erfolgreich erwiesen. Mit Hilfe umfassender Programme der Familienplanung zielt sie unter anderem auf einen möglichst raschen Rückgang der Geburtenrate ab. Der Bevölkerungszuwachs, der 1973 auf 3,6 % gestiegen war, sank bis 1980 auf 2,5 %, und das für das Ende des Jahrhunderts gesteckte Ziel ist eine jährliche Wachstumsrate von 1 %. Dies erfordert eine wesentliche Senkung der Geburtenrate, aber es zeigt sich, dass veränderte Einstellungen in dieser Richtung mithelfen, sowohl im Bereich der Familien als auch in der Gesellschaft. Die Kirche mischt sich klugerweise nicht ein.

Zusätzliche Mittel aus der Erdölentwicklung werden in den Hauptbereichen des sozialen Sektors benötigt, nämlich in der Erziehung, im Wohnungsbau und im Gesundheitswesen. Das Wohnungsdefizit beläuft sich allein in städtischen Gebieten auf 3 Millionen Wohneinheiten. Die Kindersterblichkeit beträgt trotz mancher Fortschritte in den Gesundheitsdiensten 60 pro Tausend Lebendgeburten und ist damit etwa dreimal so hoch wie in Panama.

Obwohl der Primarschulbesuch nach der Verfassung obligatorisch ist und Gegenstand umfassender Programme in den letzten 60 Jahren war, betragen augenblicklich die Gesamtausgaben für das Erziehungswesen weniger als 4 % des BIP; dies bedeutet, dass Mexiko das von der UNESCO bereits vor zwanzig Jahren empfohlene Ziel nicht erreicht hat. Ca. 20 Millionen sind im Schulsystem eingeschrieben, davon aber 75 % in der sechsjährigen Primarschule. In ländlichen Gegenden ist der Anteil der vorzeitigen Schulabgänger sehr hoch, und in vielen kleinen Dörfern führt die Grundschule über die ersten drei oder vier Klassen nicht hinaus. Folglich kann in diesen Regionen eine funktionale Lese- und Schreibfertigkeit nicht erreicht werden. Im allgemeinen ist aber auch in den Städten, in denen nahezu 10 % der grundschulpflichtigen Bevölkerung im Schulsystem eingeschrieben sind, die Quote für vorzeitigen Schulabbruch sehr hoch. Die Expansion des Erziehungswesens erfolgt gegenwärtig viel schneller in der Mittelstufe, in der Sekundarstufe und in den technischen Fachschulen. Zwischen 1970 und 1980 stiegen die Schülerzahlen in den technischen Schulen um 18 % jährlich, was zu einer strukturellen Veränderung des Erziehungssystems führte. Die höhere Schulbildung nimmt jährlich um 12 % zu, und dies bedeutet, dass Mexiko vor einer Explosion im universitären Bereich steht. Obwohl sich die Studentenzahlen noch immer auf den Bundesdistrikt (Mexiko Stadt) konzentrieren, zielt die Politik darauf ab, die Universitäten in den Provinzen zu stärken und zu entwickeln und die Erziehung und Forschung zu dezentralisieren.

Im Erziehungsbereich gibt es noch viel zu tun, um mit der Nachfrage Schritt zu halten, das gilt auch für die Erwachsenen, die vorher das

Schulwesen verlassen haben, aber jetzt bestrebt sind, etwas zu lernen. Eine Verbesserung der Unterrichtsqualität auf allen Schulebenen ist ebenso notwendig, und es werden mehr Schulgebäude, Büchereien und Laboratorien benötigt.

Zusätzlich zur Ausweitung und Anhebung der Qualität der Universitätsausbildung steht Mexiko vor der Aufgabe, die wissenschaftliche und technologische Forschung weit über die bisherigen begrenzten Bemühungen hinaus zu entwickeln. Im Blick auf die Zukunft wird ein stärker industrialisiertes Land natürlich auch mehr Ingenieure, Techniker und Facharbeiter benötigen. Programme hierzu wurden begonnen, und die Industrieunternehmen wurden aufgerufen, sich daran zu beteiligen, denn eine Ausbildung in Form des »on the job training« wird als die erfolgreichste angesehen.

Gegenwärtig vollzieht sich der Industrialisierungsprozess nicht in dem im Industrieplan von 1979 vorgesehenen Tempo. Unter dem augenblicklichen inflationären Prozess mit anhaltendem Ausgabendruck sind Anzeichen zu spüren, wie sie im erdölproduzierenden Venezuela und in anderen Ländern mit einer schnellen wirtschaftlichen Expansion zu beobachten sind, z.B. ein akuter Mangel an Arbeitskräften und infrastrukturelle Engpässe. In Mexiko herrscht Mangel an Ingenieuren, Technikern und anderen Facharbeitern. Hingegen gibt es ein Überangebot an ungelernten Arbeitskräften mit nur geringer Schulbildung und keinerlei Ausbildung für industrielle oder ausgeprägt technische Berufe. Das Transportwesen reicht nicht aus; so ist es für Schiffe oft schwierig, etwa schwere Ausrüstungsgüter oder Lebensmittel usw. zu entladen. Das Strassen- und Eisenbahnsystem ist nicht in der Lage, die Produkte effizient zu verteilen. Mexiko steht vor Problemen, unter denen andere Erdölländer schon länger leiden.

Trotz einer gewissen Diversifizierung und einer ziemlich breiten industriellen Basis – eine Entwicklung, die in den vierziger Jahren eingeleitet wurde – besitzt die Wirtschaft noch immer nicht die Flexibilität und Fähigkeit, um solche gewaltigen Nachfragesteigerungen zu bewältigen, wie sie zur Zeit direkt oder indirekt durch den Erdölboom ausgelöst werden. Es werden zwar erhebliche Anstrengungen unternommen, hauptsächlich mit steuerlichen Anreizen, um die Industrie zu dezentralisieren und neue Arbeitsplätze in kleineren und mittleren Städten zu schaffen. Dem sind jedoch Grenzen gesetzt, da die kleineren Städte neue grosse Industriezentren gar nicht so schnell absorbieren können. Es fehlen Wohnungen und es gibt viele praktische Schwierigkeiten bei der Gewinnung des technischen Personals. Alle solche

Anpassungen, die nach den Lehrbüchern durch die Kräfte des Marktes schnell vonstatten gehen, gehen bei der etwas unflexiblen Struktur der mexikanischen Wirtschaft erheblich langsamer vonstatten.

Mexiko ist dabei, zumindest für einige Sektoren ein Programm für die Erweiterung der Kapitalgüterindustrie aufzustellen. Es zielt darauf ab, die Abhängigkeit von importierten Anlagen zu reduzieren und mehr Arbeitsplätze zu schaffen. Die Erdölindustrie ist inzwischen so gross, dass sie eine beträchtliche Nachfrage nach Anlagegütern hat, die in Mexiko selbst produziert werden könnten. Experten auf diesem Gebiet meinen, dass eine Kapitalgüterindustrie viele Arbeitsplätze schafft, und dies nicht nur in Form grosser industrieller Komplexe, sondern auch kleinerer Unternehmen, wie z.B. in Europa.

**Schlußfolgerung**

Es muß betont werden, dass neben den Schwierigkeiten und Grenzen der mexikanischen Entwicklungsbemühungen eine echte Gefahr darin besteht, dass sich die ökonomischen, sozialen und regionalen Unterschiede infolge der Inflation und der verzögerten Aufnahme und Verwendung neuer Ressourcen und ihrer Anpassung an den schnell wachsenden Bedarf künftig noch verstärken. Dennoch und gerade wegen dieser Bedrohung werden weiterhin grosse Anstrengungen unternommen, die Entwicklung in Einklang mit dem »Allgemeinen Entwicklungsplan« und mit den sektoralen Plänen zu bringen, in denen die Beschäftigung und andere soziale Ziele berücksichtigt werden.

Das BIP-Wachstum war 1981 eher 7 als 8 %, und es ist nicht ausgeschlossen, dass Mexiko seine Ziele kürzer stecken muss; aber letztlich sollten 6 bis 7 % Wachstum voll ausreichend sein. Es wird eine Politik verfolgt, die grundsätzlich eine gemischte Wirtschaft aus staatlichen und privaten Unternehmen befürwortet, in vielen Fällen auch »joint ventures«, häufig mit der Beteiligung ausländischen Kapitals und Technologie. All dies wird unterstützt durch einen Infrastrukturplan, der die Entwicklung des Transportwesens, der Wasserversorgung, städtischer Dienste und Einrichtungen usw. umfasst.

Ein anderer Faktor, der nicht unterbewertet werden sollte, ist die Tatsache, dass Mexiko neben dem Erdöl andere Güter exportieren muss. Die derzeitige Haltung der Industrieländer zeigt Tendenzen einer Importrestriktion. Es herrscht eine weltweite Rezession. Das

Wirtschaftswachstum Europas, der Vereinigten Staaten und Japans ist zur Zeit gering. Derartige internationale Rahmenbedingungen sind ungünstig; falls sie sich noch verschlechtern, hätten sie negative Auswirkungen auf Mexikos Pläne, trotz seines Erdöls. Es gibt jedoch auch schwerwiegende interne Probleme, wie z.B. die Engpässe infolge des wenig flexiblen Ausbildungswesens, die nicht allein durch das Erdöl überwunden werden können. Die erkennbare Tendenz zum übertriebenen Konsum erweist sich auf vielfältige Weise als eine Verschwendung von Ressourcen, auch wenn dabei vielleicht Arbeitsplätze geschaffen werden. Ebenso augenfällig sind die unvermeidbaren Schwierigkeiten in der öffentlichen Verwaltung, bei der Koordinierung der Gesamtheit der Aktivitäten des Regierungsapparates und der staatlichen Unternehmen, woraus sich wiederum wirtschaftliche Ungleichgewichte ergeben können, wie auch eine Verschwendung von Mitteln und überhöhte Kosten bei den Investitionen und der Entwicklung.

Auf der anderen Seite ist zu bedenken, dass Mexiko zwei Drittel seines Aussenhandels mit den Vereinigten Staaten abwickelt. Daher haben die Wirtschaftspolitik und allgemeine politische Ereignisse in den USA einen starken Einfluss auf die mexikanischen Entwicklungschancen. Man schätzt, dass bereits etwa vier Millionen Mexikaner illegal in den Vereinigten Staaten leben oder arbeiten, und dass jedes Jahr 1,5 Millionen Saisonarbeiter vorübergehend in den USA arbeiten und eine weitere Viertelmillion dort bleibt. Falls in den USA eine schwere Depression eintritt, würde ein grosser Teil dieser Bevölkerung nach Mexiko zurückkehren, wie dies in den dreissiger Jahren geschehen ist. Aber diesmal wäre es für die zurückkehrenden, insbesondere für die ungelernten Arbeiter sehr viel schwieriger, von der mexikanischen Wirtschaft aufgenommen zu werden.

In dem weitreichenden Prozess einer Entwicklung, die auf der Erdölexpansion basiert, lassen sich positive, weniger positive und sogar negative Faktoren erkennen. Mexiko muss unbedingt vermeiden, ein ausschliesslich erdölproduzierendes oder »petrolisiertes« Land zu werden; dies würde zwar finanzielle Überschüsse erzeugen, die aber – selbst bei einer günstigen Machtkonstellation – für die interne Entwicklung nicht voll genutzt werden könnten. Mexiko richtet seine Anstrengungen auf die Lösung dieser strukturellen Probleme. Ein Bewusstsein für diese Probleme ist zwar schon lange vorhanden, aber trotz einer verantwortungsbewussten Regierung, einer beachtlichen Kontinuität in der Politik und trotz einer ausgeprägten Zielstrebigkeit der Wirtschaft und der arbeitenden Bevölkerung haben die zurückliegenden Jahre wirtschaftlicher und sozialer Entwicklung keinen vollen Erfolg gebracht.

Das Jahr 1982 ist kritisch. Schon im Jahre 1981 sah sich die Regierung gezwungen, die Ausgaben und Expansionsraten zu reduzieren, und es zeichnete sich eine Verlangsamung der privaten Investitionen ab. Das Sinken des Ölpreises und die Notwendigkeit, neue Verträge für die Ölexporte auszuhandeln, hatten niedrigere Ölexporte in der zweiten Jahreshälfte zur Folge, unter das Ziel von 1,3 Millionen Fass pro Tag. Der Rückgang der Devisenerlöse erforderte eine höhere Auslandsverschuldung zur Abdeckung eines unerwartet hohen Leistungsbilanzdefizits von ca. 10 Milliarden US-Dollar. Dazuhin wurden durch die Überbewertung der Währung die »Nicht-Erdöl«-Exporte und die Einnahmen aus dem Tourismus gebremst und die Importe und Auslandsreisen der Mexikaner angeregt. Man war allgemein der Auffassung, dass es nicht ausreichen würde, den Wechselkurs des Peso zum Dollar allmählich sinken zu lassen, um die Überbewertung zu korrigieren. Es wurde allgemein damit gerechnet, dass die kontrollierte Abwertung entweder intensiviert würde, oder dass in einem bestimmten Moment die Regierung einen drastischen Schritt bei der Festlegung des Wechselkurses unternehmen würde, was einer Abwertung gleichkomme. In einem System völlig freier Währungstransaktionen und bei steigenden einheimischen Zinssätzen waren Kapitalabwanderung und Flucht in den Dollar unvermeidlich.

Im Januar 1982, als man wusste, dass die Inflationsrate jährlich nahezu 30 % betrug, dass das Zahlungsbilanzdefizit nicht gesunken war und die Auslandsverschuldung auf nahezu 50 Milliarden Dollar gestiegen war, nahm man generell an, dass der Wechselkurs nicht aufrechterhalten werden konnte. Der Lebenshaltungskostenindex stieg im Januar um 5 %. Der Verlust an ausländischen Devisenreserven Anfang Februar zwang die Zentralbank, kurz danach ihre Interventionen auf dem Devisenmarkt aufzugeben, und der Dollarwert des Peso sank über Nacht um 29 %. Dadurch sah sich die Regierung zu einer Politik der kurzfristigen Anpassung gezwungen, um die eigenen Ausgaben erneut zu kürzen. Für die unmittelbare Zukunft ist eine noch höhere Inflationsrate zu erwarten infolge der Belastung durch die Abwertung; die Reallöhne werden sinken und die Zinsen weiter steigen. Viele Investitionsprojekte werden eingestellt oder verschoben werden müssen. Es wird erwartet, dass das BIP-Wachstum 1982 4 % nicht überschreiten wird. So muss Mexiko erneut seine langfristigen

Ziele einer kurzfristigen Finanzpolitik anpassen, insbesondere jetzt, wo die Exporte für Erdöl und Gas voraussichtlich die 1981 erreichten Mengen nicht überschreiten werden.

Folglich werden die nächsten Jahre entscheidend sein, ob es gelingt, eine Strategie zu verfolgen, womit der sogenannte Erdölüberschuss effektiver genutzt wird. Der »Boom« ist mehr oder weniger vorbei, und Mexiko muss sich an weniger ambitiöse Wachstumserwartungen gewöhnen, wobei aber die Zukunftschancen keineswegs so ungünstig sind.

Es ist keine rosige Aussicht für Mexiko, das Jahr 2000 mit einer von 72 Millionen auf mehr als 100 Millionen angewachsenen Bevölkerung in einem Zustand harter Ungleichheiten und sozialer Ungerechtigkeiten zu erreichen. Es mag als Übertreibung angesehen werden oder als reine Rhetorik, aber viele mexikanische Sozialwissenschaftler sind fest davon überzeugt, dass Mexiko jetzt die letzte Chance hat, eine gerechtere, gleichere, flexiblere und politisch pluralistische Gesellschaft zu schaffen und um das demokratische Element dieses Landes zu erhalten. Diese Gelegenheit sollte in den nächsten zwanzig Jahren genutzt werden – und man sollte jetzt damit beginnen.

1 Der Abriss wird nicht ganz so zeitraffend sein wie der eines chinesischen Historikers, der auf einer Tagung in Philadelphia berichtete, dass er in einem einsemestrigen Kurs über die chinesische Geschichte pro Jahrhundert eine Stunde ansetze, jedoch ziemlich zügig, um gewisse Merkmale der modernen Entwicklung Mexikos zu verstehen.

2 Eine politische Reform wurde ebenfalls zwischen 1971 und 1976 eingeleitet und beinhaltete u.a. eine grössere Repräsentation der Minderheitsparteien im Kongress sowie Programme zur Erweiterung der Partizipation am sozialen Wandel. Dies war eine wichtige Komponente im Gesamtbild, aber es kann hier nicht näher darauf eingegangen werden.

# Öl und Gas in Mexiko —
# Reserven, Produktion, Export

von Gabriela Comel

## 1. Einleitung

Mexiko ist innerhalb der letzten drei Jahre in die Reihe der vier grössten Erdölländer aufgerückt. Diese Entwicklung kam selbst für die Fachwelt überraschend und wurde zum Teil mit Skepsis gegenüber den spektakulären, sich jedes Jahr erstaunlich erhöhenden Angaben über die Reserven des Landes an Kohlenwasserstoffen aufgenommen.

In den 60er und 70er Jahren hatte die PEMEX[1] intensiv prospektieren lassen. Unter dem Präsidenten Echeverría, etwa 1972, wurden neue grosse Erdöl- und Gasvorkommen gefunden, ohne dass dies einer grösseren Öffentlichkeit bekannt geworden wäre. Danach beschleunigte sich die Entwicklung: Präsident López Portillo gab aufsehenerregende Zahlen über den scheinbar entdeckten Ölreichtum bekannt. Die jedes halbe Jahr nach oben korrigierten Zahlen zu den Öl- und Gasreserven waren besonders beeindruckend, da die Welt sich gerade von dem 1973/1974 erfahrenen »Ölschock« zu erholen begann. Weite Kreise der Weltwirtschaft, darunter — nicht zu vergessen — die Banken, stellten Mexiko plötzlich in den Brennpunkt ihrer Interessen. Warnende und skeptische Äusserungen, ob Mexiko imstande wäre, seinen Ölreichtum zu verkraften und zu nutzen, wurden in dieser Situation allzu gern überhört.

Heute, fünf Jahre danach, ist es an der Zeit, resümierend zu fragen, ob das Öl Mexiko in die Lage versetzt hat, um — wie Urquidi es ausdrückt — seine »«letzte Chance« zu ergreifen und mit seiner Hilfe in den Kreis der grossen Industrienationen vorzustossen.

**Die mexikanische Ölgesellschaft Petróleos Mexicanos — PEMEX**

Für die Mexikaner bedeutet PEMEX mehr als nur eine Gesellschaft, die Erdöl fördert und verkauft. In Mexiko ist Erdöl nicht so sehr kommerzielles Gut, sondern eher Blut der Nation. Die mexikanische Ölpolitik ist seit jeher beladen mit Emotionen. Diese spezifisch mexikanische Haltung zu einem der wichtigsten Rohstoffe und Energieträger unserer Zeit ist tief in der mexikanischen Geschichte – der Revolution von 1910 und der Verfassung von 1917 – verwurzelt.

Nicht-Mexikaner können dieses Phänomen »mexikanisches Öl« kaum begreifen. Selbst sonst gut informierte Handelspartner Mexikos können die Gedankengänge der Mexikaner in dieser Hinsicht nur schwer nachvollziehen. Tiefgreifende Missverständnisse sind die Folgen. Für den Aussenstehenden stellt sich die Frage nach den historischen Ursachen und Zusammenhängen. Daher sollen zunächst die grossen Linien der mexikanischen Ölgeschichte als Hintergrund für die gegenwärtige Problematik dargestellt werden.

Im ersten Drittel dieses Jahrhunderts war Mexiko eine der bedeutendsten Ölnationen der Welt. Nach den USA wurde hier die zweitgrösste Ölmenge gefördert. Zu Beginn der 20er Jahre betrug sie bis über eine halbe Million Fass pro Tag, was einem Viertel des gesamten Welterdölbedarfs entsprach.

US-amerikanische, später englische und holländische Ölgesellschaften besassen die Explorations- und Produktionsrechte. Es gab nur eine unbedeutende private mexikanische Ölgesellschaft. Weit über 90 % des geförderten Öls wurden exportiert. Niedrige Weltmarktpreise und die einst zu günstigen Konditionen für die Ölgesellschaften abgeschlossenen Verträge verhinderten, dass Mexiko selbst auf irgendeine Weise Nutzniesser seines Ölreichtums werden konnte.

In die mexikanische Verfassung von 1917 (sie ist heute noch gültig) wurden zwei Bestimmungen aufgenommen, die für die Ölindustrie von grundlegender Bedeutung waren. So wurde bestimmt, dass alle Bodenschätze unter der Erde dem Staat gehören und dass Ölgesellschaften nur Konzessionen erhalten dürfen, um Öl zu explorieren und zu fördern. Ausserdem behielt sich die Regierung das Recht vor, Land zu enteignen, wenn dies im Interesse der Nation läge.

Über die erstgenannte Bestimmung kam es zwischen Ölgesellschaften und Regierung zu Missverständnissen und Meinungsverschiedenheiten, die in zahlreichen Gerichtsverfahren geschlichtet werden mussten. Diese Auseinandersetzungen und nur allmählich durchsetzbaren Forderungen nach höheren Abgaben auf die Ölförderung belasteten in den 20er Jahren zunehmend das Verhältnis zwischen der mexikanischen Regierung und den Ölgesellschaften. Für diese hatte sich das Klima in Mexiko als Ölprovinz verschlechtert, und sie zogen es vor, in anderen Regionen zu prospektieren. Venezuela und der Mittlere Osten wurden zunehmend attraktiver.

Die Ölförderung in Mexiko sank infolge dieser Situation von 530 000 Barrel pro Tag (b/d) (1921) auf 85 000 b/d (1930). Ölarbeiter mit überdurchschnittlich hohen Löhnen, verglichen mit anderen Wirtschaftszweigen, mussten entlassen werden, was zu sozialen Unruhen führte. Im übrigen war der allgemeine politische Boden in Mexiko schon für eine reformistische Regierung vorbereitet. Lázaro Cárdenas gewann 1934 die Präsidentschaftswahlen.

Unter seiner Regierung gab es schwerwiegende wirtschaftliche Probleme. 1937 nutzte Cárdenas einen Streik der Ölarbeiter um bessere Verträge aus, um sich der Gunst der Massen zu versichern. Es würde hier zu weit führen, die Ereignisse zwischen Mai 1937 und März 1938 darzustellen, die zu dem Dekret vom 18. März 1938 zur Enteignung des Besitzes der ausländischen Ölgesellschaften und zur Nationalisierung der Ölindustrie führten. Dieser radikale Schritt wurde mit dem Argument begründet, die ausländischen Gesellschaften hätten die bestehenden Lagerstätten nicht genügend geschont, fehlendes Interesse an der Exploration neuer Ölvorkommen gezeigt und die Ölarbeiter unfair behandelt.

Der Enteignung der ausländischen Ölgesellschaften folgte die Gründung der nationalen, staatliche Ölgesellschaft Petróleos Mexicanos als einer integrierten Ölgesellschaft. Da den Mexikanern so gut wie jedes Know-how fehlte, keine nationale ölspezifische Infrastruktur vorhanden war und mexikanisches Öl zudem auf dem internationalen Markt zeitweise boykottiert wurde, stand die PEMEX in ihren Anfangsjahren vor ausserordentlichen Schwierigkeiten.

Die Mexikanisierung des Öls, konkretisiert mit der Gründung der PEMEX, wurde zum nationalen Symbol. In den Jahren nach 1938 gewannen Öl und PEMEX eine geradezu mystische Bedeutung, die sich bis heute im Bewusstsein der Bevölkerung tief eingegraben hat. Beide verkörpern die Essenz des mexikanischen Nationalismus: nationale Würde, wirtschaftliche Unabhängigkeit und staatliche Souveränität. Darin kommt auch der nationale Stolz zum Ausdruck, dass man die Anfangsjahre trotz aller Schwierigkeiten überstanden hat und sich heute mit einer im eigenen Land entwickelten Technologie und aus eigenen Kräften in den Kreis der bedeutenden ölproduzierenden Länder einreihen kann.

PEMEX wird auch als Teil der Revolution betrachtet und ist damit eher eine politische Institution als eine blosse Ölgesellschaft. Alle PEMEX-Mitarbeiter sind Mitglieder der mächtigen berufsspezifischen

Gewerkschaft und damit auch Mitglieder der seit 1929 regierenden Staatspartei.

Die PEMEX hat die Aufgabe, die wirtschaftliche und industrielle Entwicklung Mexikos in Unabhängigkeit vom Ausland zu fördern. In diesem Rahmen soll sie den Ölbedarf der Nation zu möglichst niedrigen Preisen decken. Das führte dazu, dass die PEMEX die Ölprodukte unter den Selbstkosten verkaufen musste. Eingefrorene Preise, die wirtschafts- und sozialpolitisch zu erklären sind, haben der Gesellschaft über die Jahre die für ein integriertes Unternehmen erforderliche finanzielle Grundlage verwehrt.

Die Geschäftspolitik orientiert sich mehr am Gemeinwohl als an den Marktbedingungen. Als der frühere Direktor der PEMEX, Díaz Serrano, im Juni 1981 den Exportpreis in Anpassung an die Weltmarktlage um US-$ 4.00 pro Barrel herabsetzen wollte, wurde ihm dies als unverzeihliche Fehlentscheidung ausgelegt. So zumindest wurde sein Rücktritt der Öffentlichkeit plausibel gemacht.

Es zeigt sich in unseren Tagen, da Mexiko zum zweiten Mal in seiner Geschichte einen Ölboom erlebt, dass nationalistische Ölpolitik in Konflikt stehen muss mit einer weltweit funktionierenden Ölpolitik, die für Nationalismus und Emotionen in diesem Bereich kein Verständnis hat. Es wird die Aufgabe der künftigen Regierung und der PEMEX sein, eine Ölpolitik zu entwickeln, die die PEMEX durch diesen Konflikt führen kann.

## 2. Reserven

Die hohen Ziffern für Reserven an Öl und Gas haben zunächst eine gewisse Konfusion hervorgerufen. US-amerikanische Geologen erkannten sehr bald, dass die PEMEX eigene Definitionen für sichere, wahrscheinliche und mögliche Reserven entwickelt hatte. So wurde deutlich, dass entgegen den international üblichen Definitionen die PEMEX unter der Rubrik »potential reserves« nicht nur die sicheren und wahrscheinlichen, sondern auch die möglichen Reserven subsumierte. Ausserdem klassifizierte PEMEX nicht nach den allgemeinen gültigen Regeln die sicheren (proved) und wahrscheinlichen (probable) Reserven.

1977/1978 setzte sich als Schätzung für das »Potential« aller Kohlenwasserstoffe in Mexiko das Maximum von 200 Mrd. Barrel durch. Amerikanische Geologen jedoch, die aus eigener Anschauung Kenntnisse von der Geologie Mexikos erworben hatten, zweifelten diese Schätzung als zu hoch an. Seit September 1980 gibt Mexiko ein Potential von 250 Mrd. Barrel an.

Innerhalb der Bandbreite des Potentials erhöhen sich die sicheren und wahrscheinlichen Reserven auf Kosten der möglichen. Die sicheren Reserven aller mexikanischen Kohlenwasserstoffe betragen nach dem Stand vom 31. 12. 1981, dem internationalen Stichtag für die Bestimmung der weltweiten Reserven von Kohlenwasserstoffen, 67,63 Mrd. Barrel Öläquivalente. Die wahrscheinlichen Reserven belaufen sich auf 45 Mrd. Barrel Öläquivalente.

Die Zahlen lassen sich nochmals aufteilen in die Reservezahlen für Rohöl, Kondensat und Gas. Das Verhältnis beträgt etwa 60 : 10 : 30. PEMEX rechnet die Gasreserven von der Volumeneinheit »cubic foot« in die Rohöleinheit »barrel« um mit dem Umrechnungsfaktor 1 b : 5000 cf entgegen der international üblichen Praxis von 1 b : 6000 cf, so dass die mexikanischen Werte für Rohöl etwas über den nach internationalen Massstäben errechneten liegen. Das heisst, PEMEX errechnet das Verhältnis Öl zu Gas mit 65 % zu 35 %, während die internationale Ölindustrie mit einem Verhältnis von 62,4 % Öl zu 37,6 % Gas im Fall Mexiko rechnet.

Das internationale Urteil, welche Mengen Rohöl und Gas Mexiko in Zukunft tatsächlich wird fördern können, ist nicht ganz einhellig. Der Grund hierfür ist zum Teil in der Einzigartigkeit der mexikanischen Lagerstättencharakteristika zu suchen. So liegen z.B. die riesigen Reservoire im Reforma-Gebiet für ihre Grösse ungewöhnlich tief (3.800 m), und ihre ölhöffigen Schichten sind ungewöhnlich dick (210 – 485 m). Das Verhalten solch mächtiger Pay-Zonen über eine längere Förderzeit hinweg ist bisher nicht bekannt, so dass die Gesamtmenge der förderbaren Reserven aus diesen Lagerstätten nicht nach den sonst brauchbaren Regeln vorausgeschätzt werden kann. Erst nach einer Produktion über eine längere Zeitspanne hinweg lässt sich die zu erwartende Gesamtausbeute mit grösserer Wahrscheinlichkeit vorausberechnen.

Ein anderes Beispiel sind die Öle im Chicontepec-Becken. Es ist unbestritten, dass es dort immens grosse Vorkommen an ölsaturiertem Trägergestein gibt. Da aber die Lagerstättencharakteristika sehr kompliziert sind und es sich dort im wesentlichen um schwere Öle handelt, wird von US-amerikanischen Geologen das Potential der förderbaren

Öl- und Gasmengen sehr konservativ geschätzt, zum Unterschied von den Auffassungen, die PEMEX vertritt.

Legt man sichere Ölreserven von 42,4 Mrd. Barrel und eine Tagesförderung von 2,5 Mill. b/d zugrunde, so reichen die Ölreserven bei gleichbleibender Produktion für 46 Jahre. Rechnet man die wahrscheinlichen Reserven hinzu, so erhöht sich die Reichweite auf 77 Jahre. Wie lange der Ölreichtum tatsächlich andauert, hängt aber von verschiedenen Faktoren ab: von der Menge der zukünftig entdeckten Ölressourcen, von der Höhe der Förderung, wobei diese wiederum abhängig ist vom mexikanischen Inlandsverbrauch, und schliesslich von den Exportmengen.

## 3. Förderung

Die Charakteristik und Lage der Lagerstätten bestimmen Fördertechnik, Förderrate und Förderkosten.

Die Ölreservoire im Reforma-Gebiet enthalten im wesentlichen gasuntergesättigte Öle. Während der ersten Produktionsphase ist bei solchen Lagerstätten die Förderrate relativ hoch, sinkt aber wegen des abfallenden Drucks rasch. Danach müssen sekundäre Produktionsverfahren angewandt werden. So musste PEMEX riesige Flutungsanlagen für das A. J. Bermudez-Feld mit einer Kapazität von 299.00 b/d und für die alte Ölförderzone Poza Rica mit einer Kapazität von 375.000 b/d installieren. Nach dem Programm der PEMEX soll bis Ende 1982 eine Flutungskapazität von insgesamt 4,7 Mill. b/d installiert sein, wobei das offshore Akal-Feld allein Installationen mit einer Kapazität von insgesamt 2 Mill. b/d Wasser erhalten soll.

Die Charakteristik mancher Reservoire erfordert es, die anfängliche Förderrate nicht zu hoch anzusetzen, um den Eigendruck des Reservoirs so lange wie möglich auszunutzen und um möglichst viele hochkalorische Kohlenwasserstoffe zu gewinnen. In den Jahren 1978/1979 gab es häufig Zweifel, ob eine so vorsichtige und kluge Förderpolitik auch immer angewandt wurde.

Die Menge des förderbaren schweren Öls aus den offshore-Gebieten im Golf von Campeche ist noch schwer abzuschätzen, da die Ölindustrie noch keine Erfahrungen mit dem Verhalten dieser mächtigen ölhöffigen Schichten hat. Je Bohrloch kann z.Z. noch bis zu 50.000 b/d gefördert werden, aber würde man angesichts mangelnder Erfahrungen eine eher konservative Fördertechnik einsetzen, könnte sich die Förderrate auf 10.000 b/d pro Loch reduzieren.

Mexiko hat bisher immer öffentlich die Politik verfolgt, seine Ölförderung dem eigenen Bedarf an Öl und Devisen anzupassen, d.h. zu begrenzen. Die maximale Förderung war von Präsident López Portillo Anfang 1981 auf 2,75 Mill. b/d festgesetzt, wobei eine Begrenzung auf 2,5 Mill. b/d mit einer 10 %igen Marge zugrundelag. PEMEX meldete 1981 in ihrem Tätigkeitsbericht, dass die Produktion bis Ende 1981 aufgrund eingesetzter Sekundärverfahren bis auf 2,9 Mill. b/d erhöht werden könnte.

Die höchste Produktionsrate erreichte Mexiko im April 1981 mit 2,79 Mill. b/d, aber die durchschnittliche Förderrate lag 1981 nur bei 2,3 Mill. b/d. Im Vergleich dazu förderte Mexiko 1980 durchschnittlich 2,13 Mill. b/d.

## 4. Transport

Die gegenüber den Erwartungen zurückbleibenden Produktionsraten sind zum Teil auf Schwierigkeiten im Transportbereich zurückzuführen. Eine häufig wiederkehrende Ursache war schlechtes Wetter, das entweder die Förderung, insbesondere offshore, vorübergehend unmöglich machte und das Laden der Tanker verhinderte. Widrige Strömungen verhinderten oft das Löschen von Tankern, 40 % des sog. Maya-Öls werden mit Tankern aus einem Lagertank mit einem Fassungsvermögen von 1 Mill. Barrel von Lagerbojen an Land gebracht. 60 % des offshore-Öls werden durch eine Pipeline nach Coatzacoalcos, Veracruz, gepumpt. Sowohl für das offshore als auch für das onshore-Öl fehlen jedoch ausreichende Lagerkapazitäten, so dass Tanker 1981 bis zu einer Woche im Hafen von Coatzacoalcos warten mussten.

Dieser mangelnden Flexibilität versucht PEMEX mit der Vergrösserung der Kapazitäten der Transhipment-Terminals in der Karibik zu begegnen. Seit Herbst 1981 schätzt man, dass die dortigen Facilitäten rund 15 Mill. Barrel aufnehmen können.

Mit den Terminals kommt Mexiko einigen seiner Kunden entgegen, die von dort das Öl in grossen und Supertankern abholen können. Teilweise ist es sogar möglich, sich im »backhauling« solcher Tanker zu bedienen, die sonst leer in den Mittleren Osten fahren würden. Auf diese Weise können Transportkosten gespart werden. Auch die Übernahme der Kosten für den Transport vom mexikanischen Festland zu den Terminals durch PEMEX bedeutet für die Abnehmer eine Ersparnis.

Eine Entlastung der Häfen an der Golfküste soll noch im Laufe des Jahres 1982 eintreten, wenn die Verladeeinrichtungen an der Westküste in Betrieb genommen werden können.

## 5. Qualität der Rohöle

Die für den Export relevanten Rohöl-Qualitäten sind das Isthmus- und das Maya-Öl. Das Isthmus-Öl wird in den Reforma-Feldern gefördert. Das Maya-Öl kommt aus den offshore-Gebieten. Die Qualitäten beider Öle, die ihrerseits eine Mischung der Rohöle aus den verschiedenen Reservoiren beider Provinzen sind, sind ausserordentlich unterschiedlich. Es wird geschätzt, dass die Anteile der beiden Rohölsorten an den Gesamtölreserven Mexikos etwa 60 % Maya und 40 % Isthmus betragen.

Das Isthmus-Öl, das sich hauptsächlich aus den vier Rohölen aus Samaria, Cunduacán, Cactus und Sitio Grande zusammensetzt, hat ein Gewicht von 33° API. Es gehört damit zu den mittelschweren Rohölen. Bei der Verarbeitung im Vakuum fallen etwa 85 % Leicht- und Mitteldestillate an, wobei der Anteil von leichtem Heizöl 31 % beträgt. Der Schwefelgehalt liegt mit 1,5 % relativ niedrig.

Von wesentlich minderer Qualität ist das Maya-Öl. Das schwere, hochviskose Öl hat ein Gewicht von 22° API. Die Ausbeute von Leicht- und Mitteldestillation in der Vakuum-Raffinierung beträgt rund 64 %. Der Anteil des leichten Heizöls liegt bei rund einem Viertel pro Barrel.

Der Schwefelgehalt des Rohöls liegt mit 3,3 % relativ hoch. Er konzentriert sich im schweren Heizöl, das zu rund 37 % anfällt, sogar auf 5,8 %. Dieser hohe Schwefelgehalt erfordert unbedingt eine Entschwefelung.

Qualitätsmindernd ist auch der hohe Anteil von den Metallen Nickel und Vanadium im Maya-Rohöl, der sich im wesentlichen in den Rückständen konzentriert.

Die PEMEX liefert ihren Abnehmern stets nur eine Kombination von Isthmus und Maya, wobei der Anteil des Maya-Öls zwischen 1979 und 1981 für einige Abnehmer auf über 70 % angestiegen ist. Die Abnehmer haben keinen Einfluss auf dieses Verhältnis. Die Anteile beider Qualitäten können auch von Ladung zu Ladung schwanken.

1980 lag der durchschnittliche Anteil des Maya-Öls noch bei 44 %, 1981 stieg er auf über 55 %. Die Bemühungen der PEMEX, einen 50 : 50-Mix über eine längere Zeit zu halten, sind fehlgeschlagen. Der Grund hierfür liegt darin, dass das Isthmus-Öl besser dem wachsenden Inlandsbedarf dient und dieser Vorrang vor den Wünschen der ausländischen Abnehmer hat.

PEMEX ist sich dieses Problems bewusst, und die Chemiker des »Instituto Mexicano de Petróleo« bemühen sich um einen besseren Mix, etwa durch eine günstigere Mischung von on- und offshore-Ölen. Ausserdem hofft man, das im Juni 1981 gefundene leichtere Öl (30° API) aus den Abkatum- und Pol-Strukturen (offshore) mit Maya mischen zu können.

Kürzlich ist ein onshore-Ölfeld unweit des Golfs von Campeche gefunden worden, aus dem Öl von besserer Qualität gefördert werden kann. Ebenso positiv sind die neuesten Bohrergebnisse im Tabasco-Chiapas-Gebiet, wo PEMEX auch leichtere Öle gefunden haben soll.

Diese günstigen Vorzeichen weisen darauf hin, dass in Zukunft die Qualität der exportierten Ölmengen den Wünschen der Abnehmer besser entsprechen dürfte.

## 6. Verarbeitung

Bei der Verarbeitung von mexikanischen Rohölen fallen verhältnismässig grosse Anteile von schwerem Heizöl an, dessen Qualität wegen des hohen Schwefel- und Metallgehalts minderwertig ist. Es gibt nur ganz wenige Einsatzbereiche für dieses Produkt; auf jeden Fall muss es vor dem Einsatz mit Mitteldestillaten vermischt werden. Da in den USA und in Europa der Markt für schweres Heizöl ohnehin stagniert, müssen die Verarbeiter mexikanischer Rohöle mit erheblichen Verlusten rechnen.

Bei einer typischen Raffinerie mit normalen Installationen ergaben sich 1981 bei der Verarbeitung von Maya-Öl Verluste von bis zu US-$ 4.65/b. Sie erhöhten sich auf US-$ 6.00 und mehr bei einfach ausgelegten Raffinerien ohne Entschwefelungsanlagen.

Das aus Maya-Öl gewonnene schwere Heizöl muss vor der Weiterverarbeitung entschwefelt werden. Hier entstehen Probleme, die mit erheblichen Kosten verbunden sind.

Die bei dem derzeit üblichen Entschwefelungsverfahren eingesetzten Katalysatoren bestehen aus Aluminium, das mit einer Legierung aus Molybdän und Kobalt überzogen ist. Sie reagieren sehr rasch unter dem Kontakt der beiden Metalle Nickel und Vanadium, die in hohen Prozentsätzen in den Rückständen des Maya-Öls enthalten sind. Die Katalysatoren »verstopfen«, so dass der Entschwefelungsprozess nicht mehr befriedigend ablaufen kann und die Katalysatoren häufiger als normal ausgewechselt werden müssen. Das Auswechseln der Katalysatoren, verbunden mit dem vorübergehenden Stillstand der Anlage, treibt die Verarbeitungskosten nach oben. Ein zusätzlicher Kostenfaktor liegt darin, dass die Rückstände aus dem schweren Rohöl bei höheren Temperaturen und unter grösserem Druck entschwefelt werden müssen.

Aufgrund dieser kurz skizzierten Schwierigkeiten ist eine kostengünstigere Verarbeitung des Maya-Öls nur in speziell für schwere Rohöle ausgelegten Koks- und Bitumen-Raffinerien möglich. Bei dem derzeitigen Stand des Preises für Maya-Öl (US-$ 25.00 seit 1.1.1982) und der erzielbaren Preise für Endprodukte erfolgt die Verarbeitung in »normalen« Raffinerien mit einem Verlust, der in US-amerikanischen Anlagen bei mind. 59 cents pro Barrel liegt.

Im Falle einer Verarbeitung in Europa sind die Verluste grösser, da zu den offiziellen fob-Preisen noch die höheren Transportkosten hinzukommen. Ausserdem ist die Auslegung der europäischen Raffinerien eine grundsätzlich andere als die der US-amerikanischen, da hier in der Regel wesentlich grössere Mengen leichter und mittelschwerer Rohöle verarbeitet werden. Dies gilt auch für die Raffinerien in Japan.

Für die Zukunft ist jedoch von Bedeutung, dass in den USA und in Europa z. Zt. Pläne zu einer Modifizierung der Raffinerien verwirklicht werden, die es erlauben wird, schwerere Rohöle als bisher zu verarbeiten.

In Mexiko selbst werden grosse Anstrengungen unternommen, um in Zukunft mehr Maya-Öl und grössere Mengen des höhere Erlöse erzielenden Isthmus-Öls exportieren zu können. So ist die PEMEX dabei, die dafür benötigte Kapazität von gegenwärtig weniger als 100.000 b/d um 300.000 b/d zu erhöhen. Nach Ansicht der PEMEX ist dafür das sog. thermische Kracken für den mexikanischen Markt das geeignetste Verfahren. Denn hier gilt es, den Anteil des schweren Heizöls zu vermindern, um Mitteldestillate für den wachsenden Inlandsbedarf zu erzeugen. Die zurückbleibenden hochschwefelhaltigen Rückstände sollen in einigen Raffinerien in abgelegenen Gebieten als Heizöl verbraucht werden.

Nach Berichten der PEMEX ist man in einer Raffinerie nahe der Ciudad de México dabei, ein neues Verarbeitungsverfahren für mittleres und schweres Rohöl zu testen. Es ist vorgesehen, das Know how dieses Verfahrens, das eine bessere Ausbeute erzielen soll, kommerziell zu verwerten.

## 7. Inlandsverbrauch

Knapp die Hälfte des geförderten Rohöls, 1,2 Mill. b/d, verblieb 1981 im Land und wurde in den inländischen Raffinerien verarbeitet. Die derzeitige Verarbeitungskapazität liegt bei etwa 1,5 Mill. b/d, d. h. die mexikanischen Raffinerien sind voll ausgelastet. Knapp ein Drittel des verarbeiteten Rohöls (400.000 b/d) ist Maya-Öl. Der Anfall von schwerem Heizöl ist in Mexiko seit der Aufnahme der Produktion im Golf von Campeche stark angestiegen.

Schweres Heizöl findet aber auch auf dem mexikanischen Inlandsmarkt nur geringen Absatz. Das führte dazu, dass PEMEX seit Januar 1982 100.000 b/d hochschwefelhaltiges schweres Heizöl exportieren musste, teilweise zu Preisen, die unter den Gestehungskosten liegen.

Ausserdem muss PEMEX der Inlandsnachfrage von Benzin und Dieselöl nachkommen. Deshalb wurden mit amerikanischen Gesellschaften und Raffinerien in der Karibik Verarbeitungsverträge für 250.000 b/d abgeschlossen. PEMEX wünscht 70 % − 80 % des gelieferten Maya-Rohöls in Form von Benzin und Diesel im Verhältnis 50 : 50 zurück. Auf diese Weise sollen auch die heimischen Raffinerien für Überholungen entlastet werden. Der Reimport der Produkte, die Mexiko zu Weltmarktpreisen kaufen muss, ist auf die Dauer allerdings sehr kostspielig.

Das erklärte Ziel der mexikanischen Regierung ist es, dem einheimischen rapide steigenden Bedarf an Mitteldestillaten Einhalt zu gebieten. Denn schon 1979−1980 schnellte der Benzinverbrauch auf 328.000 b/d (plus 34 % gegenüber 1978) hinauf. 1981 rechnete man mit einem Mehrverbrauch von ca. 12 % gegenüber dem Vorjahr. Für den Gesamtölverbrauch im Jahr 1981 liegt die Steigerungsrate bei 15 %. Die nicht exportierten Rohölmengen flossen auf den Inlandsmarkt, der durchschnittlich 1,3 Mill. b/d aufnehmen konnte.

In Mexiko wurden die Benzinpreise aus politischen Gründen auf einem ausserordentlich niedrigen Niveau eingefroren und mit grossen

Summen subventioniert. Produkte unter den Selbstkosten zu verkaufen, konnte sich selbst ein ölreiches Land wie Mexiko auf die Dauer nicht leisten. Daher verfügte Präsident López Portillo im November 1981 eine Verdoppelung der Benzinpreise, die jetzt zwischen US¢ 87 und 145 pro Gallone liegen. Mit dieser Massnahme will Mexiko pro Jahr ca. 3,5 Mrd. Pesos an Subventionen einsparen. Noch immer sind die mexikanischen Energiepreise zusammen mit den kanadischen die niedrigsten ausserhalb der OPEC-Staaten.

Die Regierung hat zudem angedroht, eine Rationierung von Benzin und Diesel einzuführen. Sie muss auf die Dauer durchgreifende Massnahmen zur Reduzierung des Ölverbrauchs durchführen, um mit der Produktion Schritt halten und zusätzliche Mengen Rohöl und Produkte exportieren zu können. Diese Notwendigkeit ist von der Regierung López Portillo erkannt worden. Ein nationales Energieprogramm wurde vorgelegt. Darin ist vorgesehen, den jetzigen Anteil von Öl und Gas an der Energieversorgung von ca. 93 % auf 85 % im Jahr 1990 zu reduzieren.

## 8. Exportverträge

Im Jahre 1980 betrugen die Einnahmen aus dem Export von Erdöl US-$ 10,4 Mrd.; das waren 67 % der gesamten Exporterlöse.

Als Mexiko 1978/1979 in den Kreis der Rohölexporteure eintrat, fand es einen Verkäufermarkt vor, so daß es dem Neuling in der internationalen Ölszene im Kielwasser der OPEC leicht fiel, seine eigenen Bedingungen zu stellen. Mexiko folgte den einmal aufgestellten Prinzipien bis etwa Mitte 1981, als sich der Markt wieder zu einem Käufermarkt entwickelte, d. h. zu einem Markt, auf dem die Käufer ihre Bedingungen stellen konnten. Diese Situation wird voraussichtlich bis zum Ende des Jahrzehnts andauern.

Mexiko, bzw. PEMEX, war ursprünglich nur zu Geschäften mit US-Ölgesellschaften, die über integrierte Raffineriekapazitäten verfügten, sowie mit staatlichen Ölgesellschaften bereit gewesen. In den Verträgen mußten die Käufer sich verpflichten, das Rohöl nicht an Dritte weiterzuverkaufen. Dafür bot die PEMEX die Option, die vertraglich vereinbarten Mengen Rohöl zu reduzieren oder für eine Zeitlang zu suspendieren.

Ein erstes Abrücken von dieser Politik bedeutete im Frühjahr 1981 die von PEMEX an spezielle US-amerikanische Ölgesellschaften bzw. Raffinerien konzedierte Erlaubnis, Maya-Rohöl an Dritte weiterzuverkaufen, wenn sie die anfallenden Mengen nicht verarbeiten konnten. Ausserdem verfolgte Mexiko die Politik, den Anteil der USA an den Ölexportmengen 60 − 70 % der Gesamtexportmengen nicht überschreiten zu lassen und nach Möglichkeit auf 50 % zu reduzieren. Auch sollte jedes Abnehmerland höchstens 50 % seiner Gesamtölimporte aus Mexiko beziehen dürfen. Mexiko strebte sogenannte »evergreen«-Verträge an, die den Kunden auch in Ölmangelsituationen eine sichere Belieferung garantieren sollten.

Von dieser Politik ist Mexiko Mitte 1981 notgedrungen abgerückt. Noch im Februar hatte PEMEX verlauten lassen, dass sie für 1981 keine neuen Käufer anwerben wolle, da die 1,5 Mill. b/d, die für den Export bereitstanden, verkauft waren. Als die Rohölpreise sanken und die Vertragspartner von ihrer oben genannten Option Gebrauch machten, versuchte PEMEX, neue Verträge abzuschliessen. Dieses Mal wandte sich die PEMEX auch an private, nicht US-Ölgesellschaften, und es konnten neue Kunden hinzugewonnen werden, die zusammen 230.000 bbl/d für 1981 kontrahierten.

Als einer der möglichen neuen Abnehmer war eine Zeitlang auch ein deutsches Unternehmen im Gespräch, doch ist es − anscheinend auch wegen der minderen Qualität des mexikanischen Rohöls − noch zu keinem Vertrag gekommen.

Obgleich es also noch keine direkten Verträge zwischen PEMEX und einer in der Bundesrepublik Deutschland ansässigen Ölgesellschaft gibt, fliesst dennoch mexikanisches Öl auch in deutsche Raffinerien. Die Mengen sind gering. Zwischen Oktober 1980 und Januar 1982 wurden insgesamt 132.422 t importiert. Für 1982 werden 284.000 t erwartet. Es ist anzunehmen, dass die Esso dieses Öl von ihrer Mutter, der Exxon Inc., New York, erhalten hat. Bei diesen relativ geringen Mengen handelt es sich vermutlich um Testladungen.

Angesichts der schwierigen Marktlage wandte sich die PEMEX Mitte 1981 zum ersten Mal auch an die US-Regierung, um sich für die direkte Belieferung der strategischen Ölreserven anzubieten. Das Angebot wurde akzeptiert: Mexiko sollte den Vereinbarungen folgend von September bis Dezember 1981 200.000 b/d Rohöl (möglicherweise 42 % Isthmus : 58 % Maya) und ab 1982 50.000 b/d (60 % Maya) über fünf Jahre liefern.

Dieser Vertrag kann auch unter politischen Aspekten gesehen werden. Nachdem US-amerikanische Gesellschaften 1981 drastisch die

Ölimporte aus Mexiko reduziert hatten, scheint es, als wollten die USA mit der Zusage, bis Ende des Jahres 200.000 b/d abzunehmen, Mexikos drohendes Defizit an Öleinnahmen zu mindern helfen. Diese Annäherung könnte auch die politischen Beziehungen zwischen beiden Ländern verändern.

Infolge ihrer aktiven Exportpolitik verfügte die PEMEX zu Ende des 3. Quartals 1981 über zusätzliche Rohölverträge in Höhe von 1,87 Mill. b/d, lieferbar ab Oktober 1981. Diese Menge lag mit 370.000 b/d deutlich über dem erklärten Exportmaximum. Rechnet man den Eigenbedarf von über 1,2 Mill. b/d hinzu, wäre eine Gesamtförderung von rund 3 Mill. b/d im 4. Quartal 1981 erforderlich gewesen.

Tatsächlich aber war die PEMEX 1981 nicht in der Lage, die Lieferverpflichtungen einzuhalten. Geht man von einer vereinbarten Exportmenge von 1,5 Mill. b/d von Januar bis September und von 1,87 Mill. b/d von Oktober bis Dezember aus, so ergibt sich ein Jahresdurchschnittsexport von 1,593 Mill. b/d. Vergleicht man diese Zahl mit dem Durchschnittsexport von 1,098 Mill. b/d, so wird deutlich, dass Mexiko – aus welchen Gründen auch immer – nur zu 70 % die Verträge erfüllt hat.

Nicht nur ungünstige Wetterbedingungen und Transportengpässe reduzierten die Ölexporte, sondern auch mehrere Käufer machten von ihrer Option Gebrauch, angesichts des nachgebenden Rohölmarktes und der hohen Preise für mexikanisches Rohöl sowie des ansteigenden Anteils von Maya-Öl (bis zu 79 %) geringere als die vereinbarten Mengen abzunehmen oder die Verträge für ein Quartal zu stornieren. Die Ashland Oil war im April 1981 die erste Gesellschaft, die 75.000 b/d nicht abnahm. Andere US-Gesellschaften folgten, so daß die PEMEX 1981 statt 733.000 b/d nur 500.000 in die USA lieferte. Wegen des beginnenden Disputes über Preis und Qualität sanken die Exporte im Juni auf 1,1 Mill. b/d ab und betrugen im Juli sogar nur noch 457.000 b/d.

Aufsehen erregte die Stornierung des Abnahmevertrages durch die staatliche französische Ölgesellschaft (CFP) für das 3. Quartal 1981. Sie wurde von PEMEX bzw. von der mexikanischen Regierung mit der Drohung beantwortet, an die französische Industrie vergebene Aufträge zu kündigen. Seit Anlaufen des Liefervertrages über 100.000 b/d zwischen der CFP und der PEMEX 1980 hatte es Schwierigkeiten gegeben, die im wesentlichen von Mexiko ausgingen: Die Lieferungen trafen mit Verzögerungen ein; geringere als die kontrahierten Mengen erreichten den Abnehmer; Zwischenhändler versuchten sich einzudrängen. Steigende Anteile von Mayo-Öl verärgerten die CFP, die mit PEMEX eine 100%ige Lieferung von Isthmus vereinbart hatte, aber schliesslich bis zu 72 % Maya-Öl erhielt. Dann gab es eine Kontroverse über den Bestimmungsort. Schliesslich hatte die CFP wegen eigener wirtschaftlicher Probleme Anfang 1981 die PEMEX mehrfach gebeten, die Lieferungen um 50 % zu reduzieren. Als die PEMEX auf diese Bitten nicht einging, machte die CFP von der Option einer Stornierung für 90 Tage Gebrauch. Spätestens jetzt musste die PEMEX die Nachteile erkennen, die Staat-zu-Staat-Verträge mit sich bringen können. Dies könnte ein Grund dafür sein, in Zukunft auch privaten Gesellschaften Lieferverträge anzubieten.

Neu ist, dass die PEMEX auf dem Spotmarkt für Produkte auftritt. Um die im Inland anwachsenden Mengen des hochschwefelhaltigen, minderwertigen schweren Heizöls loszuwerden, bietet Mexiko dieses Produkt zu niedrigen Preisen (US-$ 19 – US-$ 20 pro Barrel) auf dem Weltmarkt an, sehr zum Verdruss von Ländern wie Venezuela.

### 9. Exportpreispolitik

Mexiko hatte im Schatten der steigenden OPEC-Preise seine eigenen Preise anheben können, so dass es 1981 schwierig war, die Notwendigkeit von Preisreduzierungen als Folge zunehmender Absatzprobleme zu akzeptieren. So musste Díaz Serrano im Juni 1981 zurücktreten, weil er, der Marktlage entsprechend, die Rohölpreise für Maya und Isthmus um US-$ 4.00 pro Barrel heruntergesetzt hatte. Sein Nachfolger Moctezuma Cid hob die Preise wieder um US-$ 2.00 an, mit dem Erfolg, dass die Exporte im Juli auf ein Minimum von 457.000 b/d absackten. Dies zwang zur abermaligen Reduzierung der Preise und zur Aufgabe einer bislang sakrosankten Preispolitik.

Die Preise für die mexikanischen Rohöle liegen in der Regel etwas höher als die qualitativ vergleichbaren Mittelost-Rohöle. Die PEMEX verkauft nur fob zu festen Preisen, unabhängig von dem Empfängerland. Das bedeutet, dass die USA einen Preisvorteil vor anderen Ländern haben, die höhere Transportkosten übernehmen müssen. So ist das mexikanische Öl z.B. in Europa über ¢ 50 je Barrel teurer als vergleichbares Mittelostöl.

Andererseits bietet Mexiko einen versteckten Abschlag, wenn in den Transhipment Terminals in der Karibik geladen wird. Hier übernimmt die PEMEX die Transportkosten von Dos Bocas zu den Terminals. Es wird geschätzt, dass die Lagerkosten in den Terminals, die etwa 15 Mill. bbl. mexikanisches Öl fassen, ¢ 1 pro b/d, und die Kosten für den Pendelverkehr und das damit verbundene Handling mindestens ¢ 50 pro barrel betragen.

Im 1. Quartal 1981 waren die mexikanischen Rohölpreise im Verhältnis zur Qualität des Öls so hoch, dass die US-amerikanischen Raffinerien, die nicht speziell für mexikanische Öle ausgelegt waren, selbst bei der Sorte Isthmus US-$ 2.00 pro Barrel zusetzen mussten. Die Hauptabnehmer in den USA forderten einen Preisnachlass von mindestens US-$ 4.00 pro Barrel. Damals waren die Käufer vorsichtig genug, das Verhandlungsklima mit Mexiko nicht wegen einer relativ geringen Verlustmarge von knapp US-$ 2.00/b zu verderben. Ein Bruch sollte vermieden werden, nachdem die US-Gesellschaften sich lange darum bemüht hatten, mit Mexiko ins Geschäft zu kommen.

Aber der Preisdruck auf dem internationalen Ölmarkt verstärkte sich im 2. Quartal so, daß die US-Gesellschaften statt insgesamt 733.000 b/d nur 500.000 b/d abnahmen. Die PEMEX musste befürchten, dass auch staatliche Ölgesellschaften zeitweise oder ganz ihre Verträge suspendierten. Diese Lage veranlasste Díaz Serrano, zum 1.6.1981 die Preise um US-$ 4.00 auf US-$ 34,50 für Isthmus- und US-$ 28.00 für Maya-Rohöl zu senken. Sein Nachfolger hob die Preise zum 1.7. um jeweils US-$ 2.00 wieder an, was die Abnehmer wieder vertrieb. Er sah sich jedoch gezwungen, bereits 14 Tage später den Preis für Isthmus um US-$ 2.50 und zum 1.8. für Maya um US-$ 1.50 zurückzunehmen. Es wird allgemein angenommen, dass die PEMEX darüber hinaus weitere Nachlässe gewährt hat, die etwa dem Wert von US-$ 1.90 entsprachen. Sie bestehen darin, dass grössere Mengen Rohöl geliefert als berechnet wurden; Lieferanteile von Isthmus-Öl grösser waren als berechnet wurden; die Lieferungen cif statt fob erfolgten. Der Preis für Isthmus-Öl erhöhte sich zwar von September 1981 bis Februar 1982 um US-$ 1.00, doch machte der Preisdruck im Februar einen erneuten Preisnachlass von US-$ 2.50 erforderlich. Der Preis für Maya-Öl wurde zum 1. 1. 1982 von US-$ 28.50 um US-$ 2.00 und zum 1. 3. nochmals um US-$ 1.50 herabgesetzt.

Angesichts des gegenwärtigen Überangebots und der nachlassenden Nachfrage von Rohöl scheint Mexiko in die Politik der 60er Jahre zurückzufallen und versucht, die Einnahmen eher durch eine höhere Produktion als über die Preise zu maximieren.

## 10. Korrelation von Rohölpreis und Öleinnahmen

Die weltweite Wirtschaftskrise und die sinkende Nachfrage nach Rohöl (und anderen Primärenergieträgern) haben einen Preisverfall für Rohöl und Produkte hervorgerufen. Auf dem Ölmarkt hat sich – wie schon oftmals zuvor – der Marktmechanismus durchgesetzt. Die ehrgeizigen Entwicklungsprogramme ölproduzierender und -exportierender Länder sind gefährdet; damit werden auch die Exportchancen der Industrieländer beeinträchtigt. Der Schuldendienst der Länder, deren Auslandsschulden durch ihre Öleinnahmen abgesichert schienen, wird erschwert.

Im Fall Mexikos ist die Situation besonders ernst. Die Öleinnahmen von 1979 betrugen US-$ 3,79 Mrd. Im folgenden Jahr wuchsen sie um 172 % auf US-$ 10,4 Mrd. Für 1981 erwartete man eine weitere Verdoppelung auf ca. US-$ 20 Mrd. Bereits im September 1981 wurde aber deutlich, dass dieses Ziel nicht mehr zu erreichen war. Deshalb wurden die Schätzungen auf ca. US-$ 15 Mrd. korrigiert. Tatsächlich betrugen die Einnahmen höchstens US-$ 13 Mrd. Das bedeutet im Verhältnis zu den erwarteten Einnahmen ein Defizit von US-$ 7 Mrd., bzw. eine Steigerung um nur 30 % gegenüber 1980.

Diese Mindereinnahmen sind nicht nur auf den Rückgang der Preise zurückzuführen, sondern auch auf die geringeren Exportmengen. Wurde Anfang 1981 noch betont, das Exportmaximum von 1,5 Mill. b/d dürfe nicht überschritten werden, muss ein Jahr später ein durchschnittliches Exportvolumen von nur 1,098 Mill. b/d akzeptiert werden, also nur 73 % der projektierten Menge. Wäre der Ölpreis stabil geblieben, hätten die Einnahmen für die tatsächlich realisierte Exportmenge ca. US-$ 14,54 Mrd. betragen. Dieses Ergebnis ist nicht nur auf die Zurückhaltung auf der Käuferseite zurückzuführen. Sowohl am Anfang wie am Ende des Jahres 1981 war PEMEX aus transporttechnischen Gründen nicht in der Lage, die kontrahierten Mengen in voller Höhe auszuliefern.

Ein Blick auf die Zahlen von 1980 zeigt, dass auch im vorausgegangenen Jahr Mexiko nicht in der Lage war, die projektierte und kontraktierte Exportmenge von 940.000 b/d zu liefern. Stattdessen wurden nur 827.000 b/d oder 88 % der vorgesehenen Mengen exportiert.

Dieser Sachverhalt führt zu der grundsätzlichen Frage, ob Mexiko seinen Lieferverpflichtungen nachkommen kann und für die Zukunft ein zuverlässiger Lieferant von Rohöl sein wird. Mexiko oder die PEMEX hat 1981 eine Lektion über die Mechanismen des internationalen Ölmarktes erhalten. Wenn das Land »ölpolitisch« berechenbar und konkurrenzfähig bleiben will, muss es sich den Regeln des internationalen Geschäfts anpassen. Es scheint, als habe PEMEX dies begriffen, denn das Unternehmen ist inzwischen von einigen seiner Prinzipien abgerückt. Dies hat auch zu einer Art Preis-Splitting geführt. Als 1981 die Preise um US-$ 4.00 gesenkt wurden, wurde gleichzeitig ein fiktiver »marker«-Rohölpreis eingeführt, der auf die ursprüngliche Höhe des Isthmus-Öls von US-$ 38.40 fob festgesetzt wurde. Dieser marker-Preis lag über der ebenfalls neueingeführten Differenzskala für Preis und Gewicht von ¢ 65 je API-Gewichtspunkt. Damit konnte Mexiko seine Kreditfähigkeit auf dem Petrobondmarkt stützen, da diese an den Umfang der Ölreserven und den offiziellen Rohölpreis gebunden ist. Wahrscheinlich hatte diese Massnahme zur Folge, dass ein Syndikat von 83 Banken aus 11 Ländern Mexiko einen kurzfristigen »revolving credit« in Höhe von US-$ 4 Mrd., das sind US-$ 1,5 Mrd. mehr als 1979 vereinbart, gewährt hat.

## 11. Erdgasexport in die USA

Der Export von mexikanischem Erdgas nach den USA spielt in den Beziehungen zwischen beiden Ländern eine nicht unwesentliche Rolle. Bereits 1977 war ein Liefervertrag im Gespräch. Im Jahr darauf wurden die Gespräche zwischen den Regierungsvertretern der USA und Mexikos wegen gravierender Meinungsverschiedenheiten über den Gaspreis unterbrochen. Im Oktober 1979 kam es zu einer Vertragsunterzeichnung zwischen der PEMEX und der Border Gas Inc., einer Gesellschaft, die von sechs grossen amerikanischen Öl- bzw. Gasgesellschaften getragen wird. Es wurde die Lieferung von 300 Mcf/d [2] ab Januar 1980 vereinbart. Als Basispreis legte man US-$ 3.625/1 Mill. Btu[3] fest. Man vereinbarte ausserdem eine Preisgleitklausel, die sich auf die Preise von fünf verschiedenen Schlüssel-Rohölen beziehen sollte. Der mexikanische Gaspreis sollte aber mindestens so hoch wie der kanadische sein. Vierteljährlich sollte der Preis überprüft und gegebenenfalls erhöht werden können.

Seit Beginn der Gaslieferungen konnte PEMEX den Exportpreis viermal erhöhen. Er steht jetzt mit US-$ 4.94 Mill. Btu auf gleicher Höhe wie der für kanadische Gaslieferungen in die USA. Richtete sich der Gaspreis nur nach den fünf Referenz-Rohölpreisen, dann müsste der Preis auf US-$ 4.63/Mill. Btu herabgesetzt werden (1. Quartal 1982).

Ursprünglich hatte die PEMEX beschlossen, auch in Zukunft nicht mehr als 300 Mill. cf/d Gas zu exportieren. Inzwischen hat sich die Lage so verändert, dass die PEMEX den USA angeboten hat, ab September 1982 die Exportmenge auf 600 Mcf/d zu erhöhen.

Die USA, bzw. Border Gas, sind zwar grundsätzlich bereit, diese Mengen aufzunehmen, aber aus technischen Gründen kurzfristig dazu nicht in der Lage. Die amerikanischen Gesellschaften rechnen damit, dass das Einholen der verschiedenen Genehmigungen für diesen Import mindestens ein Jahr dauert. Der Bau der notwendigen Pipeline wird nochmals acht Monate in Anspruch nehmen, so dass erst gegen Ende 1983 mit der Abnahme der zusätzlichen Gasmengen zu rechnen ist.

Diese absehbare Entwicklung ist für Mexiko ungünstig. Denn PEMEX ist dabei, ein neues Gas-Sammel-System für das mit dem Öl anfallende Gas vom Golf von Campeche in Betrieb zu nehmen. Ende 1981 konnte die PEMEX mit diesem System 400 Mcf/d produzieren. Nach voller Inbetriebnahme Ende 1982 kann eine Produktion von rund 1 Mrd. cf/d erwartet werden. Dann würden 97 % des mit dem Öl produzierten Gases, das bislang abgefackelt werden musste, zusätzlich für die Verwertung zur Verfügung stehen. Es ist jedoch jetzt schon deutlich, dass der mexikanische Inlandsmarkt etwa die gleiche Zeitspanne benötigt, um die zusätzlichen Mengen aufzunehmen, wie die amerikanischen Gesellschaften, um die Genehmigungen einzuholen und den Pipeline-Bau zu bewältigen.

Diese Situation bedeutet, dass Mexiko von 1982 bis ca. Mitte 1983 einen Überschuss an Gas haben wird, wenn es sich nicht aus energiepolitischen Gründen gezwungen sieht, demgegenüber die Förderung von der nicht mit Öl zusammen anfallenden Gasmengen von 1 Mrd. cf/d um ein Drittel zu reduzieren. Diese Lösung wäre finanziell günstiger, denn wenn zusätzliche Gasmengen auf dem Inlandmarkt das schwere Heizöl verdrängten, müsste die PEMEX noch grössere Mengen schweres Heizöl auf den Spot-Markt bringen. Die Erlöse wären hier geringer als die vergleichbaren Einnahmen aus dem zukünftigen Gasexport.

An diesem Problem zeigt sich erneut, dass es nicht genügt, über grosse Öl- und Gasreserven zu verfügen und die Produktion und die Exportraten auf ein Maximum festzusetzen, sondern dass es entscheidend auf die Vermarktungsmöglichkeiten ankommt.

## 12. Öl aus Mexiko — Sicht der Importeure

Versucht man das Bild zu zeichnen, das sich die gegenwärtigen Kunden und Interessenten von mexikanischem Öl und der PEMEX machen, so lässt sich ungefähr folgendes sagen:

Allgemein hat man sich an die jährlich steigenden Zahlen der Öl- und Gasreserven gewöhnt. Amerikanische Geologen stehen den Angaben zwar immer noch skeptisch gegenüber, doch wird anerkannt, dass die PEMEX auf dem Gebiet der Prospektion und Exploration Erstaunliches geleistet hat.

Die variierende Qualität des mexikanischen Rohölmix entspricht nicht den Wünschen und dem Bedarf der Abnehmer. Ihrer Ansicht nach ist das mexikanische Rohöl im Verhältnis zur Qualität zu teuer. Abgesehen davon sind die Abnehmer damit unzufrieden, dass sie nicht immer die kontrahierten Qualitäten und Mengen Rohöl zur vereinbarten Zeit erhalten. Wenn die PEMEX die Zusage gibt, ihre Abnehmer in guten wie in schlechten Zeiten der Ölversorgung zuverlässig zu beliefern, sollte sie an diesem Grundsatz auch festhalten, um nicht an Glaubwürdigkeit zu verlieren.

Will Mexiko auf dem schwierigen Parkett des internationalen Ölgeschäfts bestehen, müssen die Regierung und die PEMEX gemeinsam nach den Regeln dieses Geschäfts verfahren und versuchen, den nationalistischen Ballast der traditionellen mexikanischen Ölphilosophie über Bord zu werfen. So umstritten die Erfolge der PEMEX bei der Prospektion und Förderung auch sind, so scheint es ihr noch an Know-how für ein in die Zukunft gerichtetes, weitsichtiges Marketing zu fehlen.

Dieser Studie liegen im wesentlichen die folgenden Quellen zugrunde: Fachzeitschriften, wie z.B. Platt's Oilgram News, Petroleum Intelligence Weekly, The Petroleum Economist, sowie Wirtschaftszeitschriften und unveröffentlichte Manuskripte.

1) PEMEX = Petróleos Mexicanos, Staatl. Erdölgesellschaft Mexicos

2) Mcf/d = Millionen Kubik-Fuß pro Tag
3) Btu = British Thermal Unit

# Die Rolle der verarbeitenden Industrie im Zeichen entwicklungspolitischer Alternativen

von Wolfgang König

Auch wenn die Wirtschaft Mexikos im Begriff ist, eine gewisse »petrolización« zu erfahren, so ist noch völlig offen, wie die Erdölbonanza die verarbeitende Industrie des Landes prägen kann. Diese Industrie hat seit 1940 bis hinein in die siebziger Jahre nicht nur die ausserordentliche Dynamik des wirtschaftlichen Wachstumsprozesses gewährleistet, sondern auch eine Reihe von negativen Begleiterscheinungen wirtschaftlicher wie sozialer Art verursacht, auf die Urquidi (S. 22) überblickartig hingewiesen hat. Damit ergibt sich die in diesem Beitrag zu untersuchende Frage, ob der Neureichtum Mexikos zur Identifizierung von bisher nicht wahrgenommenen Entwicklungsspielräumen führen kann, an deren Nutzung die verarbeitende Industrie zu beteiligen ist, und wenn ja, mit welcher möglichen Konsequenz für das bisherige Industrialisierungsmuster und für die wirtschaftliche und soziale Lage des Landes allgemein. Die Beantwortung dieser Frage bedarf einleitend einer Bestandsaufnahme wesentlicher Teile des in der Nachkriegszeit herausgebildeten mexikanischen Entwicklungsmodells. Dabei soll insbesondere versucht werden, eine Erklärung der wirtschaftlichen Dimension der Krise zu liefern, die mit Beginn der siebziger Jahre immer stärker in Erscheinung trat und die Urquidi (S. 25) als strukturell bezeichnet hat, ohne, dass sie seiner Meinung nach bisher ausreichend analysiert worden ist.

## Das Industrialisierungsmodell der Nachkriegszeit

Die über Jahrzehnte hinweg erreichte wirtschaftliche Expansion Mexikos wurde und wird auch heute noch häufig als Beispiel für einen erfolgreich verlaufenden Entwicklungsprozess angesehen, der dem Land im deutschen Sprachgebrauch das von vielen Kreisen verwendete Prädikat »Schwellenland« verschaffte. Mit Querschnittsanalysen der Entwicklungsländer, wie sie etwa von der Weltbank erstellt werden, wird gelegentlich nachgewiesen, dass der mit der kontinuierlichen Steigerung des realen Inlandsprodukts um etwa 6 % jährlich bis hinein in die siebziger Jahre einhergehende Strukturwandel Mexikos geradezu typisch und ausserordentlich wünschenswert im Sinne des Entwicklungsfortschritts gewesen sei. Dabei ist in wenigen Entwicklungsländern bei der Allokation von Ressourcen in so hohem Masse wie in Mexiko zugunsten der verarbeitenden Industrie diskriminiert worden mit staatlichen Massnahmen und der Schaffung von Rahmenbedingungen, die auf eine starke Vernachlässigung anderer Sektoren hinausliefen.

Die verarbeitende Industrie Mexikos hat dann auch einen überproportionalen Beitrag zur Entwicklung des Inlandsprodukts des Landes geleistet. Sie konnte nicht nur einen im Laufe der Zeit beträchtlich steigenden Teil der Binnennachfrage nach Konsumgütern befriedigen, sondern hat auch ihre Produktion im Bereich der Vorleistungen und Kapitalgüter ausgebaut. Selbst auf dem Weltmarkt ist Mexiko als Exporteur von Halb- und Fertigwaren zunehmend in Erscheinung getreten.

Im internationalen Vergleich galt es lange Zeit als bemerkenswert, dass sich die Industrialisierung Mexikos nicht schon wie in vergleichbaren Ländern nach einem Jahrzehnt abschwächte bzw. Stockungsphasen zu durchstehen hatte, sondern über mehr als 30 Jahre hinweg stetiges Wachstum mit sich brachte. Die dann doch mit den siebziger Jahren auftretenden krisenhaften Erscheinungen, welche nicht nur eine bedeutende Senkung der Zuwachsrate des realen Inlandsproduktes betrafen, sondern auch beträchtlich gestiegene Defizite im Staatshaushalt und der Zahlungsbilanz zusammen mit steigender Inflationsrate und Kapitalflucht umfassten, schienen ihren Höhepunkt zu finden mit der Aufgabe der 22 Jahre alten Bindung des mexikanischen Pesos an den US-Dollar im August 1976.

Der drastischen devisenkurspolitischen Massnahme, einer etwa 50%igen Abwertung des Pesos, folgte eine Verschlechterung der binnenwirtschaftlichen Lage. Als dann der vermutete Ölreichtum zur Gewissheit wurde und nicht nur die Wirtschaftsstrategen zu neuen Überlegungen führte, sondern auch in grösserem Ausmass Petrodollar abzuwerfen begann, setzte eine Phase ein, die als richtungslos zu bezeichnen ist in bezug auf die Wirtschaftspolitik und die Wirtschaftsentwicklung, und die daher eigentlich nur Übergangscharakter haben kann, ohne dass bisher längerfristig zu erwartende Tendenzen sichtbar werden.

Eine tiefgreifende Analyse der in den siebziger wie auch achtziger Jahren manifesten Krise wurde nach Urquidi – wie bereits angedeutet – nicht durchgeführt, ja vielleicht verdrängt mit dem Entwicklungsoptimismus, den die unerwartet hohen Erdölvorkommen auslösten. Dabei hätte man angesichts der aus diesen windfall profits resultierenden entwicklungspolitischen Möglichkeiten durchaus die Tragfähigkeit des bis dahin geltenden Wachstumsmodells studieren müssen, indem man etwa der noch zu Beginn der siebziger Jahre aufgeworfenen Frage[1] nachgegangen wäre, ob sich die Entwicklungsdynamik zwangsläufig abschwächen musste, weil sich die sozioökonomische Struktur gegenüber dem Wandel als zunehmend resistent erwies.

Um nicht der fehlerhaften Argumentation vieler Kommentatoren der Entwicklung Mexikos zu erliegen und Symptome mit Ursachen zu verwechseln, muss die Krise des Landes im Zeichen von längerfristig wirkenden Faktoren untersucht werden, die sorgfältig abzugrenzen sind von transitorischen Erscheinungen wie etwa dem weltweit wirkenden Ölpreisschock von 1973/74 und den nach Ansicht einiger Kreise finanzpolitisch kostspieligen Massnahmen der Regierung Echeverria im Sozialbereich. Im Grunde genommen stand das Wirtschaftsbild Mexikos in der Nachkriegszeit massgeblich unter dem Einfluss von drei interdependenten Faktoren: Zahlungsbilanzlage, Binnenmarktorientierung der Industrialisierung und Beteiligung von Kapital wie Technologie aus dem Ausland. Der vom Staat gesetzte ordnungspolitische Rahmen lief im wesentlichen auf Intervention im Aussenwirtschaftssektor und laissez-faire in der Binnenwirtschaft hinaus, was zu dem raschen, kaum programmierten Aufbau von international nicht wettbewerbsfähigen Importsubstitutionsindustrien mit relativ hohem Monopolgrad führte, wobei ausländische Investoren trotz »Mexikanisierung« in den modernen Branchen der verarbeitenden Industrie eine beherrschende Stellung einnahmen.

Obwohl die Rechtfertigung dieses Modells häufig mit Hinweisen auf den Nutzen der höheren Selbstversorgung der mexikanischen Wirtschaft erfolgt, können seine Schwächen interessanterweise von der Analyse der Entwicklung des Aussenhandelsmusters her aufgezeigt werden. Der Aussenhandel Mexikos musste nämlich zwangsläufig eine gewisse Relation zur fortschreitenden Industrialisierung wahren. Auf der Importseite traten im Laufe der Nachkriegszeit vor allen zwei Tendenzen hervor: einmal sank das Verhältnis der Warenimporte zum Bruttoinlandsprodukt auf unter 10 %. Zum anderen ergab sich eine tiefgreifende Wandlung der Importstruktur zugunsten von Investitionsgütern und Vorprodukten für die verarbeitende Industrie Mexikos, welche im Jahre 1976 einen Anteil von über 85 % an den gesamten Warenimporten aufwiesen. Bei den Warenexporten wurde die traditionelle Struktur dagegen weniger stark verändert. Der Export von Industrieerzeugnissen belief sich im Jahre 1976 auf nur etwa 40 % der gesamten Warenausfuhr.

Die Veränderung der Struktur des Aussenhandels Mexikos zusammen mit der fortlaufenden, vor allem durch die zunehmend defizitäre Warenbilanz verursachten Verschlechterung seiner Zahlungsbilanz erlaubt die folgenden vier aufeinander aufbauenden Schlussfolgerungen über die Wirkungsweise des mexikanischen Industrialisierungsmodells der Nachkriegszeit. Erstens ist das Zahlungsbilanzungleichgewicht Mexikos struktureller Natur und wesentlich von der Industrialisierung des Landes verursacht, obwohl letztere mit ihrer Binnenmarktorientierung unter anderem die Abhängigkeit der Volkswirtschaft von aussenwirtschaftlichen Faktoren verringern helfen sollte. Die Importsubstitutionsindustrien des Landes haben sich per Saldo in hohem Masse und zunehmend als devisenverzehrend erwiesen.

Zweitens befindet sich das Industriemuster Mexikos in einem anhaltenden Konflikt mit der internationalen Arbeitsteilung, deren Möglichkeiten das Land deshalb nicht ausreichend nutzen kann. Aufgrund der über Jahrzehnte hinweg unter Protektion erfolgten Ausprägung der Industriestrukturen mit einem entsprechend hohen Anteil an den Gesamtbeschäftigten kann das Spannungsverhältnis zwischen Binnenmarktorientierung und aussenwirtschaftlicher Verflechtung kurz- und mittelfristig nicht aufgehoben werden. Indem die Importsubstitution zunehmend eine Eigendynamik entwickelte und die im Aussenwirtschaftssektor ergriffenen restriktiven Massnahmen ausgedehnt wurden als Schutz für den Aufbau hochmoderner Industriebranchen, wurden Auslandsinvestoren mit ihrem Angebot an Technologie, mit dem sie in der Regel die Absicht der Direktinvestition verbinden, massgeblich an den Industriestrukturen beteiligt. Diese Investoren verhalten sich im Prinzip nicht anders als der einheimische Unternehmer, sei es, dass es sich um private oder um die in bestimmten Wirtschaftszeigen Mexikos vorherrschenden staatlichen Einheiten handelt. Sie befinden sich jedoch naturgemäss in einer sehr intensiven Lieferanten- bzw. Importbeziehung zur Muttergesellschaft im Ausland und verfügen über relativ gute Fähigkeiten und Ressourcen zur Mobilisierung der einheimischen Nachfrage nach ihren Erzeugnissen.

Drittens ist die Höhe des Inlandsproduktes und damit die Beschäftigungssituation Mexikos stark von der Lage der Zahlungsbilanz abhängig. Den Grund dafür liefert der Importbedarf, der, wie wir sahen, relativ zum Inlandsprodukt zwar abgenommen hat, aber im Hinblick auf seine im Laufe der Zeit zugunsten der Aufrechterhaltung und Erweiterung der produktiven Kapazität geänderten Struktur als inflexibel und daher als kurzfristig nicht komprimierbar anzusehen ist, ohne dass umgehend eine konjunkturelle Verschlechterung der Wirtschaftslage Mexikos ausgelöst würde. Verringert sich die Importkapazität des Landes, beispielsweise durch einen mit Deviseneinbussen verbundenen Verfall von Rohstoffpreisen, und darf oder kann die Auslandsverschuldung nicht mehr zunehmen, dann ist davon sofort in hohem Masse der Output der verarbeitenden Industrie und damit das reale Inlandsprodukt betroffen. Die Senkung des Importkoeffizienten hat somit zwar die quantitative Abhängigkeit Mexikos vom Ausland verringert, die Änderung der Importstruktur in Funktion der Industrialisierung brachte dem Land dafür jedoch eine als kritisch zu wertende qualitative Dependenz, die wenig Raum für ein wirkungsvolles Zahlungsbilanzmanagement lässt. Bezeichnenderweise wurde die Korrektur des überbewerteten Pesos immer wieder hinausgeschoben, bis sie dann unter dem Druck der Währungsspekulation nicht mehr zu vermeiden war, und sich daraufhin die wirtschaftliche Situation Mexikos noch erheblich verschlechterte.

Viertens ist angesichts der Industrialisierung am aussenwirtschaftlichen Abgrund das kurzfristige Ziel des Zahlungsbilanzausgleichs für die mexikanische Wirtschaftspolitik derart wichtig, dass sich ihm eine längerfristig angelegte Entwicklungsstrategie und die Bewältigung sozialer Probleme unterordnen müssen bzw. nicht verfolgt werden können. Dabei besteht weitgehend Konsens darüber, dass die Land-Stadt-Flucht, die Verstädterung des Armutsproblems und die sich verschärfenden distributiven Ungleichgewichte sektoraler, regionaler und personaler Art als negative Begleiterscheinungen der Industrialisierung gewertet werden können[2].

## Erdöl und die wirtschaftspolitischen Sachzwänge

Wenn die nachteiligen Folgen des mexikanischen Industrialisierungsmodells lediglich als Preis für Modernisierung und hohe Wachstumsraten angesehen werden, dann wird verkannt, dass dieses Modell die Wirtschaft des Landes früher oder später in eine Sackgasse führen musste. Dass die Krise nicht schon Jahre zuvor eintrat, ist einer Reihe von ökonomischen und ausserökonomischen Faktoren zugute zu halten. Zu diesen gehören die Binnenmarktgrösse und die über einen längeren Zeitraum hinweg aufrechterhaltene relative monetäre Stabilität Mexikos. Letztere wurde jedoch vor allem dadurch gesichert, dass die bedeutende externe Finanzierung des Landes auch massgeblich zum Ausgleich des Staatshaushalts herangezogen wurde, was von seiten der ausländischen Kapitalgeber im Hinblick auf die vielbeschworene politische Stabilität Mexikos lange Zeit als problemlos angesehen wurde. Die Interaktion von bedrohlich verschärftem aussenwirtschaftlichem Ungleichgewicht, Pesoabwertung, inflationären Tendenzen und Kapitalflucht brachte dann schnell den Zusammenbruch der Wirtschaft. Bevor der Internationale Währungsfonds einen Austeritätskurs diktieren konnte, hatte sich mit den Erdölfunden die Verschuldungsfähigkeit Mexikos aus der Sicht ausländischer Kapitalgeber kurz darauf wieder beträchtlich erhöht.

Ohne Erdöl stand die Wirtschaftspolitik Mexikos unter beträchtlichen Sachzwängen, von denen in erster Linie die dem Entwicklungsmodell immanente Notwendigkeit der Erzielung hoher Wachstumsraten zu nennen ist. Wachstumseinbussen würden das im Zeichen der explosiven Bevölkerungsvermehrung und des Industrialisierungsmusters stehende Beschäftigungsproblem zusammen mit der Verteilungsproblematik verschärfen und darüber hinaus mit Nachlassen der Spartätigkeit und einer möglichen Kapitalflucht den Verlust des Vertrauens des Auslands in die Verschuldungsfähigkeit des Landes bewirken.

Dynamisches Wachstum aber würde hohe Investitionen erfordert haben, die ihrerseits bei weitgehendem Verzicht auf die externe Finanzierung einen Anstieg der Sparquote voraussetzen. Die entsprechende Anpassung des privaten und öffentlichen Konsums, etwa im Rahmen einer Neuorientierung der Fiskalpolitik, ist jedoch schwer zu erreichen, da der Erfolg solcher Massnahmen in starkem Masse von dem Vertrauen der Privatwirtschaft in das Management der öffentlichen Hand abhängt, das gerade durch diese, auf zunehmende staatliche Intervention hinauslaufenden Änderungen erschüttert wird. Damit stand die Wirtschaftspolitik Mexikos bei gegebenen politischen und sozialen Verhältnissen vor der kaum zu bewältigenden Aufgabe, für ununterbrochen hohes Wachstum zu sorgen und gleichzeitig sowohl das Zahlungsbilanzdefizit abbauen, als auch weiterhin in hohem Maße auf ausländisches Kapital zurückgreifen zu müssen.

Mit Erdöl schienen nach 1976 diese Sachzwänge erheblich gemindert. Zahlungsbilanz-, Geld- und Fiskalpolitik erhielten offenbar mit dem schnell wachsenden Zustrom von Petrodollars einen beträchtlich erweiterten Spielraum. Vor allem schien die zuvor im Devisenproblem bestehende Wachstumsbeschränkung im wesentlichen aufgehoben zu sein, so dass einer bedeutenden Steigerung des Sozialproduktes nichts im Wege stand – so die Ansicht vieler Kommentatoren der mexikanischen Entwicklung. Andererseits hätte eine auf hohes Wachstum setzende Politik kurzfristig nicht auf die Anwendung des bisherigen, von uns als nachteilig eingeschätzten Industrialisierungsmodells verzichten können. Entscheidend in der neuen Situation mit Erdöl war, dass eine Abkehr von diesem Modell zugunsten – aufgrund des impliziten Strukturwandels zwangsläufig – gebremsten Wachstums möglich war, ohne dass die in der Situation ohne Erdöl bei Wachstumseinbussen zu befürchtenden negativen sozioökonomischen Folgen zu erwarten waren.

Die Frage der Verwendung der Petrodollars, die mit PEMEX praktisch vom Staat erwirtschaftet werden und daher relativ leicht entsprechend den Prioritäten der Wirtschaftspolitik eingesetzt werden können, lief somit auf eine Grundsatzentscheidung über die Höhe des Wachstums hinaus, es sei denn, die Wirtschaftspolitiker hätten eine Entscheidung in dieser Sache nicht treffen wollen oder können und dem mehr oder weniger dezentralisierten wirtschaftlichen Entscheidungsprozess seinen Lauf gelassen. Dabei würde die uneingeschränkte Steigerung des Sozialprodukts nicht nur das nachteilige Industriemuster zementieren, sondern auch beträchtliche Gefahren im Hinblick auf das Preisniveau und letztlich das soziale Gleichgewicht mit sich bringen, was im Zusammenhang mit der Verfügbarkeit, Auslastung und Entlohnung der Produktionsfaktoren wie auch der Entwicklung des Konsums und der Importnachfrage zu sehen war.

Erdöl war daher kein »unmixed blessing« für die mexikanische Wirtschaft in der zweiten Hälfte der siebziger Jahre. In der Tat hat der bis hinein in die Gegenwart stark forcierte Ausbau produktiver Kapazitäten das Land vor immer grösser werdende Probleme gestellt. Obwohl die Rohölexporte im Jahre 1981 einen Anteil von 75 % an den gesamten Warenexporten Mexikos erlangten, stieg die Auslandsschuld des

Landes nach konservativen Schätzungen auf über US-$ 60 Milliarden[3]. Angesichts zunehmender Kapitalflucht im Zusammenhang mit sich verstärkenden inflationären Tendenzen wurde der mexikanische Peso im Februar 1982 abermals um etwa 50 % abgewertet. Im Gegensatz zu einer Reihe von Kommentatoren, die als Gründe für diese Abwertung die allgemeine weltwirtschaftliche Lage, den momentanen Preisverfall des Rohöls im Jahre 1981 und die seit 1977 im Rahmen der Auslandsverschuldung Mexikos zunehmende Zinsbelastung anführen, müssen die Krisenerscheinungen grundsätzlich im Zusammenhang mit der Orientierung der Wirtschaftspolitik gesehen werden. Offensichtlich war das Land nicht in der Lage, die Steigerung der Deviseneinnahmen von US-$ 4 Milliarden im Jahre 1977 auf etwa US-$ 15 Milliarden im Jahre 1981 für einen angemessenen Strukturwandel zu nutzen.

Auch wenn mit den vorstehenden Ausführungen schon einige Schlussfolgerungen über die Möglichkeit und Grenzen der Wirtschaftspolitik Mexikos hergeleitet worden sind, so ist im Hinblick auf unser Thema noch die engere Frage nach den direkten Wirkungen des Aufbaus des mexikanischen Erdölsektors auf die verarbeitende Industrie des Landes aufzuwerfen. Dieser Sektor einschliesslich der petrochemischen Basisindustrie ist seit 1974 fast doppelt so schnell wie die verarbeitende Industrie gewachsen und erlangte einen Anteil von knapp 10 % am Bruttoinlandsprodukt Mexikos, der zugleich etwa 20 % der Wertschöpfung der verarbeitenden Industrie entspricht. Entsprechend hoch waren die Investitionen, die dem Staat im – als relativ kapitalintensiv zu bezeichnenden – Erdölsektor vorbehalten sind. Für die kommenden Jahre wird das Wachstum dieses Sektors nicht zuletzt aufgrund akuter Engpassituationen für verschiedene Einsatzfaktoren erheblich geringer veranschlagt.

Der Erdölsektor Mexikos spielt eine wichtige Rolle für die Energieversorgung der verarbeitenden Industrie des Landes. Anfang der siebziger Jahre wurden Erdöl und Erdgas noch importiert. Heute ergibt sich mit einer gewaltigen Erdölpreisdifferenzierung zwischen Inland und Ausland ein durchaus als subventioniert zu bezeichnender Energieverbrauch der Industrie und damit ein wichtiger Vorteil für diesen Teil der mexikanischen Wirtschaft, der insbesondere in den energie-, aber nicht arbeitsintensiven Branchen Zement-, Glas- und Düngemittelindustrie zu Buche schlägt. Allerdings werden in dieser Situation kaum alternative Energiequellen erschlossen, so dass die Frage der Kosten einer nach Ausschöpfung der Ölvorkommen notwendig werdenden Anpassung der Energiepolitik im Raum stehen bleibt.

Vom Erdölsektor ausgehende Koppelungs- und Multiplikatoreffekte können ebenfalls eine die verarbeitende Industrie prägende Wirkung haben. Dabei dürfte neben den erwähnten Wachstumsaussichten als grundsätzlicher Faktor die aussenwirtschaftliche Komponente eine Rolle spielen, die sowohl im Hinblick auf Exportaussichten wie auch auf den Grad der Importunabhängigkeit zu veranschlagen ist. Der Ausbau der Petrochemie, die das dynamische Element des Erdölsektors darstellt, hat die Ressourcen des damit betrauten staatlichen Unternehmens PEMEX offensichtlich überfordert, so dass es wiederholt zu Produktionsschwierigkeiten und -ausfällen kam und die Herstellung von Produkten der sekundären Petrochemie, die für die Privatinitiative offen ist und als Importsubstitution betrieben wird, nicht ausreichend mit Rohstoffen versorgt werden konnte. Trotz beträchtlich steigender Exportraten ist der gleichzeitig getätigte Import im Bereich der petrochemischen Grundstoffe und Derivate immer noch bedeutend. Andererseits sieht sich jede Exportförderung von petrochemischen Basisprodukten zunehmend dem Problem der weltweit bestehenden Überkapazitäten gegenüber, die mittel- und langfristig beim Ausbau dieser Grundstoffindustrie ins Kalkül gezogen werden müssen. Selbst wenn dieser Ausbau zügig erfolgt, wird die mexikanische Wirtschaft nur einen relativ geringen Teil der benötigten Investitionsgüter liefern können, während mit einer aus diesem Grund beträchtlichen Zunahme der Importe gerechnet werden kann. Das Gewicht der mexikanischen Investitionsgüterindustrie im Gesamtbild der Wirtschaft ist in der Tat im Vergleich zu der Brasiliens und Argentiniens gering.

Die direkten Wirkungen des mexikanischen Erdölsektors auf die verarbeitende Industrie halten sich also in Grenzen und werden das Industriemuster des Landes nicht wesentlich verändern. Bezeichnend hierfür ist, dass die verarbeitende Industrie etwa das Dreissigfache der Petrochemie zum Bruttoinlandsprodukt beiträgt. Mit diesen Überlegungen ist festzuhalten, dass die verarbeitende Industrie Mexikos weiterhin vor der Strukturproblematik steht, die sich als Zahlungsbilanzungleichgewicht projiziert. Da strukturelle Ungleichgewichte nicht auf Dauer finanziert werden können, wäre es ein entwicklungspolitisch nicht zu vertretender Luxus, die Petrodollar für die Aufrechterhaltung des Industrialisierungsmodells der Nachkriegszeit zu verwenden.

**Optionen der Industrialisierungspolitik**

Die Wahl des weiteren Industrialisierungspfades gehört zu den Entscheidungen, die wesentlich die Zukunft Mexikos bestimmen dürften. Dabei geht es um zwei Grundsatzfragen: welche Produktionsprozesse lassen einen merklichen Beitrag zur Lösung des Beschäftigungsproblems erwarten, und wie soll bei der Versorgung des Binnenmarktes mit Halb- und Fertigwaren gewichtet werden zwischen Importen und einheimischer Produktion, wobei als wesentlicher Gesichtspunkt die internationale Wettbewerbsfähigkeit der mexikanischen Industrie zu berücksichtigen ist. Bei der Auseinandersetzung mit diesen Fragen soll im folgenden unterschieden werden zwischen den Industrialisierungsoptionen Importsubstitution, Exportorientierung und ländlicher Industrialisierung als Erschliessung eines bisher vernachlässigten Binnenmarktpotentials.

Ungeachtet der Fehlentwicklung der bisherigen Industrialisierung Mexikos ist offenbar die Importsubstitution nach wie vor ein wichtiges Element der Wirtschaftspolitik des Landes, wobei die Grundstoff- und Kapitalgüterindustrie den Schwerpunkt der jüngeren staatlichen Industrieförderung bilden. Die Begünstigung der einheimischen Produktion von Maschinen und Ausrüstungen, die insbesonders für die Ölindustrie und die Petrochemie hergestellt werden, erfolgt zum Teil mit dem Argument, dass letztlich entsprechende Exportkapazitäten aufgebaut werden. Andererseits zeigen die Erfahrungen der vergangenen Jahre, dass programmierte Exporte vom staatlich beherrschten Grundstoffbereich kaum erzielt werden können, da die inländische Privatwirtschaft die »Überschüsse« sofort absorbiert und, wie bereits erwähnt, weltweit bestehende Überkapazitäten ein besonderes Exporthemmnis darstellen.

Vielmehr zieht diese Art der Importsubstitution zusammen mit der Eigendynamik der schon längere Zeit bestehenden Importsubstitutionsindustrien stark expandierende Importe nach sich und führt zum Aufbau und zur Erweiterung von kapitalintensiven Produktionen, deren Beschäftigungswirkungen relativ gering sind. Diese Tendenz sieht sich gestärkt in dem Masse, in dem Öl als internationale Verhandlungsmacht eingesetzt wird, um im Rahmen von Regierungsabsprachen und sonstigen Kooperationsabkommen Technologie und Kapital für Grossprojekte zu erlangen, und zwar zu vermeintlich günstigen Bedingungen. Bilateralismus und ohne Rücksicht auf Marktkräfte forcierte Produktionen haben sich jedoch aller Erfahrung nach als wichtige Ursachen der Ineffizienz erwiesen.

Angesichts der Stärke von Importsubstitutionstendenzen gibt es in Mexiko zur Zeit kaum Aussichten auf eine wesentliche Korrektur der bestehenden Produktionsstrukturen als Beitrag zur Gesundung der verarbeitenden Industrie des Landes. Eine solche Korrektur, nicht so sehr als Alternative, sondern als eine mögliche Ergänzung der Industrialisierungspolitik, würde unter Umständen auf eine Entindustrialisierung bestimmter Branchen hinauslaufen, was sich mit Hilfe des vorhandenen aussenwirtschaftlichen Instrumentariums erreichen liesse, wenn man etwa an eine Liberalisierung des Imports von Endprodukten denkt, zumal wesentliche Vorprodukte der entsprechenden einheimischen Produktion bereits ohne Beschränkungen eingeführt werden können. Die Hauptfrage, die im Zusammenhang mit solchen Massnahmen zu prüfen wäre, ist, wie zusätzlich erlaubte Importe kurz- und langfristig auf das Investitionsverhalten der inländischen Unternehmen wirken.

An eine exportorientierte Industrialisierung werden von der mexikanischen Wirtschaftspolitik bereits seit Ende der sechziger Jahre hohe Erwartungen geknüpft, die sich bis heute jedoch in nur geringem Masse erfüllt haben, da in den letzten Jahren die Ausfuhr von Industrieerzeugnissen nur geringfügig gesteigert werden konnte[4]. Die Durchsetzung dieser Strategie ist in der Tat besonders dann schwierig, wenn sie dringend erforderlich erscheint, d. h. wie im Falle Mexikos bei Vorliegen einer ausgesprochenen Fehlentwicklung der Importsubstitution, die sich in der mangelnden Wettbewerbsfähigkeit wichtiger Branchen der verarbeitenden Industrie zeigt.

Zu den zahlreichen Hemmnissen der Industrialisierung nach aussen gehört in jüngerer Zeit die langsame Entwicklung der Importnachfrage von seiten der Industrieländer, die im Zusammenhang mit Strukturanpassungsproblemen und dem Wiederaufleben protektionistischer Tendenzen gesehen werden muss. Während der Zugang zu den Märkten dieser Länder durch Restriktionen eingeschränkt wird, die vor allem traditionelle Industriewaren betreffen wie Textilien, für die einheimische Unternehmen in der Dritten Welt komparative Kostenvorteile aufweisen, ist die exportorientierte Förderung moderner Zweige der verarbeitenden Industrie in der Regel mit einer erheblichen Überfremdung durch ausländische Direktinvestoren verbunden, die aber trotz aller Ausfuhrerleichterungen in erster Linie doch den Binnenmarkt des betreffenden Gastlandes im Auge haben.

Innerhalb der von Mexiko exportierten Halb- und Fertigwaren fallen relativ kapitalintensiv erzeugte Güter stark ins Gewicht. Dies darf jedoch nicht zu der Schlussfolgerung führen, dass das Land einen komparativen Vorteil hat bei der Ansiedlung moderner Industriebetriebe mit hohem Kapitaleinsatz und fortschrittlicher Technologie. Vielmehr lässt sich dieser Sachverhalt auf die Präsenz ausländischer Tochtergesellschaften zurückführen, die im Jahre 1977 allein 45 % der mexikanischen Ausfuhr von Industriewaren tätigten, wobei ihre Anteile in den Branchen »Gummi und Chemie« und »Fahrzeugindustrie« mit 75 % und 78 % besonders hoch ausfielen[5].

Diese Relationen sind einerseits auf das seit Ende der sechziger Jahre in der Automobilbranche praktizierte obligatorische Import-Export-Kompensationsschema zurückzuführen, nach dem die betreffenden ausländischen Tochtergesellschaften ihren Importbedarf zum Teil nur im Zusammenhang mit einer Exporttätigkeit befriedigen können. Zum anderen kommt in ihnen zum Ausdruck, dass Auslandsgesellschaften den Zugang zu Exportmärkten erheblich leichter finden als einheimische Unternehmen, und ein beträchtlicher Teil ihrer Ausfuhr als konzerninterner Umsatz im Rahmen der internationalen Arbeitsteilung der multinationalen Konzerne getätigt wird, denen sie angehören[6].

Die Option der exportorientierten Industrialisierung ist in Mexiko demnach eng verbunden mit der Anwesenheit und dem Aktionsradius ausländischer Tochtergesellschaften. Wollte man an ihre Exporttätigkeit grössere Erwartungen knüpfen, so würde die Tatsache verkannt, dass sie vorwiegend zum Zweck der Bedienung des Binnenmarktes angesiedelt wurden. Dass sie dennoch einen relativ grossen Anteil der Industriewarenexporte des Landes bewältigen, erlaubt einen Rückschluss auf die geringen Möglichkeiten der mexikanischen Unternehmer und der exportorientierten Industrialisierung überhaupt. Des weiteren ist zu schliessen, dass Mexiko auch in der Situation ohne Erdöl seinen Devisenbedarf nicht massgeblich aus dem Export von Industriewaren decken könnte, und der rohstofforientierten Ausfuhr grundsätzlich eine bedeutende Rolle einzuräumen ist. Ohne Erdöl hätte nicht zuletzt die prekäre aussenwirtschaftliche Lage zu einem rationalen Wirtschaftsmanagement gezwungen, das eine geeignete Mischung von Massnahmen der Importsubstitution und der allgemeinen Exportförderung abwägt, auch im Hinblick auf die tatsächliche und potentielle Rolle der verarbeitenden Industrie. Mit Erdöl ist zu befürchten, dass die Konsequenzen der entsprechenden wirtschaftspolitischen Entscheidungen weniger durchdacht werden, und die exportorientierte Industrieförderung nicht die an sie geknüpften Erwartungen erfüllen kann.

Soll die weitere Industrialisierung Mexikos wesentliche Entwicklungsspielräume erschliessen, dann muss sie, völlig anders als bisher, im Zusammenhang mit den drängenden sozioökonomischen Problemen des Landes konzipiert sein. Eine entsprechende Option ist die als Erschliessung des Binnenmarktpotentials zu verstehende ländliche Industrialisierung. Sie wäre einerseits im Zusammenhang mit der Vermeidung weiterer Ballungskosten und ökologischer Belastungen zu sehen, die mit der Zentralisierung der industriellen Tätigkeit im Grossraum Mexiko-City entstanden sind. Zum anderen bietet sie sich an, wenn Antworten gesucht werden auf die Frage, wie Mexiko eine ausreichende Anzahl von Arbeitsplätzen für die schnell wachsende Bevölkerung schaffen, die Land-Stadt-Flucht vermeiden, die regionale Einkommensverteilungsproblematik entschärfen und die mit erheblichen Produktivitäts- und Einkommensunterschieden verbundenen dualistischen Strukturen in der Landwirtschaft reduzieren kann.

Im Gegensatz zu einer anorganischen Aufpflanzung hochmoderner Industriepole würde sich diese Politik der ländlichen Industrialisierung vorrangig verstehen als eine Unterstützung organisch gewachsener kleiner und mittlerer Unternehmen, die strukturell relativ stabil sind und sich flexibel auf entwicklungspolitische Massnahmen einstellen können mit der Fähigkeit zur Integration in den dynamischen Strukturwandel. Dieser Unternehmensbereich verspricht eine stärkere Anwendung arbeitsintensiver Produktionsverfahren und einen ausgedehnten Tätigkeitsbereich des Einzelnen, so dass Lerneffekte auftreten können, die sich bei einem Arbeitsplatzwechsel als externe Effekte positiv auswirken. Hinzu kommt, dass die Produktion über den Faktor Arbeit komparative Kostenvorteile ausschöpfen und einem weiteren, bisher vernachlässigten Ziel Rechnung tragen kann, nämlich der Marktversorgung der ländlichen Bevölkerung. Schliesslich kann in vielen Branchen arbeitsintensiver Produktion damit gerechnet werden, dass die Beschäftigten ihrem Bildungsstand entsprechend eingesetzt werden und sich zugleich ihre bisher mangelnde Mobilität über Ausbildungseffekte erhöht.

Die wichtige Frage der Faktorintensität sieht sich demnach eng verknüpft mit der der Betriebsgrösse. Grossbetriebe ziehen in der Regel kapitalintensive Methoden vor. Dabei spielt das Prestige und die Übernahme modernster Technologien aus den Industrieländern ebenso eine

Rolle wie Unkenntnis von Alternativen und die Präferenz der oberen Einkommensklassen für importäquivalente Güter. Eine mögliche und effiziente Substitution von Arbeit und Kapital, die in einem breiten Spektrum der Tätigkeit in der verarbeitenden Industrie möglich ist, wird daher erst gar nicht ins Auge gefasst. Mittlere und zum Teil auch kleinere Unternehmen bieten den Ansatzpunkt dafür, dass solche Möglichkeiten verstärkt wahrgenommen werden. Ihnen fehlt aber oft die Information über technologische Alternativen. Aus dieser Sicht muss die Unterstützung dieses Unternehmensbereichs im Zusammenhang mit technischer Hilfe und angemessenem Technologietransfer gesucht werden.

Die Voraussetzungen für einen dynamischen ländlichen Entwicklungsprozess würden in dem Masse verbessert werden, wie sich die Kaufkraft der dort angesiedelten Bevölkerung erhöht. Dies setzt vor allem die Steigerung der Produktivität in der Landwirtschaft voraus, was ebenfalls mit strukturverbessernden Massnahmen verfolgt werden sollte. Erst im Laufe der Zeit kann erwartet werden, dass mit steigender Kaufkraft höhere Produktkenntnisse und -ansprüche entwickelt werden, die eine Änderung der Struktur der Nachfrage zugunsten der dauerhaften Konsumgüter bewirken. Zunächst aber dürfte für weite ländliche Teile Mexikos der Bereich der nichtdauerhaften Konsumgüter vorrangig sein.

## Schlussbetrachtungen

Die vorstehend besprochenen Industrialisierungsoptionen schliessen sich nicht gegenseitig aus. Vielmehr dürfte die Importsubstitution ungeachtet ihrer Schwächen im Hinblick auf die durch sie herausgebildeten Strukturen weiter vorherrschen, während gleichzeitig der exportorientierten Industrialisierung offenbar noch längere Zeit eine staatliche Unterstützung zuteil wird, auch wenn sie keine Aussicht hat, in die Rolle einer tragenden Entwicklungsstrategie hineinzuwachsen. Ob jedoch auch die Möglichkeiten der ländlichen Industrialisierung als grössere entwicklungspolitische Herausforderung Mexikos geprüft und realisiert werden, ist eine weithin offene Frage, zumal diese Option die höchsten Anforderungen an die Qualität der Entwicklungspolitik stellt.

Die Erfahrung der letzten Jahre zeigt in der Tat, dass der Ölreichtum Mexikos zusammen mit den gestiegenen Erwartungen der etablierten

Interessengruppen die Erschliessung neuer entwicklungspolitischer Wege wie eine organische Mobilisierung des ländlichen Binnenmarktpotentials erschwert und somit die sozioökonomischen Ungleichgewichte nicht abgebaut, sondern verschärft werden. Indem mit der jüngsten Welle von industriellen Projekten, die zwar der Importsubstitution zugerechnet werden können, aber doch einen beträchtlichen Importbedarf auslösen, sich die Zahlungsbilanz verschlechtert und die erforderlichen einheimischen Faktoren zunehmend knapper werden, steht die Wirtschaft Mexikos mehr und mehr vor dem Problem der Ineffizienz und Inflation, so dass sich die Chancen einer ausgewogenen Öffnung gegenüber der Weltwirtschaft vermindern, und damit die Wirtschaftspolitik, wie in der Situation ohne Erdöl, unter dem Gebot kurzfristiger zahlungsbilanzpolitischer Gesichtspunkte steht.

Die Eigendynamik der Importsubstitution steht nicht nur der effizienten Öffnung Mexikos gegenüber dem Ausland im Wege, sondern verhindert auch die Anwendung einer beschäftigungsorientierten Wachstumsstrategie. Angesichts der Gefahr, dass sich mit Erdöl die strukturellen Ungleichgewichte in der verarbeitenden Industrie des Landes noch vergrössern, besteht die unmittelbare Herausforderung an die wirtschaftspolitische Elite Mexikos darin, die Steigerungsrate und Struktur des Produktionspotentials in Übereinstimmung mit einer entsprechend den sozioökonomischen Problemen des Landes konzipierten und durchsetzbaren Industrialisierungspolitik zu überprüfen.

1) Siehe David Ibarra, »Mercados, desarrollo y politica económica; perspectivas de la economía de México«, in: *El perfil de México en 1980,* Instituto de Investigaciones Sociales, UNAM, Siglo XXI Editores, México, 1970, S. 153. Zur wirtschaftspolitischen Lage Mexikos am Anfang der siebziger Jahre siehe auch Wolfgang König, *Mexico y la integración económica de América Latina,* BID/INTAL. Buenos Aires, 1973, S. 74f.

2) Urquidi wies schon zu Beginn der sechziger Jahre auf die strukturellen Ursachen der distributiven Ungleichgewichte hin. Siehe Victor L. Urquidi, »Problemas fundamentales de la economía mexicana«, *Cuadernos Americanos,* Mexico, XX, 1, 1961, S. 91–93.

3) Siehe Latin American Weekly Report WR-82-15, 9. April 1982, S. 3.

4) Zur internationalen Lohnfertigung in Mexiko, die als Sonderfall der exportorientierten Industrialisierung mit marginaler Bedeutung für das Gesamtbild der verarbeitenden

Industrie des Landes in diesem Aufsatz nicht berücksichtigt wird, siehe Wolfgang König, »Efectos de la actividad maquiladora fronteriza en la sociedad mexicana«, in: Roque Gonzáles Salazar (Hrsg.), *La frontera del norte,* S. 95–105.

5) Siehe Rogelio Ramírez, »Las empresas transnacionales y el comercio exterior de México«, *Comercio Exterior,* Vol. 31, Nr. 10, Oktober 1981, S. 1160. Übrigens waren im Jahre 1977 42 % des Handelsbilanzdefizits Mexikos auf den Importüberschuss ausländischer Tochtergesellschaften zurückzuführen. Siehe ibid.

6) Siehe auch Daniel Bitran und Wolfgang König, »Las empresas transnacionales y las exportaciones de manufacturas de América Latina«, *Comercio Exterior,* Vol. 27, Nr. 7, Juli 1977, S. 789 ff.

# Arbeitsmarkt und Gewerkschaften

Michael Domitra

## I. Einführung

Die Hoffnung, dass aus dem Füllhorn des »schwarzen Goldes« ein hoher und stetiger Ressourcenfluss in die mexikanische Wirtschaft und Gesellschaft fliessen wird, scheint zu trügen. Die Entwicklung des Welterdölmarkts vom Verkäufer- zum Käufermarkt hat Zweifel entstehen lassen, ob die Erdöleinnahmen in Zukunft so kräftig weitersprudeln werden, dass Mexiko — wie Victor Urquidi es nennt — seine letzte Chance zur wirtschaftlichen und gesellschaftlichen Entwicklung nutzen kann. Das Jahr 1982 weist überwiegend negative wirtschaftliche Indikatoren aus:
— Mexiko war gezwungen, sein Exportziel für Erdöl aufgrund des Überangebots auf dem Weltmarkt von 1,5 Millionen Barrel pro Tag (bpd) auf 1,25 Millionen bpd zurückzunehmen und beträchtliche Preissenkungen zu akzeptieren.
— Die Auslandsverschuldung betrug Ende 1981 insgesamt 70 Mrd. US-Dollar, wobei 50 Mrd. auf die staatliche Kreditaufnahme zurückzuführen sind.
— Die Freigabe des Peso hat zu einer fast 70%igen Verteuerung des US-Dollar geführt. Der durch die Abwertung des Peso verstärkte Prozess der Geldentwertung dürfte 1982 zu einer galoppierenden Inflation von mindestens 50 % führen.
— Das von offizieller Seite avisierte Wirtschaftswachstum von real 4 — 5 Prozent für dieses Jahr wird nicht erreicht. Ein niedrigeres Wachstum aber hat negative Konsequenzen für das beschäftigungspolitische Ziel, mindestens 800.000 neue Arbeitsstellen pro Jahr zu schaffen.

Die ökonomische Krise dieses Jahres hängt nicht nur mit der Kontraktion auf dem Welterdölmarkt zusammen, sondern auch mit dem strukturellen Ungleichgewicht der mexikanischen Wirtschaft, der Weltrezession und dem stets im Präsidenten-Wahljahr zu beobachtenden Abschwung der ökonomischen Entwicklung. Doch sollten sich die

Absatzschwierigkeiten für das mexikanische Öl als eine Dauererscheinung herausstellen, so dürfte dies einen entscheidenden Parameter für die weitere Entwicklung Mexikos darstellen. Dies gilt zum einen für die dann eingeschränkten Möglichkeiten, dem Schuldendienst nachzukommen, der bereits jetzt einen beträchtlichen Teil der durch den Ölexport erzielten Devisen verschlingt. Schwierigkeiten in diesem Bereich und ein eventuell notwendiges Moratorium hätten negative Auswirkungen auf die internationale Kreditwürdigkeit des Landes. Zum anderen würden die finanziellen Ressourcen fehlen, um der »Revolution der steigenden Erwartungen« begegnen zu können. M. E. hat sich bereits in Mexiko eine »Mentalität des reichen Öllandes« herausgebildet, die es schwieriger machen wird, eine Austerity-Politik auch bei denjenigen Gruppen durchzusetzen, die massiv vom Erdölboom profitiert haben. Erwartungen und reale Möglichkeiten könnten in ein solches Missverhältnis geraten, dass es der bisherigen »Revolutionären Koalition« schwer fallen wird, einerseits als Motor der ländlichen und industriellen Entwicklung zu fungieren und andererseits Dissidentengruppen weiterhin erfolgreich zu kooptieren.

Vielleicht liegt hier auch eine Chance für Mexiko, nämlich zum Anpacken der notwendigen strukturellen Reformen in Wirtschaft und Gesellschaft, da ein »«Zukleistern« aufgrund des geringeren finanziellen Spielraums nicht länger möglich ist. Die Stabilität des politischen Systems könnte nicht länger durch die flexible Anwendung von viel Kooptation und wenig Repression aufrechterhalten werden.

Vor einer solchen Politikänderung wird Mexiko über kurz oder lang stehen, wenn sich die heutige Tendenz auf dem Welterdölmarkt verfestigen sollte. Die Hoffnung, dass Mexikos Elite den wirtschaftlichen und gesellschaftlichen Umstrukturierungsprozess bewusst gestaltend in Angriff nimmt, ohne dazu aufgrund des finanziellen Engpasses gezwungen zu sein, besteht m. E. nicht. Die »Venezolanisierung« der mexikanischen Wirtschaft in den letzten beiden Jahren spricht da eine deutliche Sprache.

*These:*

Von einem beständigen und stetig wachsenden Devisenfluss über die Erdölexporte kann nicht ausgegangen werden. Die politischen Instabilitäten in einer Reihe von Förderländern und die Mechanismen des Weltmarktes werden auch für die mexikanische Ölwirtschaft zu »Wechselbädern« führen, mit einer längerfristigen Tendenz grösserer Absatzschwierigkeiten. Es wäre fatal, auf das Öl als Hauptantriebsfeder der wirtschaftlichen Entwicklung zu vertrauen.

Der vorliegende Beitrag geht also nicht davon aus, dass das Öl *den entscheidenden* Entwicklungsbeitrag für Mexiko leisten kann, sondern dass die unerlässlichen wirtschaftlichen und gesellschaftlichen Reformen in Angriff genommen werden müssten, ohne zu sehr auf das »Schmiermittel« der Erdöldevisen zu vertrauen. Wenn es wirklich zutrifft, dass Mexiko nur durch das Erdöl noch eine »letzte Chance« erhalten hat, dann sieht die Zukunft wirklich schwarz aus. Die Erdöleinnahmen werden bis zur Jahrtausendwende ein wichtiger *komplementärer* Faktor sein, aber — wie gesagt — nicht nur vom Öl allein ...

Ein entscheidender Faktor der mexikanischen Entwicklungsperspektiven in den 80er Jahren ist die Situation auf dem Beschäftigungssektor. Die politische Stabilität des Landes wird nicht zuletzt davon abhängen, inwieweit es gelingt, die steigende Zahl von Arbeitskräften in die Wirtschaft zu integrieren. Im folgenden sollen die Erfolgsmeldungen der mexikanischen Regierung an der »Beschäftigungsfront« einmal kritisch hinterfragt und die Gründe aufgezeigt werden, die eine Lösung dieses Problems einschränken bzw. gefährden.

## II. Arbeitsmarkt

### 1. Arbeitsmarkt und Beschäftigung

Mexikos Bevölkerungsexplosion stellt jede Regierung vor immense Beschäftigungsprobleme. Nach vorsichtigen Schätzungen wird die Bevölkerung im Jahre 2000 ca. 110 Millionen Personen betragen, was einen Bevölkerungszuwachs von über 50 % innerhalb von nur 20 Jahren bedeutet. Zwar hat das Bevölkerungswachstum allmählich abgenommen und liegt bei etwa 3%[*], doch wird angesichts der Altersstruktur der Bevölkerung auch bei einem weiteren Abflachen der Wachstumskurve ein beträchtlicher Arbeitsplatzbedarf bestehen. Schätzungen gehen davon aus, dass ein jährlicher Bedarf an zusätzlichen Arbeitsplätzen von 1 — 1,5 Millionen besteht. Dazu kommen die Teile der arbeitsfähigen Bevölkerung, die bereits jetzt ohne Arbeit sind.

---

[*] Statistiken werden oft eher als politisches Instrument eingesetzt als ein verlässlicher Zahlenspiegel sozialer oder ökonomischer Indikatoren. Die mexikanische Regierung geht von 2,4 – 2,6 % Jahreswachstum aus. Andere Schätzungen liegen deutlich über 3 %.

Nach Schätzung der mexikanischen Tageszeitung *Uno Más Uno* gibt es z. Zt. über 11 Millionen Arbeitslose.

Von Regierungsseite wird darauf hingewiesen, daß das Sexenio des Präsidenten López Portillo bei der Schaffung neuer Arbeitsplätze ausserordentlich erfolgreich war. Es wird behauptet, daß über die Wirtschafts- und Beschäftigungspolitik der Regierung folgende Ergebnisse erzielt werden konnten (*Uno Más Uno,* 11. 1. 1982, S. 3):

– In der gesamten Regierungszeit wurden 5,5 Millionen neue Arbeitsplätze geschaffen, was einen durchschnittlichen jährlichen Zuwachs an Arbeitsplätzen von 5,6 % bedeutet.
– In der verarbeitenden Industrie wuchs die Beschäftigung jährlich um durchschnittlich 6,3 %.

Diese Angaben scheinen recht optimistisch zu sein und lassen sich kaum überprüfen. In der Realität wird der Erfolg zum Abbau der Arbeitslosigkeit bescheidener ausgefallen sein. Unter Berücksichtigung des konjunkturellen Abschwungs im Jahre 1982 dürfte die Gesamtzahl der neuen Arbeitsplätze unter 4 Millionen liegen.

Victor Urquidi ist zuzustimmen, dass hohes Wirtschaftswachstum mit einem starken Abbau der Arbeitslosigkeit korreliert. Andererseits kann bei tendenziell grösseren Absatzschwierigkeiten und Erlöseinbrüchen auf dem Erdölsektor auch nach der Überwindung der aktuellen ökonomischen Krise nicht mit den hohen Wachstumsschüben der letzten Jahre gerechnet werden. Es besteht die Gefahr, dass die Bevölkerungsexplosion und der Bedarf an Arbeitsplätzen die Beschäftigungsmöglichkeiten »überrollt«. Einige der Gefahren für eine erfolgreiche Beschäftigungspolitik sollen im folgenden problematisiert werden.

## 2. Arbeitskräftebedarf und Ausbildung

Mexikos Wirtschaft hat einen wachsenden Bedarf an qualifizierten Arbeitskräften. Dies gilt nicht nur für Facharbeiter, sondern aufgrund einer sich weiter differenzierenden Industrie auch für Techniker und Ingenieure. Bisher hat es Mexiko nicht vermocht, ein effizientes Berufsausbildungssystem aufzubauen, das den Anforderungen der Wirtschaft entspricht. Es sind im Bildungsbereich in den letzten Jahren zwar verstärkte Anstrengungen unternommen worden, doch haben sich diese auf die Volksschul- und Universitätsausbildung konzentriert und den Bereich der Berufsausbildung relativ vernachlässigt. Berufsschulen, Technikerschulen, Ingenieurausbildungsstätten, etc. werden vom Staat nicht in ausreichendem Masse bereitgestellt. Die vielen privaten Initiativen in der Berufsausbildung können in quantitativer und qualitativer Hinsicht den Anforderungen nicht genügen.

*These:*

Der industrielle Differenzierungsprozess und allgemein die fortschreitende Modernisierung und Automatisierung der mexikanischen Volkswirtschaft wird den Bedarf an unqualifizierten Arbeitskräften relativ sinken lassen, so dass die Aufnahmekapazität der mexikanischen Wirtschaft für die in die Metropolen migrierende Landbevölkerung geringer wird. Darüber hinaus wird der Mangel an qualifizierten Arbeitskräften zu Produktionsengpässen und zur Qualitätsminderung der Produkte beitragen.

*3. Forcierte Modernisierung, Weltmarktkonkurrenz und Migration*

Auf der Basis des 1979 verabschiedeten Nationalen Industriellen Entwicklungsplans (PNDI) hat der Staat hohe Investitionen nicht nur in die Erdölförderung, sondern auch in die Raffinerie, Basis-Petrochemie und Basischemie fliessen lassen. Dies hat einen gigantischen petrochemischen Produktionskomplex entstehen lassen, der auf der Basis des Standortvorteils »Erdöl« insbesondere für den Export produziert.

Nun sind eine Reihe anderer Ölexportländer ebenfalls bemüht, eine auf dem Rohstoff Erdöl basierende Exportindustrie aufzubauen. Diese Länder werden mit Mexiko auf den Weltmärkten um die Absatzmärkte für Produkte der Erdölverarbeitung konkurrieren. Es ist nicht auszuschliessen, dass sich ein Überangebot dieser Produkte ergibt, was Konsequenzen für die Beschäftigung in diesem Industriesektor hätte.

Dazu kommt, dass der Aufbau des petrochemisch-chemischen Komplexes keinen wesentlichen Beitrag zum Abbau der Arbeitslosigkeit leisten kann, da es sich hierbei um weitgehend automatisierte Fertigungsprozesse handelt. Vielmehr kann durch den forcierten Ausbau dieses Produktionskomplexes die traditionelle Wirtschaftsstruktur der jeweiligen Regionen zerstört werden, mit der entsprechenden Freisetzung von Arbeitskräften. Einerseits zieht in der Phase des Aufbaus von Industriekomplexen und Infrastrukturen ein Bauboom unqualifizierte Arbeitskräfte an, die nach Abschluss der Bauarbeiten nicht länger beschäftigt werden. Dabei werden oft mehr Arbeitskräfte angelockt als gebraucht werden, so dass unkontrollierte Migrationsbewegungen stattfinden, die von den bekannten negativen Auswirkungen der Marginalisierung begleitet sind. Dauerhaft werden vor allem hochqualifizierte Arbeitskräfte benötigt, die in der Regel nicht aus der jeweiligen Region rekrutiert werden können.

Eher sind Migrationsbewegungen der Bevölkerung in die grösseren Städte Mexikos festzustellen, da die Beschäftigung aufgrund der Zerstörung der »traditionellen« Landwirtschaft und Industrie zurückgeht. Denn mit den Löhnen der Bauindustrie und der modernen Industriekomplexe können diese »traditionellen« Wirtschaftsbereiche nicht mithalten. Dies führt zu einer Umwandlung der arbeitsintensiven Landwirtschaft in extensive Viehwirtschaft und zu einem Abbau der lokalen und regionalen Industrie. »Backward-linkages« durch Zulieferindustrien in der Region werden sich kaum entwickeln können, da die Technologie dieser Produktionsanlagen eher den »Import« aus den Industriezentren Mexikos oder des Auslands notwendig macht.

*These:*

Ein forcierter Modernisierungsprozess der mexikanischen Wirtschaft auf der Basis der Erdölweiterverarbeitung wird die Migrationsprobleme des Landes verstärken. Ein »Austrocknen« des Hinterlandes der Förder- und Verarbeitungsregionen des Erdöls führt eher zu Arbeitsplatzverlusten.

*4. Produktionsverfahren und Beschäftigung*

*These:*

Diejenigen Branchen der mexikanischen Industrie, die sich in der Weltwirtschaft integrieren, werden gezwungen sein, moderne und technologisch weiterentwickelte Produktionsverfahren einzuführen.

Die Möglichkeit der Wahl zwischen arbeitsintensiven und kapitalintensiven Produktionsverfahren besteht nicht.

Die beträchtlichen Prozessinnovationen bei einer Vielzahl von Fertigungsverfahren wurden und werden insbesondere durch den immensen Preisverfall bei elektronischen Bauelementen ermöglicht. Dies gilt nicht nur für die Industrieländer, sondern auch für die Entwicklungsländer, in denen die internationale Konkurrenz den Prozess der Rationalisierung und Automatisierung verstärkt. Zu Erhaltung bzw. Erlangung internationaler Wettbewerbsfähigkeit werden alle Anbieter das kostengünstigste Produktionsverfahren wählen müssen. Hohe Flexibilität, globale Anwendungsmöglichkeiten, wachsende »Intelligenz«, beträchtliche Qualitätssteigerungen und nicht zuletzt Kostensenkungen in den auf der Basis von Mikroprozessoren arbeitenden Technologien macht deutlich, dass sich der lohnkostenbedingte Standortvorteil der Entwicklungsländer relativiert.

Mit fortschreitender Integration in den Weltmarkt wird auch für Mexiko die Möglichkeit der Wahl der Technologie nicht bestehen. Unter den Bedingungen des internationalen Wettbewerbs wird der Druck auf Einführung der modernsten Technologie zunehmen. Und das herausragende Charakteristikum dieser modernen Technologie ist, dass Arbeitsplätze eingespart werden können.

Die oben skizzierte Entwicklung dürfte innerhalb der »Arbeiteraristokratie« zu einem weiteren »Ausleseprozess« führen. Die Nachfrage nach weniger Arbeitskräften in den exportorientierten Wirtschaftszweigen wird begleitet durch höhere Qualifikationsanforderungen an die noch Beschäftigten. Dies dürfte eine weitere Aufsplittung der Arbeiterbewegung nach sich ziehen und den Solidaritätszusammenhalt zwischen den Gewerkschaften schwächen.

## 5. Mexikanische Wanderarbeiter und Beschäftigung

Für Mexiko stellt bekanntlich der Arbeitsmarkt in den USA, insbesondere in den Südstaaten, ein wichtiges Ventil für den durch die Arbeitslosigkeit entstehenden sozialen und politischen Druck dar. Sowohl die legalen saisonalen Wanderarbeiter als auch die nach Millionen zu beziffernden illegalen »braceros« bedeuten eine wichtige Entlastung des mexikanischen Arbeitsmarktes.

*These*

In Zukunft wird das »amerikanische Ventil« für die mexikanischen Beschäftigungsprobleme nicht mehr in dem Masse wie bisher zur Verfügung stehen.

Dieses Argument zielt nicht auf die Anti-Wanderarbeiter-Politik der USA, die stets im Gefolge einer durch eine Depression in den USA verursachten konjunkturellen Arbeitslosigkeit auftritt, sondern beruht auf strukturellen Faktoren:

— Insbesondere die »Illegalen« sind für die Landwirtschaft des amerikanischen Südwestens eine äusserst billige Arbeitskraft, da niedrigste Löhne gezahlt werden können und keine Sozial- und Krankenversicherungsbeiträge entrichtet werden müssen.

Nun scheint sich in den USA eine Wirtschafts- und Sozialpolitik durchzusetzen — und zwar nicht nur bei den Republikanern, sondern auch bei den Demokraten und anderen gesellschaftlichen Gruppen —, die zwar den Kern des »New Deal- und Wohlfahrtsstaates« beibehalten, aber die Leistungen für Sozialhilfe an marginale US-Gruppen im Rahmen des »great-society-Programms« der Kennedy- und Johnson-Administrationen drastisch einschränken will. Diese US-Bevölkerungsgruppen, die durch die weitgestrickten Maschen des Sozialnetzes durchfallen werden, sind gezwungen, sich ihren Lebensunterhalt anderweitig zu sichern. Teilweise werden diese Gruppen bei privaten Sozialhilfe-Organisationen Unterstützung finden, doch dürften sie auch als Konkurrenten der mexikanischen Wanderarbeiter auftreten. Der Druck auf die US-Behörden, schärfer gegen die »illegalen« Mexikaner vorzugehen, dürfte damit grösser werden.

— Die »Mexanisierung« des amerikanischen Südwestens durch »Chicanos« und durch illegale Wanderarbeiter stellt eine potentielle Bedrohung für die Stabilität der Region dar. Die Solidarität zwischen »Chicanos« und »Indocumentados« auch in wirtschaftlich schwierigen Zeiten, der hohe Bevölkerungszuwachs der in der mexikanischen Kultur aufwachsenden jungen Generationen und die wachsende Politisierung dieser Bevölkerung dürfte tendenziell zu einer schärferen Gangart der US-Behörden gegenüber den Wanderarbeitern führen.

— In den USA ist seit einigen Jahren ein industrieller Umstrukturierungsprozess zu beobachten, nämlich überdurchschnittliches Wachstum im Süden der USA von Texas bis Kalifornien, dem sogenann-

ten »sunbelt«, und ein relativer Schrumpfungsprozess im hochindustrialisierten Nordosten, dem »frostbelt«. Die neuen Industrien im »sunbelt« zeichnen sich durch hohen Technologiestandard aus, symbolisiert etwa durch das »silicon-valley« im Süden Kaliforniens. Auch hier zeichnet sich ein Arbeitskräftebedarf ab, der zahlenmässig vergleichsweise niedrig ist, in der Ausbildungsqualität aber hoch. Dieser Umstrukturierungsprozess wird generell die Beschäftigungsstruktur dieser Region verändern und mittel- und langfristig auch Auswirkungen auf das Arbeitsangebot für Wanderarbeiter haben.
- Mikroprozessoren scheinen immer mehr das Rennen mit dem Faktor »billige Arbeitskraft« zu gewinnen. Offensichtlich lohnt es sich betriebswirtschaftlich bereits, technologisch komplizierte Pflückmaschinen z. B. in der Obsternte einzusetzen – bisher ein traditioneller Arbeitsbereich der braceros.

Es wird sich zeigen, ob Mexiko als Mittelmacht mit wachsendem Einfluss den politischen Spielraum haben wird, um einer restriktiveren amerikanischen Migrationspolitik begegnen zu können. Die »politische Waffe« Erdöl dürfte von mexikanischer Seite bei einem entspannten Weltölmarkt kaum effektiv eingesetzt werden können.

Einige der Probleme, die einer nachhaltigen Lösung des Beschäftigungsproblems entgegenstehen, konnten dargestellt werden. Auf die Dauer wird es nicht möglich sein, ohne strukturelle Reformen der Wirtschaft (u. a. Steuerreform, nachhaltige Förderung der ländlichen Entwicklung, Ausweitung des Binnenmarktes) die notwendigen Arbeitsplätze bereitzustellen. Darauf zu vertrauen, dass stetige, hohe Wachstumsraten von 7 – 8 % jährlich das Beschäftigungsproblem von selbst lösen werden, wäre kurzsichtig, da zum einen von hohen Wachstumsraten nicht mehr ausgegangen werden kann und zum anderen die strukturellen Probleme des Arbeitsmarkts (s. o.) gelöst werden müssen.

## III. Gewerkschaften

Welche Rolle werden die Gewerkschaften in den 80er Jahren spielen? Ist von ihnen ein Beitrag zur Lösung der Probleme der Arbeitslosigkeit und generell der Unterentwicklung zu erwarten?

## 1. Weltwirtschaftliche Umstrukturierung und Gewerkschaftspolitik

*These*

Die weltwirtschaftlichen Strukturveränderungen haben die Gewerkschaften in Industrie- und Entwicklungsländern vor neue Probleme gestellt und werden in der Zukunft zunehmend die Durchsetzung gewerkschaftlicher Forderungen bzw. die Erhaltung des Erreichten erschweren. Dies gilt auch für das mexikanische Gewerkschaftssystem.

Mit dem Ende der Importsubstitution als Entwicklungsstrategie und der stärkeren Integration der nationalen Volkswirtschaften in der Weltwirtschaft werden den Gewerkschaften neue Rahmenbedingungen gesetzt. Der Abbau gewerkschaftlicher Gegenmacht scheint die Voraussetzung zu sein, um eine Strategie der exportorientieren Industrialisierung realisieren zu können. Integration in den Weltmarkt bedeutet in vielen Ländern, die sozialen Kosten der Produktion so zu kontrollieren, dass Wettbewerbsfähigkeit auf den Weltmärkten erreicht wird. Die Einbindung in die Weltwirtschaft hat damit eine stärkere Kontrolle der Gewerkschaften zur Folge. Dies ist in den Industrieländern und in den Entwicklungsländern festzustellen, wo durch wachsende staatliche Interventionen die Position der Gewerkschaften geschwächt wird.

Die Versuche der Internationalisierung der Produktion und die damit in Zusammenhang stehenden negativen Auswirkungen auf die Arbeiterbewegung mit einer Internationalisierung der Gewerkschaften zu begegnen, waren bisher nicht erfolgreich. Zwar hat sich der Problemdruck, auf internationaler Ebene gemeinsam Lösungen zu finden, verstärkt, doch haben sich stets die nationalen Interessen durchgesetzt. Der Versuch, Löhne, soziale Leistungen und sonstige Arbeitsbedingungen über Konzernabschlüsse weltweit zu harmonisieren, um damit zumindest auf der Ebene der multinationalen Unternehmen Produktionsverlagerungen entgegenzuwirken, ist gescheitert. Die Gewerkschaften der Industriestaaten setzen auf eine Strategie der nationalen Protektion, um die Arbeitsplatzverluste im eigenen Land in Grenzen zu halten.

Mexiko befindet sich als teilindustrialisiertes Land und mit wachsendem Anteil der exportorientierten Industrialisierung ebenfalls in diesem Umstrukturierungsprozess. Der Wettbewerbsdruck der Weltmärkte erschwert, zumindest für den Bereich der exportorientierten Industrie, die Durchsetzung gewerkschaftlicher Forderungen. Dies hat sich verstärkt in den letzten Jahren abgezeichnet, als über eine galoppierende Inflation mit beträchtlichen Reallohnverlusten für die grosse Masse der Arbeitnehmer ein Prozess der Senkung der sozialen Kosten der Produktion stattfand.

## 2. Gewerkschaften im mexikanischen Herrschaftssystem

Das mexikanische Gewerkschaftswesen ist wie alle relevanten politischen und sozialen Kräfte Bestandteil der »Revolutionären Koalition« und bildet den Arbeitersektor innerhalb der PRI. Der wichtigste und einflussreichste Dachverband der Gewerkschaften ist die Confederación de Trabajadores de México (CTM).

Die im Arbeitersektor zusammengeschlossenen traditionellen Gewerkschaften repräsentieren über zwei Drittel der organisierten Arbeiterschaft. Die unabhängigen Gewerkschaften ausserhalb des PRI-Verbundes verfügen lediglich über eine relativ kleine Anhängerschaft, wenn auch einige von ihnen zu den militantesten zählen.

Eine vom Staatsapparat unabhängige starke Gewerkschaftsbewegung hat es in Mexiko nicht gegeben. Die enge Einbindung der Gewerkschaften in das Herrschaftssystem war Ergebnis der Revolution von 1910. Dies war nicht ein Aufstand der unterdrückten Bauern und Arbeiter, sondern die gewaltsame Öffnung des engen Herrschaftszirkels um den damaligen Präsidenten Porfirio Diáz durch die bisher von der Macht ausgeschlossenen Gruppen. Die Auseinandersetzung zwischen der alten und der neu aufstrebenden Elite zerstörte das Gleichgewicht des bestehenden politischen Systems. Bauern und Arbeiter forderten eine radikale Änderung ihrer sozialen Situation. Um die soziale Bewegung wieder unter Kontrolle zu bekommen, musste die sich neu formierende Elite Konzessionen machen: es kam zu einem Bündnis mit der Industriearbeiterschaft, mit dem die Arbeiterführer in die Elite integriert und ihr ein in der Verfassung garantierter, umfassender Rechtsschutz gewährt wurde. Als Gegenleistung mussten sich die Gewerkschaftsführer verpflichten, der »Revolutionären Koalition« militärischen Beistand zu leisten. Die »roten Bataillone« der Gewerkschaften trugen zur Niederschlagung der revolutionären Bauernbewegung unter Zapata und Villa bei. Die Gewerkschaften wurden so zum integralen Bestandteil der »Revolutionären Koalition« und sind dies bis heute geblieben.

Untersuchungen zur Entwicklung der Reallöhne in Mexiko zeigen, dass nur ein relativ kleiner Teil der Arbeiterschaft vom Wirtschaftswachstum profitiert hat. Arbeitnehmer in modernen Industrien und auf relativ hohem technologischen Niveau haben Reallohnsteigerungen in den letzten 20 Jahren verzeichnen können. Sie stellen aber nur einen relativ kleinen Teil der organisierten Arbeiterschaft dar. Für die grosse Masse, auch für die Mehrheit der organisierten Arbeiterschaft, haben sich keine wesentlichen Verbesserungen ergeben. Die sozialen und ökonomischen Disparitäten zwischen der »Arbeiteraristokratie« und der grossen Masse der marginalisierten Arbeitnehmer dürfte sich in Zukunft noch verschärfen. Die gut ausgebildeten, qualifizierten Arbeitskräfte der modernen Wirtschaftszweige werden ihre gewerkschaftliche Schlagkraft erhöhen und noch mehr als bisher ihren Anteil am »Wirtschaftskuchen« verteidigen bzw. erweitern können.

Die Gewerkschaften des Arbeitersektors der PRI, insbesondere der CTM, haben über ihre Führer wichtige Positionen in Politik und Verwaltung errungen. In dem informellen Entscheidungsgremium der »Revolutionären Koalition« spielen sie für den Willensbildungsprozess und die Entscheidungsfindung eine gewichtige Rolle. Dabei kommt den Gewerkschaftsführern die Aufgabe zu, die Zustimmung zur jeweiligen Regierungspolitik sicherzustellen. Dies schliesst nicht aus, dass – wie oben bereits beschrieben – die Arbeiterschaft an dem ökonomischen Aufschwung nur über die »Arbeiteraristokratie« der dynamischen Wirtschaftssektoren teilnimmt. Gleichwohl hängt die Legitimität der Gewerkschaftsführer davon ab, dass sie eine Basisversorgung der Arbeiterschaft sicherstellen können. Die Gewerkschaftsführer müssen in der Lage sein, die Interessen der Arbeiterschaft so zu vertreten, dass deren Integration in das politische System nicht gefährdet wird. Sie müssen im jeweiligen Fall abschätzen, welche Massnahmen (Kooptation mit ökonomischen Konzessionen, Repression oder beidem) zu ergreifen sind. Über 60 Jahre politische Stabilität und ein relativ hoher Grad an sozialem Frieden zeigen eine erfolgreiche Bilanz. Dieser soziale Friede hätte nicht aufrechterhalten werden können, wenn die »Revolutionäre Koalition« einschließlich der Gewerkschaftsführer nicht den »Faktor Hoffnung« auf eine bessere Zukunft im Sinne der Revolutionsziele hätte wachhalten können. Dies erforderte eine soziale Basisversorgung der Bevölkerung, sei es über die staatliche Subvention von Grundnahrungsmitteln, über Programme der Sozialstrukturhilfe oder über ein breites Bildungsangebot im Volksschulbereich.

*These*

Die mexikanischen Gewerkschaften vertreten primär die Interessen der »Arbeiteraristokratie«, da diese Arbeitnehmer aufgrund ihrer fachlichen Qualifikation und relativ hohen Bildungsniveaus schwer substituierbar sind und daher betrieblich und gesamtpolitisch Druck erzeugen können. Als Teil der »Revolutionären Koalition« sind die Gewerkschaftsführer aber auch an einer sozialen Basisversorgung der Bevölkerung interessiert, da nur so der soziale Frieden für die nicht am wirtschaftlichen Aufschwung partizipierenden Arbeitnehmer aufrechterhalten werden kann.

Von seiten der Gewerkschaftsführer wurden die explosionsartig gestiegenen staatlichen Einnahmen aus dem Ölexporten mit gemischten Gefühlen betrachtet; bedeutete dieser finanzielle Spielraum für die »Regierungs-Technokraten« doch eine relative Schwächung des traditionellen gewerkschaftlichen Kooptations-Mechanismus. Diese Gefahr für den Einfluss der Gewerkschaftsführer innerhalb der »Revolutionären Koalition« hat sich zwar durch die Entwicklung der Erdöleinnahmen relativiert, dürfte jedoch aufgrund des bereits sehr hohen Niveaus der staatlichen Sozialprogramme bestehen bleiben.

Daneben besteht die Gefahr, dass das »schwarze Gold« bei der Bevölkerung eine Revolution der steigenden Erwartungen auf schnelle und substanzielle Verbesserungen ihrer sozialen und ökonomischen Situation hervorruft. Auch für die Gewerkschaften dürfte es schwieriger sein, die Ansprüche ihrer Klientel wieder auf ein bescheideneres Mass zurückzuschrauben.

Beide Faktoren können dazu beitragen, dass die traditionellen Gewerkschaften sich »kämpferischer« und »kompromissloser« zeigen müssen.

## 3. Innerverbandliche Demokratie und unabhängige Gewerkschaften

Eine Demokratisierung der Gewerkschaften mittels Partizipation der Basis und verstärkter Kontrolle der Funktionsträger existiert nur über bestimmte Segmente der organisierten Arbeiterschaft. In den letzten Jahren hat sich die Tendenz bestätigt, dass innerhalb solcher Gewerkschaften, die relativ hochentwickelte Wirtschaftszweige repräsentieren, stärkere Demokratisierungsbestrebungen auftreten. In den

»white collar«-Gewerkschaften, insbesondere im Universitätsbereich, haben sich bereits relativ demokratische Strukturen entwickelt.

Während in der ersten Aufbruchsphase zur Demokratisierung der Gewerkschaften im Rahmen der Öffnungspolitik Echeverrías (apertura democrática) in den Jahren 1970 bis ca. 1973 der Druck auf die traditionellen Gewerkschaften von aussen erfolgte, nämlich durch die Erfolge der unabhängigen Gewerkschaften, lässt sich jetzt eine Demokratisierungsbewegung auch innerhalb der CTM feststellen. Man muß aber davon ausgehen, dass die Demokratisierungskräfte bisher im Vergleich zum Gesamtsystem der mexikanischen Gewerkschaften relativ schwach entwickelt sind. Die Allianz der in der »Revolutionären Koalition« zusammengeschlossenen Interessengruppen — die die Gewerkschaftsführer mit einschliesst — ist noch so stabil, dass von einer wirklichen Demokratisierung der mexikanischen Gewerkschaftsbewegung noch keine Rede sein kann.

Zweifellos sind die Kontrollmechanismen der Mitglieder solcher Gewerkschaften wie der Telefonbediensteten, der Beschäftigten im Nuklearbereich oder der Elektrizitätswirtschaft gegenüber ihren Gewerkschaftsführern viel stärker ausgebildet als in den traditionellen Industriezweigen. Dementsprechend wird der Prozess der Umwandlung des mexikanischen Gewerkschaftssystems hin zu mehr Demokratie und größerer Partizipation eher als Folge der wirtschaftlichen Transformation des Landes erfolgen denn als Ergebnis einer bewussten politischen Umgestaltung.

In den letzten beiden Jahren wurden die unabhängigen Gewerkschaften immer deutlicher von den traditionellen Gewerkschaften aufgefordert, sich mit ihnen in einer Einheitsgewerkschaft zu organisieren. Dies führte dazu, dass die traditionellen Gewerkschaften politische Forderungen der Unabhängigen in ihre Programme übernahmen. Für dieses Verhalten sind m. E. drei Gründe massgeblich.

— Die sog. »Politische Reform« unter López Portillo bedurfte der Ergänzung durch eine verstärkte Integration der unabhängigen Gewerkschaftsbewegung in das politische System. Zur Verbreitung der Legitimationsbasis war es notwendig, auch bestimmte Gruppen der Mittelklasse (z. B. Universitätsgewerkschaften) zu integrieren. Um dies zu erreichen, mussten Konzessionen gemacht werden.
— Die Austeritätspolitik der Regierung López Portillo führte zu vermehrten Streiks und Protesten. In einer solchen Situation sind natürlich die Chancen der unabhängigen Gewerkschaften, Terrain zu gewinnen, grösser. Deshalb musste auch eine »rhetorische

Gegenoffensive« gestartet werden, um die Erfolge der unabhängigen Gewerkschaften gering zu halten.
- Nach dem absehbaren Abtreten des »Caudillo« des traditionellen Gewerkschaftssystems, Fidel Velázquez, Generalsekretär der CTM, ist mit »Diadochen-Kämpfen« zu rechnen, die zu einer Schwächung der CTM führen können. In einer solchen Situation ist es für die »Revolutionäre Koalition« wichtig, die unabhängigen Gewerkschaften stärker einzubinden.

Bisher war diese Politik der traditionellen Gewerkschaften recht erfolgreich; es gelang den ausserhalb der »Congreso del Trabajo« stehenden unabhängigen Gewerkschaften nicht, sich zu einem schlagkräftigen Gesamtverband zusammenzuschliessen. Jüngstes Beispiel ist der Anfang des Jahres 1982 erfolgte Austritt der VW-Gewerkschaft aus der Unión Obrera Independiente (UOI), ein vom traditionellen Gewerkschaftswesen unabhängiger Verband, der durch den Verlust des grössten Automobilwerkes geschwächt wurde. Zersplitterung, ideologische Richtungskämpfe und Karrieredenken der Gewerkschaftsführer haben die unabhängigen Gewerkschaften bisher nicht als eine Alternative zum etablierten Gewerkschaftssystem sich entwickeln lassen.

## 4. Szenario

Für die Entwicklung des mexikanischen Gewerkschaftssystems lassen sich für die 80er Jahre zwei Trends aufzeigen; einen, der die oben angesprochenen »Diadochen-Kämpfe« betrifft, und einen mehr langfristig-strukturellen Trend.

Das traditionelle Gewerkschaftssystem wird von der CTM dominiert und in der CTM trifft immer noch der über 80jährige Fidel Velázquez – seit über 40 Jahren Generalsekretär des Verbandes – die wichtigsten politischen Entscheidungen. Im Gegensatz zum politischen System, in dem der Machtwechsel durch die Revolution von 1910 institutionalisiert wurde, existiert im Gewerkschaftsbereich für alle wichtigen Gewerkschaftsposten kein Führungswechsel. Es gibt offensichtlich auch keinen »Kronprinzen«, der Velázquez nachfolgen könnte. Dieser wird sich erst nach dem Abtreten der beherrschenden Figur der mexikanischen Gewerkschaften durchsetzen müssen, was erhebliche Belastungen der CTM und damit auch des gesamten Gewerkschaftssystems erwarten lässt. Es ist nicht auszuschliessen, dass die »Diadochen-Kämpfe« zu einer Umstrukturierung der Gewerkschaftsverbände führen, bei der der Großverband CTM in kleinere Konföderationen auseinanderfällt. Dabei könnte die heterogene Struktur der CTM, die von Betriebsgewerkschaften in arbeitsintensiven Textilbetrieben bis zu Industriegewerkschaften der Metallverarbeitenden Industrie reicht, durch homogene Verbände abgelöst werden.

Doch auch das Ausscheiden von Fidel Velázquez wird das mexikanische Gewerkschaftssystem nicht grundsätzlich ändern. Eine gewisse Transformation der Gewerkschaftsstrukturen ist – wie oben bereits angedeutet – bereits jetzt festzustellen. Die Umstrukturierung ist angesichts der wachsenden Diskrepanz zwischen der gesellschaftlichen Entwicklung des Landes einerseits und den realen ausgebildeten und bewussteren Bevölkerung andererseits unerlässlich. Die Stosskraft für die Transformation des Gewerkschaftssystems auf größere Partizipation der Mitglieder, bessere innenverbandliche Demokratie und echte Interessenvertretungen wird aber eher von der »Arbeiteraristokratie« des traditionellen Gewerkschaftsbereichs ausgehen als von den unabhängigen Gewerkschaften.

# Ölreichtum und soziale Ungleichheit: Das »andere« Mexiko

**von Rainer Godau**

**Einleitung**

Aus historischer Sicht scheint eine der grössten Ungereimtheiten der mexikanischen Entwicklung in der Konstante extremer sozialer Ungleichheit zu liegen, die trotz revolutionärer Erfahrung, umfangreicher Landverteilung und trotz eindrucksvoller Wirtschaftswachstumsraten, von durchschnittlich 6 % in den letzten vierzig Jahren, nicht wesentlich verringert worden ist. Ob es sich um die äusserst konzentrierte Einkommensverteilung handelt, um drastische regionale Entwicklungsunterschiede oder um die Situation von über 10 Millionen Unterbeschäftigten und Arbeitslosen, das »andere« Mexiko, von dem Urquidi schreibt, mit seiner Rückständigkeit, Vernachlässigung und Elend, ist eine Realität. Die Wirtschaftskrise von 1975/76 bedeutete nur noch das schmerzhafte Ende einer Entwicklungsstrategie, die als »trickle-down«-Modell zur Minderung von Marginalität und sozialer Ungerechtigkeit offensichtlich an ihre Grenzen gestossen war.

In einer Situation intern verschärfter Widersprüche und Konflikte begann Mexiko über beträchtliche Extraeinnahmen aus seinen neu produzierenden Erdölquellen zu verfügen.[1] Die explosionsartig gestiegenen Ölpreise auf dem Weltmarkt verhalfen dem Land zu enormen finanziellen Ressourcen, die kurzfristig für die Überwindung seiner Wirtschaftskrise und langfristig für eine planvolle Entwicklungsstrategie verwendbar waren; solch gewaltige Mittel, die nach eigener optimistischer Einschätzung Mexiko vom Schwellenland in den exklusiven Kreis der westlichen Industrieländer katapultieren konnten. Wie selbst López Portillo nach seiner Wahl zum Präsidenten in der allgemeinen Euphorie verlauten liess, bestünde das Zentralproblem seiner Regierung in der »Verwaltung des Reichtums« (administrar la abundancia) zur schnellen Überwindung von Armut und Unterentwicklung.

Ein derartig erneuerter Entwicklungsprozess auf Erdölbasis musste sich an die realen Möglichkeiten halten, das »andere« Mexiko einzubeziehen, um, wie Urquidi in seinem Schlusswort anmerkt, »eine gerechtere, gleichartigere, flexiblere und politisch plurale Gesellschaft« zu errichten. Der vorliegende Beitrag wird in spekulativer Form der Frage nachgehen, ob durch die simple Verfügbarkeit bedeutender finanzieller Extramittel die qualitativen Entwicklungsbedingungen sich so verändern lassen, damit das drückende Gewicht sozialer Ungleichheit gemindert werden kann.

## Das »andere« Mexiko

Den allgemeinen Beweis für die Existenz des »anderen« Mexikos zu führen, ist ein ziemlich einfaches Unternehmen. Urquidi hat zu seiner Charakterisierung schon einige Daten genannt. Schwieriger sieht es schon bei der Frage aus, wer denn nun dazugehört. Der Bogen gesellschaftlicher Schichtverhältnisse spannt sich weit: von den marginalen Massen in den städtischen Elendsgürteln bis zu den landlosen Campesinos und den ethnischen Minderheiten in den letzten verbliebenen »Rückzugszonen« (zonas de refugio) des Landes. Diese Gruppen zeichnet aus, dass sie nur am Rande, oder auch völlig vom »modernen« Teil der mexikanischen Gesellschaft ausgeschlossen, ihr Dasein fristen. Die nachrevolutionäre Entwicklungspolitik hat sie nicht integriert, sondern allein auf wirtschaftliches Wachstum gesetzt – in der Hoffnung, dass der allgemeine Anstieg des nationalen Reichtums auch die Lebensbedingungen der armen Schichten der Bevölkerung nachhaltig verbessern werde. Diese »trickle-down«-Konzeption des mexikanischen »Wirtschaftswunders« wird schon dann illusorisch, wenn man sie auf ihre konkrete Folge hinsichtlich der Einkommensverteilung prüft.

**Einkommensverteilung in Mexiko**
(Prozent)

| Prozent der Familien in abnehmender Reihenfolge | 1950 | 1958 | 1963 | 1970 | 1975 | 1977 |
|---|---|---|---|---|---|---|
| 50 | 18.0 | 20.6 | 15.8 | 17.3 | 12.7 | 16.7 |
| 30 | 22.6 | 26.5 | 26.1 | 26.9 | 26.6 | 28.2 |
| 20 | 59.4 | 52.9 | 58.1 | 55.8 | 60.7 | 55.1 |
| Obersten 10 | 48.5 | 35.7 | 42.1 | 39.2 | 43.9 | 38.0 |
| Total | 100.0 | 100.0 | 100.0 | 100.0 | 100.0 | 100.0 |

Quelle: Hernández Laos, Enrique & Jorge Córdova Chávez, »Estructura de la distribución del ingreso en México«, *Revista de Comercio Exterior,* Vol. 29; Nr. 5 (Mai 1979), S. 507

Der zeitliche Vergleich der Einkommensverteilung zeigt die hohe Konzentration der individuellen Familieneinkünfte. Wie die Tabelle verdeutlicht, hat sich mit Ausnahme der höchsten Einkommensklasse im Hinblick auf eine Umverteilung wenig verändert. Während sich z. B. im Jahre 1950 18 % des nationalen Einkommens auf 50 % der Haushalte aufteilte, verfügte diese untere Hälfte im Jahre 1977 nur noch über 16.7 %. Wenn man von Schwankungen in der Messung sowie von konjunkturellen Einflüssen einmal absieht, so kann man im besten Fall von einer Stagnation der Einkommensverteilung sprechen. Auch die geringfügig veränderten Zahlen für die mittleren und oberen Einkommensstufen sind kaum ein Beweis für einen realen Prozess gerechterer Verteilung.

Aber auch was die relative Bedeutung der gegenwärtigen Einkommensverteilung angeht, so sind die simplen Dimensionen der Ungleichheit einfach frappierend. Nach aktuellem Urteil hält Mexiko den zweifelhaften »Weltrekord« ungerechter Einkommensverteilung zwischen Reichen und Armen (38:1) und zwischen Stadt und Land (7:1). Die Relation zwischen den reichsten 5 % der Haushalte und den ärmsten 10 % beträgt sogar 50:1.

Gerade auf dem Land warten die Versprechungen der Revolution noch auf ihre Einlösung. Trotz Agrarreformen und Landumverteilungen ist die Zahl der landlosen Bauern auf sechs Millionen gestiegen. Seit Anfang der fünfziger Jahre hat sich das landwirtschaftliche Einkommen nur geringfügig gesteigert. Gewaltsame Vertreibungen vom angestammten Boden sind noch immer auf der Tagesordnung. Kaziquen oft im Bunde mit Staatsfunktionären setzen sich über Bestimmungen und Verordnungen hinweg, ohne dass sie fürchten müssen, zur Verantwortung gezogen zu werden. In den Bundesstaaten Hidalgo, San Luis Potosí, Oaxaca und Guerrero ist das Militär oft die letzte Macht, die Ordnung auf dem Lande aufrechtzuerhalten. Das Massaker von 26 Campesinos im Staat von Puebla, die im Juni 1982 von sogenannten »guardias blancas« (einer Art Privatarmee der offiziell nicht mehr existierenden Grossgrundbesitzer) im Disput um Ackerland erschossen wurden, ist nur ein Höhepunkt nicht endender Unterdrückung und Gewaltanwendung auf dem Land. Zufall sind diese Erscheinungen jedoch nicht. Vielmehr sind sie Symptom einer gewissen Ausweglosigkeit in der landwirtschaftlichen Entwicklung, die sich auf überkommene Struktur- und Produktionszwänge stützen muss.

Die soziale Ungleichheit und die damit verbundene politische Willkür haben ihren direkten Ursprung in den ungleichgewichtigen Verhältnissen der Landwirtschaftsstruktur. Ein hochmoderner Agrarsektor, der weniger als 5 % der landwirtschaftlichen nutzbaren Fläche bearbeitet und weniger als 10 % der Betriebe ausmacht, produziert mehr als die Hälfte der Agrarprodukte. Dem gegenüber teilen sich der traditionelle und Subsistenzsektor, die über 90 % der Betriebe und Böden verfügen, den Rest der Produktion. Der moderne Sektor arbeitet, was Qualität der Ländereien und Kreditzugang angeht, nur unter besten Produktionsbedingungen, während der Subsistenzsektor das schlechteste Land bewirtschaften muss und auf nur rudimentäre Hilfsleistungen des Staates hoffen kann. Eine solch gefestigte Agrarstruktur bietet wenig Ansätze für Veränderungen. Die Subsistenzbauern sind nur Eigenversorger und fallen weitgehend aus den wirtschaftlichen Erwägungen des mexikanischen Staates heraus. Der traditionelle Sektor hat hohe strategische Bedeutung, da er hauptsächlich die Inlandsnachfrage nach Grundnahrungsmitteln deckt; einer Aufgabe, der er seit 1965 nicht mehr nachkommen kann. Der moderne Sektor hat sich weitgehend auf den Export von hochwertigen Agrarprodukten spezialisiert, deren Devisen bis 1979 (mit Ausnahme des Jahres 1975) die steigenden Nahrungsmittelimporte in gewisser Weise ausgleichen konnten. Mit anderen Worten, eine hochmoderne (im Sinne der Absorption von Arbeitskräften und flächenmässiger Ausdehnung), relativ kleine und nach kapitalistischen Regeln operierende Landwirtschaft koexistiert mit einer ineffizienten, arbeitsintensiven und mit traditionellen Methoden arbeitenden nichtkapitalistischen Landwirtschaft. Jeder Eingriff des Staates würde nachhaltig das Beziehungsfeld dieser Agrarsektoren beeinflussen – mit Konsequenzen, die für den einen oder anderen Sektor zwangsläufig negativ sind.

Zwei grundlegende Ziele muss der mexikanische Staat bei jeder Interventionspolitik auf dem Land *gleichzeitig* verfolgen. Ihm muss an einer Steigerung der Agrarproduktion gelegen sein, um die Nahrungsmittelversorgung der wachsenden Bevölkerung zu sichern. Aber ihm muss auch an einer Verbesserung der sozialen Situation gelegen sein, damit die Spannungen und Konflikte abgebaut werden können. Dabei entstehen Widersprüche, die den Staat zu einer ambivalenten Interventionsstrategie zwingen. Fördert er prioritär den Produktionsausstoss des modernen Sektors, erhält er vielleicht wichtige Devisen, muss aber grössere Verzerrungen z. B. in der Einkommensstruktur insgesamt auf dem Land hinnehmen. Soll dagegen der traditionelle Sektor, wie es auch in den letzten zwei Jahren der López-Portillo-Regierung geschehen ist, mit dem mexikanischen Nahrungsmittelsystem, SAM (Sistema Alimentario Mexicano), besonders unterstützt werden, müssen Anbaumethoden effizienter, Transportwege modernisiert und finanzielle Ressourcen den Bauern zugänglicher werden. Das aber hätte die Freisetzung von Arbeitskräften zur Folge, die sich dann in den Elendsgürteln der Städte wiederfänden. Diese und andere Szenarios verdeutlichen das Dilemma des mexikanischen Staates: Ohne grundlegende Strukturveränderungen der Besitz- und Produktionsverhältnisse kann er sich nicht eindeutig für einen Sektor entscheiden; ein Problem, das in seinen sozialen und politischen Auswirkungen auch nicht durch die Mittel aus dem Erdölexport neutralisiert werden kann. Im Gegenteil, es ist durchaus vorstellbar, dass die leichte Verfügbarkeit grosser finanzieller Mittel das Konfliktpotential auf dem Land erhöht, denn mit den notwendigen Produktionssteigerungen würde sich auch der soziale Druck vermehren.

Die soziale Ungleichheit gründet sich auch auf eine verzerrte Regionalentwicklung. Nach neuesten Schätzungen produziert der Distrito Federal (Bundeshauptstadt) 25 % des Bruttosozialproduktes, das sich im Jahre 1980 auf 4.276 Billionen Pesos belief. Wenn das angrenzende Land Mexiko und das nördlich gelegene Nuevo León noch einbezogen werden, ergibt sich ein extrem unausgewogenes Bild, denn diese drei Staaten erstellen 55.7 % des Bruttosozialproduktes. Am anderen Ende der Skala produzieren die sechs ärmsten Staaten des Landes nur 6 % des nationalen Einkommens. Diese regionale Verzerrung hat natürlich auch soziale Konsequenzen. So sind die internen Migrationsbewegungen hauptsächlich auf solche regionale Unterschiede zurückzuführen. Zum Beispiel die natürliche Wachstumsrate der Bundeshauptstadt von 3.1 % im Jahr (die Bevölkerung verdoppelt sich alle 22 Jahre) wird durch eine Zuwandererrate von 2.7 % ergänzt. Schätzungsweise 1.500 Menschen kommen als Zuwanderer täglich in die Stadt. Die meisten von ihnen lassen sich in den Randsiedlungen wie Nezahualcoyotl (4 Mio. Einwohner) und anderen, die noch einmal drei Millionen Einwohner zählen, nieder und vergrössern das Heer der Arbeitslosen und Unterbeschäftigten. Mit dieser Konzentration der Bevölkerung in einigen höher entwickelten Gebieten wächst auch der Anspruch auf mehr Ressourcen. Dagegen haben es schwächer entwickelte Regionen immer schwieriger, ihre besondere Förderungswürdigkeit unter Beweis zu stellen. Ob es sich um ein erweitertes schulisches Angebot handelt, um bessere Nahrungsmittelversorgung oder ausreichende Gesundheits- und Arbeitsbedingungen, alle Elemente sind eindeutig mit einem höheren Entwicklungsniveau in einzelnen Regionen gekoppelt. Dass ein solcher Prozess eine Verteilung der Ressourcen aus dem Erdöl ermöglicht, die im Grunde genommen schon »reiche« Gebiete reicher macht und arme ärmer, bedeutet für deren »Großeinsatz« eigentlich nichts anderes, als dass er eine weitere sozio-ökonomische Verzerrung der Verhältnisse bewirkt. In diesem Falle wäre es auch vorstellbar, dass die soziale Ungleichheit, anstatt sich auszugleichen, potenziert würde.

Das gewaltige Ausmass der Verelendung und Ausbeutung in den sozialen Randzonen der mexikanischen Gesellschaft kann man vielleicht mit ein paar Daten verdeutlichen. Mitte Juni 1981, also nach mehr als drei Jahren Ölboom, müssen 13 Mio. Mexikaner auf Fleisch in ihrer Ernährung verzichten, trinken 25 Mio. keine Milch und 14 Mio. können sich keine Eier leisten. Nach aktuellem Urteil waren 1980 40 Mio. Mexikaner unterernährt. Innerhalb dieser »Randzonengemeinschaft« sozialer Ungleichheit nehmen die ethnischen Minderheiten einen besonderen Platz ein. 84 % von ihnen leben in den unterentwickeltsten Gebieten. Mehr als dreiviertel beziehen Einkommen von 500 Pesos (etwa 20 DM) im Monat. 90 % aller Erwachsenen haben die Grundschule nicht abgeschlossen und 40 % in diesen Bevölkerungsgruppen können weder lesen noch schreiben. Diese und viele andere Zahlen, die man hier einbringen kann, sind ein weiterer Beweis für die strukturellen Hindernisse auf dem ölfinanzierten Entwicklungsweg.

Vor dem Hintergrund dieser punktuell bestimmten Bereiche des »anderen« Mexikos soll es nun um die Frage gehen, auf welche Weise die neue Variable Erdöl auf die Minderung sozialer Ungleichheit einwirken kann. Dabei ist ein Wort der Vorsicht für die weitere Diskussion angebracht. Die Distanz zwischen dem strukturell angelegten Problem sozio-ökonomischer Ungleichheit und den unmittelbar aus dem Erdöl verfügbaren Finanzmitteln ist so gross, dass der Versuch, einen *direkten* Kausalzusammenhang zu konstruieren, zumindest auf ein fragwürdiges Unternehmen hinausläuft. Auf der anderen Seite sind *Möglichkeiten* einer Neuorientierung von Entwicklung nicht zu leugnen; der Beitrag von Urquidi wäre sonst gegenstandslos. Deshalb ist eine spekulative Perspektive angebracht, die nicht unbedingt in schlüssiger Form kausale Beziehungen herstellen, sondern die ein wenig die begriffliche Distanz zwischen beiden Polen verringern will. Um diese Distanz zwischen struktureller Ungleichheit und relevanter politischer Zielsetzung überbrücken zu helfen, ist es notwendig, nicht nur den Bedingungsrahmen für eine neukonzipierte Entwicklungsstrategie (auf Erdölbasis) abzustecken, sondern auch die Bedeutung des Staates in diesem Szenario zu skizzieren.

**Ein Beziehungs- und Handlungsrahmen der Ungleichheit**

Eine Beurteilung der Entwicklungschancen für das »andere« Mexiko stützt sich auf gewisse Konstanten, deren Absteckung sowohl aus dem veränderten Wirtschaftspotential als auch aus den überkommenen strukturellen Gegebenheiten seiner historischen Entwicklung abgeleitet werden müssen. Man kann dabei einen Bedingungs- und Handlungsrahmen ausmachen, der eine Reihe von unmittelbaren Zwängen beinhaltet. Diese Zwänge sind grundlegend für jedes Projekt, das vom mexikanischen Staat für das »andere« Mexiko formuliert werden kann.

1. *Demographischer Zwang.* Mexiko gehört zu den Ländern mit einer der höchsten Bevölkerungszuwachsraten der Welt. Während von 1900 bis 1950 das Land seine Bevölkerung verdoppelte, brauchte es nur die nächsten 20 Jahre, um dasselbe zu wiederholen. Von 1960 bis 1970 verzeichnete Mexiko einen durchschnittlichen Bevölkerungszuwachs von 3.4 % im Jahr; die höchste Steigerungsrate seiner Geschichte. Hielte diese Tendenz weiter an, würde Mexiko das dritte Jahrtausend mit einer Bevölkerung von über 135 Mio. »begrüssen« – eine Aussicht, die jede halbwegs rational gestaltete Entwicklungsplanung zunichte machen würde. Aus dieser Erkenntnis heraus wurde Anfang der siebzi-

ger Jahre eine Bevölkerungspolitik entworfen, die hauptsächlich auf einer Geburtenkontrolle beruhte, aber auch versuchte, Elemente einer Bevölkerungsumverteilung zu berücksichtigen. Diese Politik wurde für so wichtig erachtet, dass sie in der Verfassung verankert wurde.

Die sozialen und ökonomischen Auswirkungen einer unkontrollierten Bevölkerungszunahme lagen offen zu Tage. Um die Beschäftigungssituation selbst in ihrer jetzigen unzulänglichen Form beibehalten zu können, müsste Mexiko jedes Jahr etwa 700.000 neue Arbeitsplätze bereitstellen.[2] Aber damit nicht genug. Ähnliche Anforderungen an das Erziehungssystem, den Gesundheitssektor und die Wirtschaft steigen in einem Masse, dass die Hoffnung auf eine allmähliche Verbesserung der wirtschaftlichen und sozialen Lage der breiten Bevölkerungsschichten stark gefährdet ist. Die quantitativen Konsequenzen der Bevölkerungsexplosion sind so gewaltig, dass die qualitative Verbesserung der Lebensbedingungen, wenn überhaupt, nur in sehr geringem Umfang möglich sein wird. In einer solchen Zwangssituation, die auf erfolgreiche Bevölkerungskontrolle programmiert sein muss, gedeihen Erwartungen auf Reichtum und vermehren sich Hoffnungen auf eine bessere Zukunft, die sich auf die neue Ölbonanza berufen. Dabei schlittert Mexiko in einen offenen Zwiespalt. Es muss versuchen, die Ölmilliarden für langfristige Investitionen einzusetzen, obwohl die Erwartungen der breiten Schichten der Bevölkerung auf kurzfristige »Rendite« eingestellt sind. Unter grösserem demographischen Druck wird auch der Zwang zu unproduktiven Ausgaben grösser. So muss Mexiko vorsichtig zwischen wirtschaftlicher Vernunft und politischer Opportunität lavieren.

2. *Ökonomischer Zwang.* Das Scheitern seines Wirtschaftsmodells *desarrollo estabilizador* hat Mexiko in neuartige wirtschaftliche Verflechtungen gestellt; nicht nur was die internen Bedingungen angeht, die wir oben angeführt haben, sondern vor allem auch in seinen aussenwirtschaftlichen Beziehungen. Verpflichtungen, die vor Jahren und unter Druck dieses Modells zu Stande gekommen sind, verhindern auf lange Sicht eine Politik, die eindeutig auf nationale Interessen ausgerichtet ist. Das beste Beispiel ist die öffentliche Auslandsverschuldung Mexikos. Während noch im Jahre 1971, zu Beginn der Amtsperiode von Echeverría Alvarez, die externe Schuldenaufnahme 6.2 Mrd. Dollar betrug, sind sie, zehn Jahre später, auf fast 50 Mrd. Dollar gestiegen. In diesen Daten allein dokumentiert sich ein Trend und ein externes Abhängigkeitsverhältnis, das sich natürlich auch auf nationaler

Ebene bestimmend auswirkt. Das heisst auch, dass dieselben Prozesse und Faktoren, die das wirtschaftliche Entwicklungsmodell Mexikos in der Vergangenheit geprägt haben, in ähnlicher Weise auf die Entscheidungen für die Zukunft Einfluss nehmen werden; nur mit dem markanten Unterschied, dass der national bestimmte Entscheidungsspielraum des Staates erheblich eingeschränkt ist. Überspitzt könnte man sogar aus aktueller Sicht formulieren, dass der Bezugspunkt wirtschaftlicher Umorientierung sich auf die internationale Ebene verlagert hat. Mexikos interne Entwicklung ist zunehmend Interessen untergeordnet, die es nicht oder nur zu geringem Teil beeinflussen kann. Die vorläufige Bewältigung der Krise von 1975/76 wurde dadurch erreicht, dass sich Mexiko – wenigstens formell – dem Diktat des Internationalen Währungsfonds unterwarf. Schon damals waren die Konsequenzen für eine Minderung sozialer Ungleichheit fatal.

In einer solchen Situation der externen Abhängigkeit spielt der Ausbau der Erdölindustrie eine ganz entscheidende Rolle. Begehrt auf dem Weltmarkt (wenigstens bis vor kurzem) und gefördert in geographischer Nachbarschaft zu den USA, ist dieser Energieträger Einflüssen ausgesetzt, die Mexiko zum grössten Teil einfach akzeptieren muss. Im Zusammenhang mit dem Problem sozialer Ungleichheit gewinnt die strategische Bedeutung des Erdöls und seiner Produkte auf nationaler und internationaler Ebene einen unterschiedlichen Stellenwert. Die wirtschaftlichen Vorteile des Erdölbooms lassen sich für pragmatische Zielsetzungen in der Sozialpolitik einsetzen, *solange* eine solche Politik der Umverteilung sich nicht dem international angelegten Abhängigkeitsverhältnis (wie z. B. durch die Aussenverschuldung dokumentiert) widersetzt. Das nationale Interesse am Abbau sozialer Ungleichheit wird dem internationalen Interesse der Rohstoffversorgung, Kapitalverwertung usw. untergeordnet.

3. *Politischer Zwang.* Die Institutionalisierung des politischen Systems in Mexiko hat sich in den Jahrzehnten nach der Revolution an der Maxime des absoluten Konsens innerhalb der politischen Elite orientiert. Oft genug beschrieben als Werk der »revolutionären Familie«, hat sich eine Machtstruktur entwickelt, die – obwohl in sich abgekapselt – doch Mechanismen zur Artikulierung von Dissenz und Opposition eingerichtet hat. Politische Inkonformität kann aber nur im Rahmen institutioneller Politik geduldet werden. Herausforderungen, die an den Grundfesten des Konsens rüttelten, sind dementsprechend stets mit repressiven Methoden beantwortet worden.

Die operative Gestaltung des politischen Konsens hat sich in der Form eines korporativistischen Staates niedergeschlagen; natürlich unter mexikanischen Vorzeichen, die aus der Historie begründet werden können. Diese organisatorische Lösung des Machtproblems hat aber auch politische Verhaltensformen entwickelt, die den politischen Opportunismus über die historische d. h. revolutionäre Verpflichtung stellen. Ohne gesamtgesellschaftliche Relevanz oder Bedeutung bleibt die Frage nach dem Abbau sozialer Ungleichheit ohne Antwort von seiten der politischen Macht. Wenn auch eine solche Grundlinie politischer Auseinandersetzung nur schwer auf wesentliche Veränderung reagieren kann, stellt sie doch eine gewisse Stabilitätsgarantie für das politische System dar; wenigstens solange wie die Kanäle gewisser »Mitbestimmung« toleriert werden.

Unter dieser Voraussetzung ergibt sich für den mexikanischen Staat ein Handlungsrahmen, der den Einsatz der Öleinnahmen für eine ausgewogenere Sozialpolitik als ein vorrangig technisches Problem ausweist. Das staatliche Ölmonopol vereinfacht die Entscheidungsfreiheit bei der Umsetzung von sozialpolitischen Zielen in konkrete Programme und Projekte. Dieser Schluss ist aus einer kurzfristigen Perspektive sicherlich richtig. Das beste Beispiel dafür wäre das kurzfristig angelaufene Hilfsprogramm für städtische und ländliche Randzonen (COPLAMAR), das unter der Regierung López Portillo mit zusätzlichen Finanzmitteln den sozio-ökonomisch benachteiligten Schichten unter die Arme greifen sollte. Eine schnelle Umdisponierung von Ressourcen über einen kurzen Zeitraum hinweg ist also für den Staat kein Problem. Längerfristig jedoch ist die staatliche Interventionsmöglichkeit im sozialen Sektor eingeschränkt, da der mexikanische Staat auf ein ganz bestimmtes Entwicklungsmodell festgelegt ist; ein Entwicklungsmodell, das dem Problem der sozialen Ungleichheit nur indirekt beikommt (»trickle-down«-Konzeption). Ein vorbehaltloser Einsatz des Staates im sozialen Bereich stellt sich gegen wirtschaftliche Strukturen, die nur mit weiteren Investitionen aufrechterhalten und erweitert werden können. Die damit verbundenen Interessen begründen einen politischen Rückhalt, der die Frage nach der Verwendung der Ölmilliarden auch als ein zuallererst politisches Projekt charakterisiert. Und in diesem Projekt ist längerfristig der Zwang zum Konsens der bestimmende Faktor.

### Ungleichheit im Ölland Mexiko: Thesen und Perspektiven

Auch wenn man berücksichtigt, dass eine schlüssige Argumentation über die Distanz zwischen strukturell angelegter Ungleichheit und möglichen Handlungsinitiativen des mexikanischen Staates nur schwer geführt werden kann, so heisst das nicht, dass ein solches Unterfangen gänzlich nutzlos ist. Im Sinne gewisser Optionen, die sich durch die zu erwartenden Extramittel des Ölreichtums ergeben, kann man wenigstens ein Szenario entwerfen, das sich in *plausibler* Weise den sozialen, ökonomischen und politischen Gegebenheiten der Entwicklungsperspektiven für das »andere« Mexiko stellt.[3]

Auf dem konkreten Hintergrund sozialer Ungleichheit und historischer Zwänge, können wir zwei Thesen formulieren, die in gewisser Weise die Handlungsoptionen Mexikos für die achtziger Jahre umreissen. Sie unterscheiden sich in der Beurteilung durch eine Reihe von Annahmen über ökonomische und politische Einflüsse, die teilweise von aussen an den mexikanischen Staat herangetragen werden. Weiterhin sind sie so gefasst, dass sie durch ihre Gegensätzlichkeit den Zwang des Staates für die eine oder andere Option noch verdeutlichen.

#### »Business-as-usual«-These:

> Die finanziellen Extramittel aus dem Ölreichtum versetzen den mexikanischen Staat in die Lage, die Verschärfung sozialer Ungleichheit durch verstärkte Subventionspraktiken so abzuschwächen, dass der notwendige politische Konsens erhalten bleibt.

Die steigenden Anforderungen des »rückständigen« Mexikos an die Produktionskapazitäten des »modernen« Mexikos ergeben ein Beziehungsfeld, in dem wichtige Ressourcen für die Entwicklung des letztgenannten Sektors dem ersteren zugesprochen werden müssen — aus Motiven, die vorrangig nicht ökonomischer Art sind. In einer solchen Situation bedeutet die Variable Erdöl ein Handlungsausweg, der die negativen Auswirkungen eines derartig gestalteten Umverteilungsprozesses abschwächen kann. Die Möglichkeit erhöhter Einnahmen, die sich quasi »von selbst« ergeben, beinhaltet auch die Möglichkeit erhöhter Ausgaben, die *parallel* zur existierenden Produktionsstruktur eingesetzt werden *können*. Was Marcos Kaplan als »facilismo petrolero« bezeichnet, drückt sich als interne Entwicklungspolitik in nichts anderem aus als in der Option für nicht produktive Flankierungsmassnahmen im Bereich sozialer Ungleichheit.[4] Dass dabei die sozialen Mißstände verschärft werden, hat nicht unbedingt negative Folgen, *solange* auf mittelfristige Sicht hin die allgemeinen Lebensbedingungen sich nicht verschlechtern.

In diesem Sinne ergibt sich für den Staat als Hauptakteur und Konfliktmanager die Strategie der Grundbedürfnisbefriedigung als pragmatischer Ansatz für eine Politik sozialen Friedens in einem Kontext potentiellen sozialen Unfriedens. Die Subvention von Nahrungsmitteln und sonstigen Versorgungsleistungen elementarer Art garantiert einen minimalen Lebensstandard für die breiten Massen, die auf diese Weise eine relative Verschlechterung ihrer Situation gegenüber den privilegierten Schichten der Bevölkerung nicht unbedingt wahrnehmen müssen (siehe Einkommensverteilung). Weiterhin stützt eine solche Politikausrichtung eine wirtschaftliche Entwicklung, in der die Kosten der Produktion künstlich niedrig gehalten werden können; eine absolute Voraussetzung für das Fortbestehen des aktuellen Entwicklungsmodells. Die Einrichtung von zahllosen Subventionsfonds, ausgestattet mit immer grösseren Mitteln, dokumentiert die »kapitalen« Folgeerscheinungen einer solchen Unterstützungspolitik; d. h. sich masslos steigernde Raten von Kapitalsubsidien, die sich vorerst ohne grosse Schwierigkeiten vom Erdölsektor abzweigen lassen. Zur Illustration einer solchen Tendenz genügt der Fall des Fondo de Garantía y Fomento a la Producción de Productos Básicos mit einem Anfangsbudget von acht Milliarden Pesos, das sich innerhalb eines Jahres auf zwanzig Milliarden Pesos erhöhte.[5]

Eine solche Orientierung bedingt natürlich eine grosse Abhängigkeit sowohl von der Förderkapazität der Ölindustrie als auch vom internationalen Markt, auf dem schliesslich die riesigen Einnahmen erzielt werden sollen. Dass dann Gesichtspunkte rationaler Ausbeutung der einheimischen Ölressourcen den Aspekten der Subventionspolitik untergeordnet werden müssen, sollte auf der Hand liegen. In diesem Sinne kann man schon für die nächsten Jahre einen kräftigen Anstieg der mexikanischen Erdölexporte prophezeien – entgegen allen offiziellen Beteuerungen, denen zufolge die nationale »Produktionsplattform« eingeschränkt bleiben soll.

Aber die Strategie der Grundbedürfnisbefriedigung beschränkt sich nicht nur auf die Subvention von essentiellen Notwendigkeiten, sondern sie beinhaltet auch eine Politikaussage, mit der sich wichtige Entscheidungen über strukturelle Veränderungen vermeiden lassen. Das gespannte Verhältnis zwischen Stadt und Land, industriellem und landwirtschaftlichem Sektor, Produktion und Distribution von Ressourcen im allgemeinen fordert im Falle Mexikos tiefgreifende Veränderungen in der Handhabung von Konflikten, die sich politisch in destabilisierender Weise äussern; und dies besonders in Zeiten einer generellen Wirtschaftskrise, die das bisherige Entwicklungskonzept in Frage stellt. Die Gegensätze zwischen den Sektoren sind nicht aufhebbar, gerade wenn die Maxime des politischen Konsens unter allen Umständen aufrecht erhalten werden soll. Die Verfügbarkeit der Ölmilliarden erlaubt es, Produktionsweisen kapitalistischer und nicht-kapitalistischer Art beizubehalten, um einerseits den Produktionsnotwendigkeiten nachkommen zu können und andererseits aus Gründen der politischen Effizienz dem revolutionären Dogma von »Tierra y Libertad« nicht abschwören zu müssen. So können unter enormen wirtschaftlichen Kosten politische Positionen gehalten werden, die sich auf mittelfristiger Sicht in einer Nichtentscheidung für strukturelle Reformen oder zumindestens in einer Verzögerung von richtungsändernden Entwicklungen ausdrükken. Der Staat erhält die Möglichkeit, wichtige Ressourcen zu »verschwenden«, um im Namen übergeordneter Politikinteressen die alten Machtstrukturen beizubehalten. Die Grundorientierung des Sistema Alimentario Mexicano (SAM) ist ein konkretes Beispiel für einen solchen Kompromiss, wenn man es mit dem später verabschiedeten Gesetz über den Fomento Agropecuario (landwirtschaftliches Förderungsgesetz) verbindet.[6] Die Arbeitsteilung solcherart getrennter und gleichzeitig verbundener Produktionssektoren in der Landwirtschaft garantiert mit Hilfe riesiger Finanzspritzen eine Verbesserung der Nahrungsmittelsituation, ohne dass im wesentlichen die Interessen der kapitalkräftigen Gruppen berührt werden. Die enormen Ölmittel und natürlich die Hoffnung auf genug Zeit müssen für diese Politik herhalten (Wenn auch der Regengott Tlaloc in der Landwirtschaft noch ein gewichtiges Wort mitspricht).

Die Politik des »Business-as-usual« würde auch keine entscheidenden Änderungen für die externen Beziehungen Mexikos bewirken; denn das Entwicklungsmodell vergangener Jahre könnte überleben, ohne dass interne Konsequenzen gezogen werden müssten. Im Hinblick auf die sozialen Ungleichgewichte bedeutet dies, dass die Forderungen der breiten Massen als potentielles ökonomisches und politisches Druckmittel mit den Ölmilliarden neutralisiert werden können.

So stände die Fiktion innerer Stabilität auf finanziellen Füssen, die, obwohl extern gesteuert und damit für den mexikanischen Staat schwer kontrollierbar, vorerst das bisherige Entwicklungsmodell gewährleisten.

In diesem Sinne kann man in einer allgemeinen Schlussfolgerung den Einsatz und Transfer der Mittel aus dem Erdöl für die Minderung sozialer Ungleichheit in der Einrichtung von parallelen Strukturen sehen, die sich neben existierenden Produktionsverhältnissen ansiedeln können. Grundlegende Veränderungen im politischen Gefüge wären vorläufig nicht erforderlich, denn es gäbe immer wieder die Möglichkeit, mit einer geschenkartig verpackten Subventionspolitik den wirtschaftlichen, politischen und sozialen Frieden zu erkaufen. Risiko und Protest würden sich in einer internen Umverteilung erschöpfen, aber nicht grundsätzlich die Verteilungsmechanismen in Frage stellen − genug bliebe ja vom wirtschaftlichen Kuchen übrig.

**»Nichts-geht-mehr«-These:**

> Die finanziellen Extraeinnahmen aus dem Erdöl verschaffen dem mexikanischen Staat die Handlungsfreiheit, durch notwendige strukturelle Veränderungen (Scheitern des desarrollo estabilizador) aus einer Subventionspolitik eine politische Investition zu machen.

Die Veränderungen auf wirtschaftlichem Gebiet sind seit den siebziger Jahren nicht mehr zu verkennen. Die Krise von 1975/76 und ihre bleibenden Auswirkungen haben das soziale Ungleichgewicht verschärft und den mexikanischen Staat unter Druck gesetzt. Die alten Mechanismen des korporativistischen Modells funktionieren nur noch unter erheblichen Schwierigkeiten. Auf dem Lande und in der Stadt haben Gruppierungen ausserhalb des offiziellen Apparats ihre Mitsprache an den Entscheidungen der nationalen Entwicklungspolitik angemeldet. Neue Parteien, unabhängige Gewerkschaften, Campesino-Organisationen und andere »Randgruppen« des institutionellen Politsystems Mexikos nehmen in steigendem Masse Einfluss auf den verschiedensten Ebenen der Politik. Eine Zeit politischen Umbruchs hat begonnen. Die öffentliche Diskussion, die über die Entwicklung des Ölsektors geführt wurde, darf als ein gutes Beispiel für die Dynamik dieses Umbruchs gelten. Gruppen nationalistischer Prägung diskutierten öffentlich über die Implikationen einer »Politik des Ausverkaufs der Ölreserven« gegenüber nationalen und internationalen Interessen. Nicht zuletzt ist vielleicht die Hartnäckigkeit, mit der der Staat die sogenannten Produktionsplattform von 2.75 Mio. b/pd verteidigt hat, auf den Einfluss dieser politischen Randgruppen (auch innerhalb des PRI) zurückzuführen. Auf jeden Fall bleibt die Tatsache, dass neue Modalitäten des Mitspracherechts sich entwickeln, die über die Konzessionen der Reforma Política hinausgehen.

In dieser Phase politischer Umorientierung entsteht Konfliktstoff, der in konjunkturellen Ausnahmesituationen zu Krisen des alten Modells führen kann. Und seit sich als Dauerkrise entpuppt, was wir als Scheitern des datierten Wirtschaftsmodells schon für die Mitte der siebziger Jahre konstatiert haben, ist mit herkömmlichen Antworten wenig auszurichten. Wie das letzte Jahr der Regierung López Portillo so drastisch verdeutlicht hat, vergrössert sich die Distanz zwischen den beiden Mexikos. Eine Inflation von fast 100 % für 1982, Auslandsschulden, deren Bedienung 1983 mehr als 120% des gesamten Exporterlöses ausmachen, Anstieg der Kindersterblichkeit, Unterbeschäftigung und Arbeitslosigkeit von fast 60 % sind Indikatoren für die sich verschärfende soziale Ungleichheit. Die damit verbundene politische Ungleichgewichtigkeit gewinnt in einem Konfrontationskurs Konturen, die durch die neuen Ölmilliarden (selbst wenn sie in der erwarteten Höhe eintreffen) eher verschärft werden. Vor einem solchen Hintergrund geht es im Bereich sozialer Ungleichheit um eine Politik selektiver »Integration«, in der die politische Machtverteilung erst die wirtschaftlichen Handlungsoptionen bestimmt. Im Gegensatz zur ersten These verpflichtet ein solches Szenario den Staat zu einer Strategie der politischen Investition, um den historischen Sozialpakt neu zu legitimieren.

Die Verwendung der Ölmilliarden ist hierbei nicht an direkte ökonomische Kompromisse gebunden, sondern an die konkreten Möglichkeiten, ein breitgefächertes Partizipationsmodell für die am meisten betroffenen Schichten zu entwickeln. Es geht darum, neue Verantwortlichkeiten mit einer Entwicklungspolitik zu verbinden, die eine Erneuerung des politischen Konsens zum Ziele hat. Für diese Vorhaben sind die Extramittel aus dem Erdöl eine willkommene Voraussetzung. Sie geben dem Staat eine Handlungsfreiheit, die aber nicht auf die Schaffung neuer politischer Strukturen zielt, sondern in der Möglichkeit besteht, gewissermassen alte Vorrechte aufzu*kaufen,* um sie dann durch eine Art politischer Umverteilung den marginalen Massen zukommen zu lassen. Der Vorbehalt eines Interessenwiderspruchs, der sich durch die Existenz der zwei Mexikos ergibt, begründet einen Filter politischer Opportunität, die sich im konkreten Fall sogar gegen alteingesessene Privilegien wenden kann. Das Gewicht sozialer Ungleichheit im Zusammenhang mit dem Ölreichtum ergibt also einen Handlungsrahmen des *Quid pro quo,* in dem politische Unterstützung mit ökonomischer Verbesserung vergolten werden kann; und das auf institutionelle Weise im Rahmen organisierter Gruppen oder durch sozial-ökonomische Kriterien identifizierbare Schichten. Ob es sich um eine engagierte Gruppe vom Campesinos in Tabasco handelt, die sich durch die Aktivitäten der staatlichen Ölgesellschaft PEMEX schwer geschädigt fühlt und nach einer gerechten Abfindung ruft. Oder ob es um den städtischen Slumbewohner geht, der sich in seinen materiellen Verbesserungsmöglichkeiten so eingeschränkt sieht, dass die Zukunft ihm ohne Hoffnung zu sein scheint. Oder ob es die heranwachsende Jugend ist, die sich nicht mehr auf den Übergang von der Schule in die Berufswelt verlassen kann. Die Beispiele können vervielfacht werden. Worum es dem Staat als Handlungsakteur gehen muss, ist, die durch die Wirtschaftskrise und Ausgrenzung marginaler Schichten angeschlagenen politischen Loyalitäten neu zu verknüpfen. Der Weg dahin führt über ein neukonzipiertes Partizipationsmodell, das sich insbesondere der Unterstützung des Staates durch die sozial schwachen Gruppierungen versichert, und die Mittel dafür kommen aus den Ölfeldern von Tabasco; natürlich nur, wenn es der internationale Markt und die ausländischen Gläubiger zulassen!

Die »nichts-geht-mehr«-These könnte sich auf konkrete Weise anstatt in einer Art Mitbestimmungsmodell der marginalen Massen auch in einer direkten Repressionspolitik wiederfinden. Beispiele gibt es in zentral- und südamerikanischen Staaten nur genug. Wie würde sich bei stärkeren gesellschaftlichen Belastungen sozialer Ungleichheit das Militär verhalten, wenn der Zugang zu grossen finanziellen Mitteln gewährleistet wäre? Auch auf die Gefahr, die Fehlleistungen akademischer Prognose im Falle Chile zu wiederholen, als man behauptete, die lange Tradition demokratischer Willensbildung in jenem Lande würde eine Militärdiktatur untragbar machen, möchte ich eine solche »Lösung« in Mexiko vorerst als undenkbar halten. Gerade die historische Komponente der Revolution und die damit verknüpften ideologischen Ausrichtungen und politischen Kompromisse stehen dafür ein, dass die Belastbarkeit der mexikanischen Sozialstruktur äusserst gross ist, um dieser »letzten« Möglichkeit politischer Usurpation zu widerstehen. Mit anderen Worte, der Druck sozialer Not im Kontext grosser wirtschaftlicher und politischer Schwierigkeiten, wie es sich gerade heute kundtut, wird sich in der Öffnung der mexikanischen Gesellschaft ausdrücken, wobei die Extramittel aus dem Erdöl zwar von Nutzen, aber nicht entscheidend für einen Erneuerungsprozess sind.

**Schlusswort**

Soziale Ungleichheit als ein ökonomisches Problem, was ihre Ursachen angeht, und ein vorrangig politisches Problem, was ihre Bewältigung angeht, ist im Zusammenhang mit dem neuen Ölreichtum ein Prüfstein für die Flexibilität des mexikanischen Gesellschaftsgefüges. Die Entscheidung für die eine oder andere Option, die entweder auf simple Eindämmung oder auf strukturelle Überwindung der sozialen Not ausgerichtet ist, hängt im wesentlichen von einer Gewichtung der historischen Zwänge ab. Wenn man den Weg des geringsten Widerstandes als einen Leitsatz mittelfristiger Politik ansieht, dann gibt es Anzeichen genug für eine Politik der Subvention »bis zum bitteren Ende«. Sollte aber die politische Belastung aus der Wirtschaftskrise zu gross werden, dann ist auch die Durchsetzung der politischen Investition denkbar. Ob nun die »soft-option« einer Subventionspolitik oder die »hard-option« einer Investitionspolitik die Palette sozialer Ungleichheit attackiert, in jedem Fall sollte klar sein, dass, wie auch von Urquidi vorgetragen, eine solche Lösung nicht nur vom Öl allein abhängt.

1) Die Argumentation des Artikels basiert auf der Annahme, dass Mexiko über grosse finanzielle Mittel aus seiner Ölbonanza verfügen wird und diese auch verwerten kann. Leider scheint sich in letzter Zeit eine völlig andere Situation zu ergeben (siehe auch Artikel von Gabriela Comel), die für Mexiko gehegte Hoffnungen zunichte machen könnte. Die Umkehr des Erdölmarktes von einem Weltverkäufermarkt zu einem Weltkäufermarkt hat eine konjunkturelle Zwangssituation geschaffen, die Förderländer wie Mexiko als Folge einer drastischen Senkung der Ölpreise in grosse Schwierigkeiten bringt. Viele ehrgeizige Entwicklungsprojekte müssen zurückgestellt werden. Trotzdem geht dieser Autor davon aus, dass die aktuellen Schwierigkeiten nicht von anhaltender Dauer sein werden. Die momentane Weltrezession sowie die Sparmassnahmen und die Entwicklung von Alternativenergien werden auf mittlere Sicht nicht den Ölverbrauch so weit senken, dass dieser Energieträger zur Bedeutungslosigkeit herabsinkt.

2) Zu diesem Problem gibt es die verschiedensten Angaben, die alle zwischen 500.000 und 800.000 Arbeitsplätzen pro Jahr schwanken. Die oben genannte Ziffer bezieht sich auf eine Studie des Arbeitsministeriums: Secretaría de Trabajo y Previsión Social, Programa Nacional de Empleo 1979–1982, August 1979.

3) Es soll noch einmal darauf hingewiesen werden, dass die Annahme über die Erdölreserven als direkt verwendbare Ressourcen eine Grundvoraussetzung der Diskussion ausmacht. Es ist auch dem Autor klar, dass zumindest eine zeitliche Verschiebung zwischen Förderung und effektiver Verwertung dieser Ölreserven besteht. Erst der Aufbau einer leistungsfähigen Ölindustrie (der zunächst einmal riesige Investitionen verlangt) schafft die Voraussetzungen für eine Umverteilung von Ressourcen auf andere Sektoren der mexikanischen Gesellschaft.

4) Kaplan, Marcos, »Petroleo y desarrollo«, *Desarrollo Indoamericano,* Vol.XV; Nr.66 (März 1981), S. 17–28

5) *Comercio Exterior,* Vol.31; Nr.10 (Oktober 1981), S.1114.

6) Für eine glänzende Zusammenfassung und eine Kritik, siehe die gesamte Ausgabe: »Crisis agrícola y estrategia alimentaria«, *Nueva Antropología,* Vol.5; Nr.17 (Mai 1981).

# Mexikos Technologieimport: Ansätze zu einer selektiven Kooperationspolitik

**von Christian Pollak**

Wie für andere Entwicklungsländer ist auch für Mexiko eine dualistische Entwicklung kennzeichnend. Urquidi spricht in seinem Beitrag von zwei Mexikos, einem modernen, das der internationalen technischen und wirtschaftlichen Entwicklung folgte, und einem traditionellen, in dem die Mehrheit der Bevölkerung lebt und das von der technischen und wirtschaftlichen Entwicklung der letzten Jahrzehnte ausgeschlossen blieb. Wichtige Grundlage für die Entwicklung des modernen Sektors ist der Import ausländischer Technologie. Dieser Beitrag analysiert die Politik Mexikos im Bereich des Transfers industrieller Technologien und versucht, die Erfahrungen aufzuzeigen, die das Land dabei gemacht hat.

Das Verhältnis zwischen der Entwicklung der mexikanischen Industrie und der des Bildungs- und Forschungswesens als der entscheidenden Grundlage für den Aufbau eines einheimischen technologischen Potentials ist durch eine deutliche zeitliche Verzögerung der letzteren gekennzeichnet. Das bedeutet, dass in Mexiko, ähnlich wie in Brasilien, der Auf- und Ausbau vor allem des technischen Bildungswesens der raschen Industrialisierung erst mit zeitlicher Verzögerung folgte. Katz spricht in diesem Zusammenhang von einer »demand pull«-Situation, im Gegensatz zu einer »supply push«-Situation, wie sie für Argentinien charakteristisch war, das bereits zu Beginn der Industrialisierung über zahlreiche leistungsfähige Bildungs- und Forschungseinrichtungen verfügte.[1] Diese Situation erklärt, warum für die Industrialisierung Mexikos bis heute eine enge Zusammenarbeit mit ausländischen Unternehmen kennzeichnend ist.

**Industrielle Kooperation: Schwerpunkt Direktinvestitionen**

Die häufigste Form der Übernahme ausländischer Technologie sind Direktinvestitionen. Diese spielen vor allem im modernen industriellen Sektor eine grosse Rolle. Bereits frühzeitig führte Mexiko Einschränkungen für die Tätigkeit ausländischer Unternehmen ein. Diese Politik wurde insgesamt jedoch — im Unterschied zu vielen anderen Entwicklungsländern — langsam und vorsichtig vollzogen.[2] Die in den letzten Jahren zu beobachtende kritische Auseinandersetzung mit der Rolle ausländischer Unternehmen ist vor dem Hintergrund der gesamten wirtschaftlichen und sozialen Entwicklung zu sehen, bei der den unbestreitbaren Wachstumserfolgen des modernen Sektors eine zunehmende Marginalisierung breiter Volksschichten gegenübersteht. Ausländische Unternehmen stehen im Mittelpunkt dieser Kritik aufgrund ihrer grossen Bedeutung im industriellen Sektor des Landes. So zeigt eine Untersuchung von 189 Grossunternehmen in Mexiko, die etwa 40 % der gesamten Industrieproduktion auf sich vereinigen, dass allein 90 von ihnen eine ausländische Beteiligung von mehr als 25 % aufwiesen, weitere 54 Unternehmen einheimische Kapitaleigner haben, aber im Rahmen von Kooperationsabkommen ohne Kapitalbeteiligung mit ausländischen Firmen zusammenarbeiten, und 45 Unternehmen ausschliesslich einheimische Kapitaleigner hatten und über keine Form der Zusammenarbeit mit ausländischen Unternehmen verfügten. Besonders deutlich wird diese Kooperationsintensität, wenn man den Umsatz als Messgrösse verwendet: 52 % des Industrieumsatzes entfallen auf Unternehmen mit ausländischer Beteiligung, 37 % auf einheimische Unternehmen, die andere Kooperationsformen unterhalten und nur 11 % auf einheimische Unternehmen ohne Kooperationsvereinbarungen.[3]

Die für ausländische Direktinvestitionen wichtigsten Bestimmungen lassen sich folgendermassen zusammenfassen:[4] Ausländische Direktinvestitionen sind von Wirtschaftsbereichen ausgeschlossen, die entweder dem mexikanischen Staat (Erdöl, Basis-Petrochemie, Elektrizität, Bahn, Nachrichtenwesen) oder ausschliesslich mexikanischen Gesellschaften (Rundfunk, Fernsehen, Transport auf Bundesstrassen, Gasversorgung, Forstwirtschaft) vorbehalten sind. In anderen Wirtschaftszweigen sind ausländische Investitionen dagegen zugelassen; allerdings soll es sich dabei um Minderheitsbeteiligungen bis zu maximal 49 % handeln. In einigen Bereichen muss die mexikanische Beteiligung auch höher als 51 % sein. Diese Bestimmungen werden jedoch flexibel gehandhabt. Ähnlich wie in anderen Entwicklungsländern werden Ausnahmen vor allem dann zugestanden, wenn es sich um besonders komplexe Technologien handelt, die Produktion überwiegend für den Export bestimmt ist oder sich das Unternehmen in förderungswürdigen Regionen niederlassen will.

Hauptziel dieser Einschränkungen ist die Verhinderung einer als zu stark empfundenen Überfremdung. Diese ist erklärlich angesichts des bereits hohen Anteils ausländisch beherrschter Unternehmen an der industriellen Gesamtproduktion, aber auch der Tatsache, dass diese Investitionen vorwiegend aus einem Herkunftsland, den USA, stammen. Durch diese Bestimmungen soll der ausländische Einfluss beschränkt werden, eine Beseitigung ausländischer Direktinvestitionen ist aber nicht beabsichtigt. Generell zeigt sich eine Präferenz für Joint Ventures, bei denen der mexikanische Partner die Mehrheit hält.[5]

Gleichzeitig hat Mexiko auch eine Reihe von Massnahmen getroffen, um ausländische Investitionen ins Land zu holen. Die erforderlichen Genehmigungsverfahren werden rasch abgewickelt, und eine Reihe von wirtschaftspolitischen Zielen wird nicht durch gesetzliche Auflagen erzwungen, sondern mit der Gewährung bestimmter Vergünstigungen (Besteuerung, Importgenehmigungen) gefördert. Wichtige Rahmenbedingungen für ein positives Investitionsklima sind die Rechtssicherheit, das Fehlen einer Enteignungsgefahr sowie die Freizügigkeit im Kapitalverkehr mit dem Ausland.

Darüber hinaus bietet Mexiko ausländischen Unternehmen besondere Investitionsmöglichkeiten, auf die sehr freizügige Sonderbestimmungen anwendbar sind. Dabei handelt es sich um Veredelungsbetriebe, die ausschliesslich für den Export produzieren, die sogenannten »Maquiladoras«. Diese Betriebe, meist Eigentum von Investoren aus den USA, sind hauptsächlich im Norden des Landes angesiedelt, und sie produzieren fast ausschliesslich für den nordamerikanischen Markt.[6] Diese Unternehmen können zu 100 % im Besitz des ausländischen Investors sein. Sie dürfen Investitionsgüter und Vorprodukte zollfrei importieren, unter der Voraussetzung, dass die Endprodukte wieder aus Mexiko ausgeführt werden. Die Gründe für Mexiko, diese Sonderform der Direktinvestition zu fördern und nur minimalen Einschränkungen zu unterwerfen, liegen in den Beschäftigungswirkungen. Der für die ausländischen Investoren entscheidende Grund, Maquiladoras aufzubauen, ist die Nähe zum amerikanischen Markt und das beträchtliche Lohngefälle zwischen Mexiko und den USA. Die Voraussetzung zur Inanspruchnahme dieser Kostenvorteile bildet eine effizient arbeitende administrative (Zollformalitäten etc.) und gut ausgestattete materielle Infrastruktur (Hafenanlagen, Verkehrswege etc.). Ob und wieweit über die direkten Beschäftigungseffekte weiter entwicklungspolitisch positive Effekte (z. B. Ausbildung) von diesen Veredelungsbetrieben ausgehen, ist umstritten.[7]

## Zunehmende Bedeutung von Kooperationsformen ohne Kapitalbeteiligung

Neben Direktinvestitionen spielen in Mexiko Kooperationsformen eine wichtige Rolle, bei denen ausländische Unternehmen über keine Kapitalbeteiligung verfügen.[8] Den Hauptinhalt dieser Kooperationsform bildet die Übertragung ausländischer Technologie. Hierzu zählen vor allem die Vergabe von Know-how- und Patentlizenzen, technische Beratungs- und Ingenieurleistungen sowie die Einräumung von Nutzungsrechten an Warenzeichen. Ähnlich wie Direktinvestitionen unterliegen auch diese Formen der Zusammenarbeit mit ausländischen Unternehmen staatlichen Regelungen.[9] Derartige Verträge unterliegen einer Registrierungspflicht. Nur registrierte Verträge sind rechtlich wirksam. Wichtigstes Ziel der staatlichen Regelungen, die vor allem für mexikanische Unternehmen restriktive Bedingungen ausschliessen, ist es, die Verhandlungsposition dieser Unternehmen gegenüber ihren ausländischen Vertragspartner zu stärken.

Im einzelnen sehen diese Bestimmungen vor, dass Verträge nicht registriert werden und daher rechtlich unwirksam bleiben, wenn
1. die übertragene Technologie in Mexiko frei verfügbar ist;
2. der Preis oder eine andere vereinbarte Gegenleistung in keinem angemessenen Verhältnis zur erworbenen Technologie steht oder eine ungerechtfertigt überhöhte Belastung für die nationale Wirtschaft bedeutet;
3. die Vereinbarung Klauseln enthält, die dem Technologiegeber Eingriffsbefugnisse oder Einflussmöglichkeiten auf die Geschäftsführung des Technologienehmers einräumen;
4. der Technologienehmer verpflichtet wird, dem Technologiegeber entgeltlich oder unentgeltlich von ihm erlangte Patente, Warenzeichen, Neuerungen oder Verbesserungen abzutreten;
5. dem Technologienehmer Beschränkungen hinsichtlich eigener Forschung und Entwicklung auferlegt werden;

6. eine Verpflichtung enthalten ist, Ausrüstungen, Werkzeuge, Teile oder Rohstoffe ausschliesslich von einem bestimmten Anbieter zu beziehen;
7. gegen die Interessen des Landes der Export der durch den Technologietransfer hergestellten Güter und Dienstleistungen beschränkt wird;
8. dem Technologienehmer die Anwendung komplementärer Technologien verboten wird;
9. die Verpflichtung besteht, die hergestellten Güter ausschliesslich dem Technologiegeber zu verkaufen;
10. der Technologiegeber dem Technologienehmer auferlegt, bestimmtes Personal ständig zu beschäftigen;
11. das Produktionsvolumen beschränkt und/oder Preise für Inlandsverkauf oder Export festgelegt werden;
12. der Technologienehmer verpflichtet wird, mit dem Technologiegeber für das Staatsgebiet exklusive Verkaufs- oder Vertretungsverträge abzuschliessen;
13. eine über die maximal gestatteten 10 Jahre hinausgehende Vertragsdauer festgelegt wird;
14. ein ausländisches Gericht für die Regelung von Streitfällen aus dem Vertrag für zuständig erklärt wird.

Bei einigen dieser Bestimmungen können unter Berücksichtigung besonderer Umstände Ausnahmen genehmigt werden. Das gilt für die Bestimmungen 2, 3, 6, 8 bis 12; bei den übrigen sind Ausnahmeregelungen nicht möglich. Ähnlich wie bei Direktinvestitionen werden auch bei diesen Kooperationsformen Ausnahmen vor allem bei besonders förderungswürdigen Vorhaben eingeräumt. Die Förderungswürdigkeit wird vor allem unter regional-, technologie- und ausfuhrpolitischen Gesichtspunkten beurteilt.

Tabelle 1 gibt einen Überblick über die bis einschliesslich 1979 registrierten Abkommen der Unternehmenszusammenarbeit. Unterschieden wird dabei nach der Herkunft der Technologie (Mexiko oder Ausland) und nach der kapitalmässigen Verflechtung zwischen Technologiegeber und -nehmer.

Die Zahlen dieser Tabelle zeigen deutlich die starke Abhängigkeit Mexikos von ausländischer Technologie, denn fast 80 % der Verträge werden mit ausländischen Technologiegebern geschlossen. Stark überdurchschnittlich ist diese Abhängigkeit bei Investitionsgütern und bei dauerhaften Konsumgütern. Die Tabelle zeigt auch, dass mehr als zwei

Drittel der Verträge zwischen kapitalmässig nicht verbundenen Unternehmen abgeschlossen werden. Dabei liegen für Investitionsgüter und dauerhafte Konsumgüter die Anteile der Verträge mit Kapitalverteilung erheblich über dem Gesamtdurchschnitt. Umgekehrt ist das Verhältnis bei strategisch wichtigen Gütern für den industriellen Bedarf. Hier sind staatliche Aktivitäten relativ stark ausgeprägt, und die Bestimmungen hinsichtlich der Kapitalmajorität in mexikanischen Händen sind schärfer gefasst als in anderen Sektoren. Das Ergebnis dieser Politik relativer Unabhängigkeit zeigt sich sowohl in dem gegenüber anderen Branchen höheren Anteil an mexikanischen Technologiegebern als auch im relativ geringen Anteil an kapitalmässig verbundenen Technologiegebern.

Die folgende Tabelle 2 gibt den Inhalt der Kooperationsvereinbarungen für die einzelnen Industriezweige wieder. Dabei geben die Pro-

Tab. 1  Mexikos Verträge der Unternehmenskooperation
(bis 1979 registrierte Verträge)

| Produktgruppen | Anzahl der Verträge | Herkunft der Technologie | | Kapitalbeteiligung | |
|---|---|---|---|---|---|
| | | Mexiko % | Ausland % | ja % | nein % |
| Gesamt | 8.257 | 22 | 78 | 31 | 69 |
| Prioritäre Gruppen | 4.312 | 20 | 80 | 34 | 66 |
| davon: | | | | | |
| Produkte der Agroindustrie | 330 | 31 | 69 | 33 | 67 |
| Investitionsgüter | 887 | 13 | 87 | 43 | 57 |
| Strategische Güter f. d. industriellen Bedarf (a) | 97 | 48 | 52 | 21 | 79 |
| Nicht dauerhafte Konsumgüter | 623 | 24 | 76 | 20 | 80 |
| Dauerhafte Konsumgüter | 689 | 13 | 87 | 43 | 57 |
| Zwischenprodukte | 1.686 | 21 | 79 | 31 | 69 |
| Nicht-prioritäre Gruppen | 3.945 | 27 | 73 | 27 | 73 |

(a) z. B. Stahl, Zement.

Quelle: Dirección General de Inversiones Extranjeras y Transferencia de Tecnología, Anuario Estadístico, Inversion Extranjera Directa, Transferencia de Tecnología, México 1979.

Tab. 2
**Vertragsinhalt der Kooperationsvereinbarungen mexikanischer Unternehmen**
(bis 1979 registrierte Verträge)

| Produktgruppen | Anzahl der Verträge | Patente % | Warenzeichen % | Knowhow % | Technische Beratung % | Engineering % | Andere Dienstleistungen % |
|---|---|---|---|---|---|---|---|
| Gesamt | 8.257 | 19 | 49 | 61 | 48 | 19 | 12 |
| Prioritäre Gruppen | 4.312 | 23 | 46 | 67 | 53 | 24 | 11 |
| davon: | | | | | | | |
| Produkte der Agroindustrie | 330 | 9 | 37 | 50 | 43 | 18 | 16 |
| Investitionsgüter | 887 | 26 | 49 | 68 | 60 | 20 | 13 |
| Strateg. Güter f. d. industr. Bedarf | 97 | 7 | 8 | 62 | 61 | 70 | 14 |
| Nicht dauerhafte Konsumgüter | 623 | 23 | 64 | 61 | 47 | 6 | 10 |
| Dauerhafte Konsumgüter | 689 | 33 | 46 | 72 | 61 | 16 | 10 |
| Zwischenprodukte | 1.686 | 20 | 40 | 69 | 51 | 33 | 10 |
| Nicht-prioritäre Gruppen | 3.945 | 13 | 55 | 52 | 37 | 10 | 14 |

Quelle: Dirección General de Inversiones Extranjeras y Transferencia de Tecnología, Anuario Estadístico, Inversion Extranjera Directa, Transferencia de Tecnología, México 1979.

zentzahlen in den einzelnen Spalten den Anteil an, den dieser Vertragsinhalt an der Gesamtzahl der Verträge hat. Die Summe liegt dabei über 100, da Verträge mehrere Übertragungsarbeiten zum Inhalt haben können. Im Durchschnitt kommen auf einen Vertrag zwei verschiedene Kooperationsformen. Deutlich dominiert die Übertragung von Know-how, gefolgt von der Überlassung von Warenzeichen und technischer Beratung. Wesentlich geringere Bedeutung haben Patentlizenzen und Engineeringleistungen, vor allem aber die sonstigen Dienstleistungen. Zu letzteren zählen Ausbildungs- und allgemeine Managementleistungen.

Die Häufigkeit der einzelnen Vertragsinhalte zeigt erhebliche Unterschiede zwischen den einzelnen Industriezweigen: Patent- und Know-how-Lizenzen dominieren bei technisch anspruchsvollen Produkten wie dauerhaften Konsum- und Investitionsgütern, bei denen die Auslandsabhängigkeit generell starkt ausgeprägt ist. Die Überlassung von Warenzeichen ist bei nicht dauerhaften Konsumgütern und allgemein bei nicht prioritären Industrieprodukten häufigster Bestandteil von Kooperationsvereinbarungen. Stark ausgeprägt ist die selektive Kooperationspolitik im Bereich der strategisch wichtigen Güter für den industriellen Bedarf. Die Hersteller dieser Produkte kooperieren in geringerem Umfang als die anderer Branchen mit ausländischen Firmen und begrenzen ihre Zusammenarbeit, neben dem Bezug von Patent- und Know-how-Lizenzen, meist auf spezifische, zeitlich begrenzte technische Beratungen und auf Ingenieurleistungen.

Bei der Beurteilung der Kooperationspolitik Mexikos mit ausländischen Unternehmen stehen sich zwei gegensätzliche Auffassungen gegenüber: Zugunsten einer restriktiven Kooperationspolitik werden meist Erfahrungen aus zwei Bereichen genannt, in denen der Wunsch oder Druck, eine gewisse Unabhängigkeit vom Ausland zu erreichen, eine erfolgreiche technische Entwicklung in Mexiko ausgelöst hat. In der Stahlindustrie entwickelte das mexikanische Unternehmen Hojalata y Lamina gemeinsam mit dem amerikanischen Unternehmen Kellog das Direktreduktionsverfahren, bei dem Erdgas eingesetzt wird, um hochwertiges Erz direkt – ohne Hochofen – zu Eisenschwamm zu reduzieren. Den Anstoss zu dieser Entwicklung gab das Bestreben, von der Einfuhr von Kohle und Schrott aus den USA unabhängig zu werden.[10] Ein anderes Beispiel betrifft den Erdölsektor. Nach der Verstaatlichung der Ölförderung und -verarbeitung zwang der Boykott der ausländischen Ölkonzerne Mexiko, sich das erforderliche Know-how selbst anzueignen und weiterzuentwickeln. Heute ist Mexiko nur noch vereinzelt gezwungen, Unteraufträge für Teilleistungen zu vergeben.[11]

Dem wird entgegengehalten, dass in weiten Bereichen der Industrie das technologische Potential Mexikos noch sehr gering ist. Die angewandte technische Forschung und Entwicklung konzentriert sich hauptsächlich auf staatliche Institutionen und auf den staatlichen Industriebereich wie die Petrochemie. Die mexikanische Privatindustrie hingegen bringt nur geringe Aufwendungen für Forschung und Entwicklung auf und bevorzugt den Import ausländischer Technologie durch verschiedene Kooperationsformen.[12] Ergänzt werden muss diese Politik der Zusammenarbeit durch eine gezielte staatliche Förderung der einheimischen angewandten Forschung und Entwicklung. Diese Förderung des nationalen Technologieangebots erfolgt durch die

Bildung von Planungskapazitäten, durch staatliche oder halbstaatliche Technologieinformationsstellen, durch Forschungsaufträge an die Privatindustrie sowie durch steuerliche Anreize zur Forschung und Entwicklung in privaten Industriebetrieben.[13]

Die Bestimmungen über die Kooperation mit ausländischen Unternehmen werden in Mexiko, anders als etwa in Indien, nicht zur Begrenzung der internationalen Unternehmenszusammenarbeit eingesetzt, sondern sie sollen in erster Linie einen Kooperationsmissbrauch zu Lasten des mexikanischen Partners verhindern.

Diese Hauptfunktion zeigt sich deutlich, wenn man die Gründe untersucht, die einer Ablehnung der Registrierung von Kooperationsverträgen zugrundeliegen.[14] Bei insgesamt 856 ablehnenden Bescheiden in den Jahren 1973 bis 1975 war der Hauptgrund ein überhöhter Preis für die vom ausländischen Partner zu erbringenden Leistungen (80 % der Fälle), an zweiter Stelle lag eine zu lange Laufzeit (40 % der Fälle), in jeweils etwa 20 % der Fälle lagen andere Restriktionen vor, wie Vereinbarung eines nicht-mexikanischen Gerichtsstandes, Beschränkungen hinsichtlich des Produktionsvolumens, Exportbeschränkungen etc. Auffallend gering war der Verstoss gegen die Bestimmungen, die den Bezug von Rohstoffen, Investitionsgütern etc. regeln (8 %).[15]

Nach Aussagen der Generaldirektion für ausländische Investitionen und Technologietransfer sind Abkommen, die abgelehnt werden müssen, mittlerweile selten geworden. Während nach dem ursprünglichen Inkrafttreten der mexikanischen Bestimmungen bei etwa 90 % der vorgelegten Abkommen ein Anlass zu Beanstandungen vorgelegen habe, sei dies jetzt nur noch bei 10 % der Aufträge der Fall. Hieraus wird seitens der Mexikanischen Behörden geschlossen, dass die Bestimmungen durchaus erfüllbar sind, sich die Unternehmen dieser Politik anpassen können und aussichtslose Verträge von vornherein nicht gestellt werden.

Diese Beurteilung muss aber etwas eingeschränkt werden. Bei zahlreichen Bestimmungen ist eine Festschreibung im Vertrag nicht unbedingt erforderlich, um die Bedingung tatsächlich durchzusetzen. So können beispielsweise bei Lizenzabkommen Produktspezifikationen so geartet sein, dass vom Lizenzgeber Vorprodukte bezogen werden müssen, um eine entsprechende Qualität des Endproduktes sicherzustellen. Dies muss, um wirksam zu sein, nicht unbedingt im Vertrag niedergelegt werden. In diesem Fall beschränkt sich die Wirkung der Bestimmungen nur darauf, dem ausländischen Technologiegeber ein

De-jure-Liefermonopol zu verweigern, die Möglichkeit eines De-facto-Monopols hingegen wird davon nicht berührt. Dies gilt nicht nur für Beschränkungen hinsichtlich der Lieferung von Vorprodukten, sondern auch für andere Einschränkungen. Insbesondere bei Kapitalbeteiligungen, die einen direkten Einfluss des ausländischen Partners auf das Management der Mexikanischen Unternehmen implizieren, ist es meist relativ leicht, auf vertragliche Regelungen zu verzichten, da der Einfluss im Management ausreicht, um die damit verbundenen wirtschaftlichen Ziele zu erreichen.[16]

Zweifellos haben die mexikanischen Bestimmungen dazu beigetragen, die mit dem Technologietransfer verbundenen Kosten für die beteiligten mexikanischen Firmen zu senken. Darüber hinaus gibt die zentrale Registrierung die Möglichkeit, dass sich Regierungsstellen einen Überblick über die vertraglich vereinbarten Bestimmungen verschaffen. Durch entsprechende Anwendung der Bestimmungen und vor allem auch durch eine entsprechende Information der mexikanischen Unternehmen kann für diese die Transparenz des Technologiemarktes erhöht werden. Dies ist eine entscheidende Voraussetzung zur Verbesserung der Verhandlungsposition einheimischer Unternehmen. Eine wichtige Rolle spielt in diesem Zusammenhang auch der Erfahrungsaustausch, den vor allem die Länder Lateinamerikas auf diesem Gebiet pflegen.[17]

Aus der Sicht der mexikanischen Unternehmen sprechen vor allem die folgenden Gesichtspunkte für eine Entscheidung zugunsten einer Kooperation mit Kapitalbeteiligung: Auf der einen Seite bietet der ausländische Partner durch seine Beteiligung eine höhere Sicherheit für den Erfolg des Vorhabens. Als zweiter Grund kommt bei vielen mexikanischen Unternehmen auch die Knappheit an Eigenkapital hinzu. Demgegenüber besteht eine gewisse Befürchtung vor allem bei mittleren mexikanischen Unternehmen, nach der Hereinnahme eines ausländischen Partners nicht mehr Herr im eigenen Haus zu sein. Dem wird dadurch Rechnung getragen, dass der ausländische Partner sich nicht am bestehenden mexikanischen Unternehmen beteiligt, sondern in den meisten Fällen ein gemeinsames Unternehmen neu gegründet wird. Dadurch wird vermieden, dass der ausländische Partner einen Einfluss auch auf Geschäftstätigkeiten erlangt, die mit dem Zweck der Partnerschaft in keinem unmittelbaren Zusammenhang stehen.

Besonders deutlich zeigt sich diese Absicherung mexikanischer Unternehmen bei Konsumgütern oder anderen Produkten, bei denen die Verwendung von Warenzeichen besonders bedeutend ist. Durch die ausländische Beteiligung in Verbindung mit der Nutzung des Warenzeichens will man der ausgeprägten Präferenz der mexikanischen Konsumenten für ausländische Produkte entgegenkommen. Um diese Präferenz zu beschränken und langfristig abzubauen, muss neben der ausländischen auch eine mexikanische Handelsmarke verwendet werden.[18] Ausser dieser marktbedingten Präferenz für eine Beteiligungskooperation ist bei neuen und einem raschen technischen Wandel unterworfenen Technologien der Wunsch nach einer kontinuierlichen Übernahme neuer Entwicklungen in Form von Produkt- oder Verfahrensverbesserungen für die Art der Zusammenarbeit ausschlaggebend. Die anderen, loseren Formen der Zusammenarbeit bieten nach Meinung vieler mexikanischer Unternehmen keine ausreichende Gewähr dafür, langfristige Bindungen, die für den Erfolg des Vorhabens ausschlaggebend sind, herzustellen.

**Schlussfolgerungen und Ausblick**

Die mexikanische Politik des Technologieimports sowohl über Direktinvestitionen als auch über andere Kooperationsformen ohne Kapitalbeteiligung lässt sich zusammenfassend folgendermassen kennzeichnen: Hauptziel der Bestimmungen ist das Verhindern missbräuchlicher Vertragsbestimmungen, die allein zu Lasten des mexikanischen Partners gehen, und damit verbunden eine allgemeine Stärkung seiner Verhandlungsposition gegenüber ausländischen Unternehmen. Darüber hinaus soll sowohl durch Auflagen als auch durch Incentives eine Anpassung der Aktivitäten ausländischer Unternehmen an die mexikanische Entwicklungspolitik erreicht werden. In diesem Sinne kann man diese Politik als selektiv bezeichnen.

Im Gegensatz zu vielen anderen Entwicklungsländern, wie zum Beispiel Indien, setzt Mexiko sein Instrumentarium aber kaum so intensiv ein, dass davon ein starker Druck zur Bevorzugung einheimischer Technologie gegenüber ausländischem Import ausgeht. Dafür dürften vor allem zwei Gründe ausschlaggebend sein. Zum einen wird das lokale technologische Potential in vielen Bereichen für nicht ausreichend erachtet, um einen Import von Technologie bereits kurzfristig überflüssig zu machen. Erst ein höheres Niveau des nationalen Angebots würde – so wird häufig argumentiert – eine restriktivere Kooperationspolitik ermöglichen. Ohne diese Voraussetzungen würde deren

Effekt lediglich darin bestehen, dass technische Neuerungen aus dem Ausland durch inländische nicht ersetzt würden, sondern ganz unterblieben. Der zweite Grund, eine Bevorzugung der einheimischen Technologie nur allmählich und vorsichtig anzustreben, liegt in den ehrgeizigen entwicklungspolitischen Zielen, möglichst rasch ein breites industrielles Potential aufzubauen. Das bedeutet, dass hohe Wachstumsziele der Industrieproduktion es nicht immer erlauben, auch den Grossteil der Faktoren im Land selbst zu entwickeln, die dieses Wachstum erfordert. Hier liegen sicherlich für Mexiko Gefahren, die auch für die Entwicklung anderer Ölländer charakteristisch sind. Die Verfügbarkeit einer Ressource, die dem Land für umfangreiche Investitionen Devisen bringt, kann allzu leicht zu einer Politik führen, die versucht, den grossen Sprung von einer traditionellen Gesellschaft in eine Industriegesellschaft schnell zu vollziehen. Gefährlich kann diese Politik dann werden, wenn einem starken ausländischen Beitrag keine adäquate Entwicklung der einheimischen Sektoren gegenübersteht. Dabei allerdings ist der Bereich der Technologie, der auf einem leistungsfähigen Bildungs- und Forschungswesen beruht, nur einer unter vielen.

---

1) Vgl. J.Katz, Technological Change, Economic Development and Intra and Extra Regional Relations in Latin America, IDB/ECLA Research Programme in Science and Technology, Working Paper No. 30, Oct. 1978, S. 13.

2) Im einzelnen vgl.: A. J. Halbach, R.Osterkamp, J.Riedel, Investitionspolitik der Entwicklungsländer und deren Auswirkung auf das Investitionsverhalten deutscher Unternehmen, Forschungsauftrag für das Bundesministerium für Wirtschaft, München November 1980, S. 117 ff.

3) Vgl. R. Jenkins, Transnational Corporations and Their Impact on the Mexican Economy, Development Studies Discussion Paper No. 43, Feb. 1979, S. 8 ff. Zur Rolle ausländischer Unternehmen in Mexiko siehe auch: K. Matthies, Transnationale Unternehmen in Mexiko, Hamburg 1977.

4) Vgl. Secretaría de Patrimonio y Fomento Industrial, How to Promote Mexican Investment and Regulate Foreign Investment, 4. Aufl., Mexiko 1980.

5) Vgl.: C. Quintana, Redeployment from Developed to Developing Countries: The Case of Mexico, UNIDO, I/WG.315/4, 1979, S. 13.

6) Ursprünglich war die Errichtung von Maquiladoras auf den nördlichen Grenzstreifen beschränkt. Inzwischen wurden die verwaltungs- und zolltechnischen Voraussetzungen auch für die Errichtung in anderen Landesteilen geschaffen.

7) Vgl.: UNCTAD, Seminar on North-South Complementary Intra-Industry Trade, El Colegio de Mexico, July 1979, Director's Report.

8) Zur Politik der Entwicklungsländer gegenüber Kooperationsformen ohne Kapitalbeteiligung und deren Beurteilung durch deutsche Unternehmen vgl.: C.Pollak, Neue Formen internationaler Unternehmenszusammenarbeit ohne Kapitalbeteiligung, München 1982.

9) Vgl. Deutsch-Mexikanische Industrie- und Handelskammer, Das mexikanische Recht des Technologie-Transfers, 2. Aufl., Mexiko 1980.

10) Vgl. P. Judet, Iron and Steel Industry and Transfer of Technology -Concerning the Direct Reduction Process, in: D. Ernst (Ed.), The New International Division of Labour, Technology and Unterdevelopment − Consequences for the Third World, Frankfurt 1980, S. 307 ff.

11) H. Michel, Mexiko: Aufstieg zur Ölmacht, in: Ifo-Schnelldienst, Nr. 5/1979, S. 20 ff.

12) Vgl. M. S. Wionczek, Science and Technology Planning Problems in a large Circum-Caribbean Country (Mexiko), in: D. B. Thomas and M. S. Wionczek (Eds.), Integration of Science and Technology with Development / Caribbean and Latin American Problems in the Context of the United Nations Conference on Science and Technology for Development, New York 1980, S. 220 ff.

13) Vgl. Consejo Nacional de Sciencia y Tecnología (CONACYT), Programme national de science et de technologie 1978−1982, Mexiko 1979.

14) Vgl. A. Nadal Egea, Instrumentos de política científica y tecnológica en México, México 1977, S. 148 ff.

15) Da bei einzelnen Abkommen oft mehrere Ablehnungsgründe gegeben sind (insgesamt 2.134 Ablehnungsgründe für 856 Ablehnungsbescheide), beträgt die Summe der Anteile mehr als 100.

16) Vgl. A. Nadal Egea, a. a. O., S. 151 f.

17) Vgl. E. Aquilar, »Mexico − Criteria for Measuring Cost-Benefits for Foreign Technology«, und J. Alvarez Soberanis, »Mexico, − Technology Transfer and Development«, in: R. E. Driscoll and H. W. Wallender III (Eds.), *Technology Transfer and Development: An Historial and Geographical Perspective*, New York 1975, S. 146 ff. und S. 163 ff.

18) Vgl. I. Peters, The New Industrial Property Laws in Mexico and Brasil − Implications for MNCs, in: Columbia Journal of World Business, Vol. 12. 1977, No. 1, S. 70 ff.

# Staat und Politik nach dem Boom

von Volker Lehr

Der mexikanische Erdölreichtum erlangt sowohl extern als auch intern seine besondere Trag- und Entwicklungsfähigkeit angesichts der politischen Stabilität, die das Land vor anderen erdölexportierenden Ländern auszeichnet.

## 1. Grundbedingungen mexikanischer Stabilität

Ein die Stabilität begünstigender Faktor ist die Nachbarschaft zu den USA, die aus sicherheitspolitischen und wirtschaftlichen Gründen ein vitales Interesse daran haben, dass ihr südlicher Anrainer, mit dem sie eine über 3000 km lange Grenze teilen, letztlich gefestigte Verhältnisse aufweist. Freilich konnten manche US-amerikanischen Mexiko-Berichte und Darstellungen US-amerikanischer Medien über das Nachbarland, an denen unter anderem auch der US-Botschafter in Mexiko mitwirkte, in Mexiko Anlass geben, an eine konzertierte Diffamierungs- und Destabilisierungskampagne zu glauben. Die vor dem mexikanischen Regierungswechsel 1982 in den USA unverhohlen vertretene »Iran-next-door«-Befürchtung entspringt wohl zum einen einer erhöhten Sensibilisierung als Folge der Entwicklung im Iran, der die westliche Führungsmacht in all ihrer kulturellen Verständnislosigkeit unvorbereitet ausgeliefert war. Zum anderen aber erfüllt die breite öffentliche Diskussion der »Iranisierungs-These« (man spricht auch von »Zentralamerikanisierung«) die Funktion, Druck auf die Gestaltung der mexikanischen Regierungspolitik für das nächste Sexennium (1982 – 1988) auszuüben. Die konjunkturell geprägte Druckausübung seitens der USA bezweckt aber nicht, die mexikanische Politik zu destabilisieren, sondern vielmehr, sie auf Anpassungskurs zu bringen; insbesondere zielen die Pressionen darauf ab, Mexikos Eigenständigkeit im zentralamerikanisch-karibischen Raum zu stutzen. Soviel

Schwierigkeiten die Nachbarschaft zu den Vereinigten Staaten auch mit sich bringt, der sog. nordamerikanische »Sicherheitsschatten« bleibt als externer Faktor für die politische Stabilität Mexikos eine entscheidende Konstante.

Einen vielleicht noch gewichtigeren Faktor stellt allerdings die bislang immer wieder erwiesene politische Kapazität des mexikanischen Regimes dar, sich mit einem äusserst elastischen Autoritarismus die notwendige interne Unterstützung zu sichern. Das Regime gründet sich im wesentlichen auf eine ausgesprochen machtvolle Exekutive und eine offizielle Partei, den Partido Revolucionario Institucional (PRI). Seit über 50 Jahren versteht das PRI-Regime, das aus der ersten grossen Revolution des 20. Jahrhunderts hervorgegangen ist, die Macht zu bewahren und unter Beachtung des strikt eingehaltenen Prinzips der »no reelección« (Nicht-Wiederwahl) für einen äusserst regelmässigen konstitutionellen Regierungswechsel – wohlgemerkt stets innerhalb der eigenen Reihen – zu sorgen. Es ist geradezu ein Gütezeichen der hochgradigen Institutionalisierung des politischen Systems Mexikos, dass seit 1934 alle sechs Jahre jeweils am ersten Julisonntag der Präsident gewählt wird und am folgenden 1. Dezember das Amt von seinem Vorgänger übernimmt – eine angesichts der in Mexiko herrschenden kulturellen Gepflogenheiten aussergewöhnlich präzise Regelmässigkeit.

## 2. Die wirtschaftlich-soziale Ausgangslage der Regierung Miguel de la Madrid

Die Entwicklung Mexikos in den verbleibenden achtziger Jahren wird von der Administration des Präsidenten Miguel de la Madrid Hurtado bestimmt, dessen Amtsperiode vom 1. 12. 1982 bis zum 1. 12. 1988 dauert. Seine Ausgangssituation ist kaum als günstig zu bezeichnen; welche Probleme zu bewältigen sind, lässt sich an einigen Indikatoren mit der Merkzahl »80« aufweisen: Der Dollarwechselkurs kletterte von Januar bis August 1982 von 26 auf über 80 Pesos; für 1982 rechnet man mit einer Inflationsrate nahe 80 % (1981: 29 %); im selben Jahr nimmt Mexiko die Spitzenposition unter den Schuldnerländern ein, laut offiziellen Angaben wird der Schuldenberg (25 % PEMEX-Anteil, 50% sonstiger öffentlicher Anteil, 25 % privatwirtschaftlicher Anteil) auf über 80 Mrd. US-Dollar anwachsen (1981: 52,5 Mrd. US-$), was fast der Hälfte des mexikanischen Inlandprodukts entspricht. Nach Schätzungen mexikanischer Privatbanken und unabhängiger Wirtschaftswissenschaftler belaufen sich die Auslandschulden sogar auf 90 Mrd. US-$. Last not least wird Mexiko selbst bei einer weiteren Senkung des Bevölkerungswachstums während der Amtszeit Miguel de la Madrids die 80-Mio.-Einwohnergrenze überschreiten (1980: knapp 70 Mio. Einwohner).

Um der Krise Herr zu werden, bleibt der Regierung Miguel de la Madrid kaum etwas anderes übrig, als massiv auf die Erdölressourcen (1981: 72 Mrd. Fass nachgewiesene Reserven) zurückzugreifen, was ungefähr einer Cortison-Therapie gleichkommt. Die Erdöl-Euphorie, die zu Beginn des letzten Sexenniums (1976 – 1982) ausbrach und auch von ausländischen Wirtschaftskreisen geschürt wurde, aber noch in der hochgesteckten, kaum einlösbaren mexikanischen Erwartung eines realen(!) jährlichen BIP-Wachstums von 8 % nachhallt (vgl. Urquidi-Manuskript, S. 17), ist der Ernüchterung gewichen: Aus der vermeintlichen Tugend ist eine bittere Notwendigkeit geworden. Denn anstelle der hochfliegenden Pläne, den Erdölreichtum in das Entrée zum Club der hochindustrialisierten Länder umzumünzen, geht es zumindest vorläufig darum, einer Südamerikanisierung der mexikanischen Wirtschaft, die besonders augenfällig im Anstieg der Teuerungsrate wird, Einhalt zu gebieten.

Die wirtschaftspolitische Manövriermasse des mexikanischen Staats, der seinem Selbstverständnis zufolge »rector de la economía« in einem gemischten Wirtschaftssystem ist, hat in der überhitzten Erdölkonjunktur und der Folgerezession durch die Ausweitung des öffentlichen Petro-Sektors, durch die Stützung der Gruppe Alfa, des grössten und mit 2,3 Mrd. US$ (Stand: August 1982) am höchsten verschuldeten privaten lateinamerikanischen Wirtschaftskonsortiums, und den Aufkauf der Aktienmehrheit der privaten Fluglinie Mexicana, deren rote Zahlen sich auf fast 500 Mio. US$ summieren, weiter zugenommen[1]. Der Gefahr, dass sich die Erdölgesellschaft PEMEX zum Staat im Staate entwickelt, wurde 1981 mit der Entlassung ihres Generaldirektors, Díaz Serrano, des Hauptverantwortlichen des Expansionsprogramms, bis auf weiteres zuvorgekommen.

Zur allmählichen Behebung der Finanzmisere ist eine verstärkte Umleitung der Erdöleinnahmen in den Schuldendienst vonnöten, was im Inneren eine Einschränkung der wirtschafts- und sozialpolitischen Steuerungs- und Reformfähigkeit des mexikanischen Staates zur Folge hat. Die Grenzen für eine umfassende und expansive staatliche Entwicklungsplanung, wie sie im »Globalen Entwicklungsplan 1980 – 82« (den Miguel de la Madrid massgeblich mitentwickelt hat) vorgesehen war, sind – ungeachtet des beträchtlich gewachsenen öffentlichen Wirtschaftsanteils – vorläufig äusserst eng gesteckt. 1982 wurde der gesamte öffentliche Sektor von Haushaltskürzungen betroffen; so sanken die Ausgaben für Lehre und Forschung real um etwa ein Viertel. Das Programm COPLAMAR-IMSS, das die Einbeziehung der marginalisierten ländlichen Zonen, des sog. »anderen Mexikos«, in das nationale Sozialversicherungsnetz zum Ziele hat, kämpft angesichts der Finanzierungsengpässe mit erheblichen Schwierigkeiten. Der Staat wird seine knapp gewordenen Ressourcen im ländlichen Bereich auf die Fortführung des erfolgreich gestarteten nationalen Lebensmittelprogramms, des »Sistema Alimentario Mexicano« (SAM) von 1980, konzentrieren müssen. Mit dem SAM, einem gross angelegten Koordinations- und Förderprogramm, das staatliche Risikobeteiligung, Kredite, Zuweisung von Düngemitteln für Kleinbauern u. ä. m. vorsieht, soll insbesondere die Produktion von Grundnahrungsmitteln gesteigert werden, die seit der zweiten Hälfte der siebziger Jahre zunehmend eingeführt werden mussten und einen ansehnlichen Teil der Erdölgewinne aufzehrten. Obwohl das Handelsministerium im August 1982 die Preise für Brot und Tortillas (Maisfladen) verdoppeln liess, werden sich nach offiziellen Schätzungen die Subventionen dieser beiden Grundnahrungsmittel am Jahresende auf 41,3 Mrd. Pesos belaufen. Trotz gleichzeitiger Strompreiserhöhungen werden die Subventionen des Elektrizitätssektors gar 98 Mrd. Pesos erreichen. Exemplarisch mögen diese Sachverhalte zum einen die reduzierten wirtschaftspolitischen Gestaltungsmöglichkeiten zu Beginn der Administration Miguel de la Madrid verdeutlichen, zum anderen weisen sie auf die Verschärfung der sozialen Situation hin. Denn durch die z. T. dreistelligen Preissteigerungen bei elementaren Bestandteilen des Warenkorbs wird die Schrumpfung der Realeinkommen, die schon seit 1976, dem Beginn der Amtszeit der Regierung López Portillo, zu beobachten war, erheblich beschleunigt. Hinzu kommt, dass die Rezession (für 1982 erwartet man einen Rückgang des Pro-Kopf-Einkommens) und die unausweichliche Austeritätspolitik Arbeitslosigkeit und Unterbeschäftigung in die Höhe schnellen lassen. Sollte eine Tendenzwende auf längere Zeit ausbleiben, ist zu bezweifeln, ob die in den PRI inkorporierten Gewerkschaften den Unmut der Arbeiter noch weiter unter Kontrolle halten können, vor allem dann, wenn mit dem staatstragenden greisen »Don Fidel« Velázquez (Jahrgang 1900) die seit vier Jahrzehnten charismatisch herrschende Führerpersönlichkeit der organisierten Arbeiterschaft einmal ausfallen sollte. Auch auf dem Lande könnte sich ein sozialer Sprengstoff ansammeln, dessen Entschärfung kaum noch möglich wäre.

Gewiss, es ist eine nahezu zyklische Erfahrung in Mexiko, dass zum Sexenniumswechsel das Wirtschaftswachstum zurückgeht und danach wieder ansteigt. Doch 1982 scheinen die strukturell gewachsenen Faktoren weit wesentlicher ins Gewicht zu fallen als die üblichen konjunkturellen Momente. Im Unterschied zum Krisen- und Abwertungsjahr 1976, in dem López Portillo das Präsidentenamt von Echeverría übernahm und auf ein weitgehend unausgeschöpftes, wohl gehütetes Erdölreservoir zur Krisenbewältigung zurückgreifen konnte, zeichnete sich zum Regierungswechsel 1982 keine deutliche Möglichkeit einer bislang ungenutzten Wachstumsachse ab [2]. Die Regierung Miguel de la Madrid erwartet eine schwierige Gratwanderung zwischen ökonomischer Konsolidierung und sozialer Zumutbarkeit.

### 3. Die neue politische Elite Mexikos

Dem Dilemma, wirtschaftlich zu konsolidieren ohne sozial zu destabilisieren, stellt sich mit Miguel de la Madrid ein Vertreter der dritten Generation mexikanischer Präsidenten, die aus der Revolution hervorgegangen ist.

Die erste Generation wurde von caudillos gebildet, von Politikern, die sich militärische Meriten auf dem Schlachtfeld der Revolution erworben hatten. Ihr letzter Vertreter war General Cárdenas, der während seiner Regierungszeit (1934 – 1940) die Erdölindustrie verstaatlicht hatte. Nach dem Übergangspräsidenten General Avila Camacho (1940 – 1946), der ohne sonderliche Kampferfahrung in der Militärbürokratie aufgestiegen war, bestimmte die zweite Generation, die der eigentlichen Politiker, die Entwicklung des Landes.

Bevor sie an die Staatsspitze gelangten, hatten sie alle Erfahrungen sowohl in Partei- als auch in Wahlämtern gesammelt. Den Übergang zur dritten Generation stellte Echeverría (1970 – 1976) dar, der zuvor zwar Posten in PRI, unter anderem das Amt des »oficial mayor« (Geschäftsführer), und das politisch wichtige Amt des Innenministers, aber nie ein Wahlamt ausgeübt hatte.

Nach López Portillo (1970–1976) erhält mit Miguel de la Madrid der zweite reine »técnico« ohne vorherige Erfahrung in Partei- und Wahlämtern die Präsidentenwürde. Der 1934 geborene de la Madrid, der vor seiner Wahlkampagne Planungs- und Haushaltsminister war, hat wie die meisten Vertreter der neuen politischen Elite Mexikos seine Karriere als gutausgebildeter Technokrat (Jura-Studium an der mexikanischen Nationaluniversität UNAM, Master-Grad in »public administration« an der Harvard Universität) in der öffentlichen Verwaltung und im Staatsapparat gemacht. Es ist bezeichnend, dass von den 28 Arbeitsgruppenleitern, die de la Madrid zur Erstellung seines Regierungsprogramms berufen hat, nur vier auf eine politische Karriere verweisen können. Indes haben alle 28 Koordinatoren ein Universitätsstudium absolviert (davon 13 Wirtschafts- und Finanzwissenschaften, 9 Jura), sechzehn sogar ein Postgraduierten-Studium im Ausland. Reibungen zwischen der immer mehr zurückgedrängten traditionellen politischen Elite und der neuen Elite von Technokraten, die sich aus dem öffentlichen Sektor (kaum aus der Privatwirtschaft!) rekrutiert, sind nicht auszuschliessen. Auf Kritik in der Öffentlichkeit stösst die anhaltende Camarilla-Mentalität: Allein zwölf der knapp 300 PRI-Abgeordneten der 52. Legislaturperiode (1982 – 1985) sind unmittelbare Studienkollegen des neuen Präsidenten.

Schwerwiegendere Folgen für die Funktionstüchtigkeit des mexikanischen Systems, das zu seiner Grundausstattung ein breites Angebot politischer Aufstiegschancen und eine entsprechend hohe politische Mobilität zählt, könnten sich womöglich daraus ergeben, dass sich die herrschende Elite der sog. »familia revolucionaria« in eine auf verwandtschaftliche Banden begründete »nobleza revolucionaria« mit quasi ererbten Ansprüchen auf politische Führungspositionen zu verwandeln droht.

### 4. Die Wahlen von 1982

Vorläufig hat das Mexikanische System indes Rückhalt durch die Wahlergebnisse von 1982 erhalten. Insbesondere ist es gelungen, den auf das Parteiensystem entfallenden Stimmenanteil, der sich als *diffuse Systemunterstützung* interpretieren lässt und der seit den fünfziger Jahren erheblich gefallen war, wieder zu steigern. Beim vergangenen Sexenniumswechsel, 1976, stimmten 58,3 % der registrierten Wahlbürger für die Parlamentskandidaten der zugelassenen Parteien; 1982 konnten die Parteien bei den Abgeordnetenwahlen hingegen 66,8 % der Wahlberechtigten für sich gewinnen (s. Tab. 3) und übertrafen damit weit die statistische Prognosezahl von 51 %, die sich aus einer linearen Trendextrapolation der Resultate der neun Parlamentswahlen von 1955 bis 1979 ergeben hat [3]. Zum einen ist dies sicherlich ein — etwas zeitverzögerter — Erfolg der »politischen Reform« von 1977, die die Anzahl der *formalen* Optionen beträchtlich erhöht hat: Während 1976 vier Parteien und nur ein einziger Präsidentschaftskandidat, López Portillo, zur Wahl gestanden hatten, waren es 1982 neun Parteien, darunter erstmals zwei unabhängige Linksparteien, und gleich sieben Präsidentschaftskandidaten. Zum anderen wurde in einem wie nie zuvor modern inszenierten, überwältigenden Propagandafeldzug um die Wahlbeteiligung geworben. Überdies spielten — wie allerdings auch schon bei vorangegangenen Wahlen — mehr oder weniger subtil genährte Befürchtungen vor tatsächlich oder vermeintlich zu erwartenden Pressionen als Folge von Stimmenthaltung eine Rolle.

Die *spezifische Systemunterstützung* ist allerdings gesunken: Miguel de la Madrid wurde im Vergleich zu seinen Vorgängern mit den niedrigsten Stimmenanteilen (71,0 der abgegebenen Stimmen bzw. 53,1 % der Wahlberechtigten) zum Präsidenten gewählt (s. Tab. 1), was sich nicht nur durch die (voran umrissene) Wirtschaftskrise, sondern auch durch ungewöhnlich grosse Anzahl von Mitbewerbern erklärt.

Tab. 1  **Stimmenanteile der offiziellen Präsidentschaftskandidaten 1946 – 1982**

| Wahljahr | gewählter Präsident | Stimmanteile in % | |
|---|---|---|---|
| | | A | B |
| 1946 | Miguel Alemán Valdés | 77.9 | 69.6 |
| 1952 | Adolfo Ruiz Cortines | 74.3 | 55.1 |
| 1958 | Adolfo López Mateos | 90.4 | 64.8 |
| 1964 | Gustavo Díaz Ordaz | 88.9 | 61.7 |
| 1970 | Luis Echeverría Alvarez | 84.6 | 55.0 |
| 1976 | José López Portillo | 93.6 | 64.7 |
| 1982 | Miguel de la Madrid Hurtado | 71.0 | 53.1 (C) |

A: in % der abgegebenen Stimmen
B: in % der Wahlberechtigten
C: Die Angaben für 1982, die auf den vorläufigen amtlichen Endergebnissen beruhen, bedürfen noch der Ratifizierung des Wahlprüfungsausschusses der Abgeordnetenkammer.

Auch bei den gleichzeitig stattfindenden Abgeordnetenwahlen hat der PRI gegenüber den Wahlen bei den vorangegangenen Sexennienwechseln weitere Einbussen hinnehmen müssen: Von 88,2 % (1958) ist sein Stimmenanteil auf 65,5 % (1982) gesunken bzw. hat sich sein Anteil unter den registrierten Wahlbürgern im selben Zeitraum von 61,9 % auf 46,2 % verringert (s. Tab. 2).

Tab. 2
**PRI-Stimmenanteile bei den Parlamentswahlen zu den Sexennienwechseln 1958 – 1982**

| Jahr | % der abgegebenen Stimmen | % der Wahlberechtigten |
|---|---|---|
| 1958 | 88.2 | 61.9 |
| 1964 | 86.3 | 57.5 |
| 1970 | 79.8 | 51.4 |
| 1976 | 80.1 | 49.7 |
| 1982 (A) | 65.5 | 46.2 |
| 1982 (B) | 64.6 | 45.2 |

A: Erststimmen (vorläufiges amtliches Endergebnis)
B: Zweitstimmen (vorläufiges amtliches Endergebnis)

Von den Stimmeneinbussen blieb jedoch die Anzahl der Parlamentssitze für den PRI unbeeinträchtigt: Im Gegenteil, den vorläufigen amtlichen Endergebnissen zufolge entfielen 299 der insgesamt 300 Direktmandate an die offizielle Partei; bei den Zwischenwahlen 1979 hatte der PRI mit 69,8 % der Erststimmen »nur« 296 Direktmandate erlangt. Auch 1982 fielen wie eh und je alle 64 Senatssitze (2 pro Bundesstaat) an die offizielle Partei.

Die relativ grössten Zugewinne errang 1982 die konservative Opposition, der Partido Acción Nacional (PAN), der auch den einzigen Oppositionssieg in einem Einerwahlkreis verzeichnen konnte, und der Partido Demócrata Mexicano (PDM), deren gemeinsamer Stimmenanteil von 12,8 % auf 18,8 % anwuchs (vgl. Tab. 3). Von den 100 Listenmandaten, die ausschliesslich den Minderheitsparteien (Parteien mit weniger als 60 Direktmandaten) vorbehalten sind, entfielen 62 auf die Rechte (PAN und PDM / 19,5 % der Zweitstimmen) und 38 auf die Linke (PSUM, PST und PPS / 8,1 % der Zweitstimmen). Die Linke, die bei den Zwischenwahlen zur Abgeordnetenkammer 1979 vor allem aufgrund der Wahlzulassung der regimeunabhängigen Kommunistischen Partei, 1981 nach der Inkorporierung linker Splittergruppen in Partido Socialista Unificado de México (PSUM) umbenannt, mit 9,8 % der Erststimmen relativ gut abgeschnitten hatte, verlor trotz Hinzukommens einer weiteren Linkspartei, des trotzkistischen PRT, an Wählergunst und musste sich mit insgesamt 8,9 % der Erststimmen begnügen. Wirtschaftskrise und die Mobilisierung der »schweigenden« Wählerreserven erbrachten eine Verschiebung nach rechts.

Tab. 3  **Abgeordnetenwahl 1979 und 1982**
Direktwahl (300 Mandate)

| Partei | 1979 Stimmen | Prozent | 1982*) Stimmen | Prozent |
|---|---|---|---|---|
| PAN | 1 490 486 | 10.73 | 3 685 056 | 16.58 |
| PRI | 9 699 455 | 69.84 | 14 558 411 | 65.51 |
| PPS | 357 500 | 2.67 | 395 068 | 1.78 |
| PARM | 251 627 | 1.81 | 293 916 | 1.32 |
| PSUM | 690 537 | 4.97 | 923 572 | 4.16 |
| PST | 294 732 | 2.12 | 372 505 | 1.68 |
| PDM | 284 104 | 2.05 | 493 940 | 2.22 |
| PRT | – | – | 279 072 | 1.26 |
| PSD | – | – | 50 511 | 0.23 |
| Sonstige | 9 500 | 0.07 | 13 561 | 0.06 |
| Ungültig | 810 572 | 5.84 | 1 156 162 | 5.20 |
| **Insgesamt** | **13 888 513** | **100.0** | **22 221 774** | **100.0** |
| Registrierte Wahlbürger | 27 912 053 | | 31 516 370 | |

*) Vorläufiges amtliches Endergebnis

Tab. 4  **Listenwahl (100 Mandate)**

| Partei | 1979 Stimmen | Prozent | 1982*) Stimmen | Prozent |
|---|---|---|---|---|
| PAN | 1 523 728 | 11.04 | 3 770 581 | 17.09 |
| PRI | 9 411 682 | 68.20 | 14 247 635 | 64.58 |
| PPS | 387 036 | 2.80 | 450 665 | 2.04 |
| PARM | 305 704 | 2.22 | 278 480 | 1.28 |
| PSUM | 702 903 | 5.09 | 915 370 | 4.15 |
| PST | 310 990 | 2.25 | 420 281 | 1.91 |
| PDM | 293 117 | 2.12 | 522 444 | 2.37 |
| PRT | – | – | 307 853 | 1.40 |
| PSD | – | – | 53 314 | 0.24 |
| Sonstige | – | – | – | – |
| Ungültig | 866 072 | 6.26 | 1 094 789 | 4.96 |
| **Insgesamt** | **13 801 232** | **100.0** | **22 061 412** | **100.0** |
| Registrierte Wahlbürger | 27 912 053 | | 31 516 370 | |

*) Vorläufiges amtliches Endergebnis

Die beiden ohnehin personell schwachen Mitte-Parteien, der dem PRI nahestehende PARM und der erst vor den Wahlen 1982 formierte Partido Socialdemócrata (PSD), scheiterten an der mexikanischen

1,5 %-Hürde, die mindestens bei einem der 4 gleichzeitig stattfindenden Wahlgänge (Präsidentschafts-, Senats-, Direkt- oder Listenwahlen der nationalen Abgeordneten) überwunden werden muss, und verloren infolgedessen ihren Rechtsstatus als Partei, einschliesslich der Wahlzulassung. Es zeigte sich, dass es im politischen Zentrum Mexikos neben dem PRI keinen Platz mehr gibt. Der trotzkistische PRT übersprang indes bei den Präsidentschaftswahlen die 1,5 %-Hürde und konnte so wenigstens seine rechtliche Parteianerkennung sichern, wenngleich er bei Verteilung der Parlamentssitze mit 1,4 % der Zweitstimmen leer ausging (s. Tab. 5).

Tab. 5 **Verteilung der Parlamentssitze 1979 und 1982**

| Partei | Direktmandate | | Listenmandate | | Differenz |
|---|---|---|---|---|---|
| | 1979 | 1982[*] | 1979 | 1982[*] | 1982–1979 |
| PRI | 296 | 299 | 0 | 0 | + 3 |
| PAN | 4 | 1 | 39 | 50 | + 8 |
| PSUM | 0 | 0 | 18 | 17 | – 1 |
| PARM | 0 | 0 | 12 | 0 | – 12 |
| PPS | 0 | 0 | 11 | 10 | – 1 |
| PDM | 0 | 0 | 10 | 12 | + 2 |
| PST | 0 | 0 | 10 | 11 | + 1 |
| PRT | – | 0 | – | 0 | – |
| PSD | – | 0 | – | 0 | – |
| **Insgesamt** | **300** | **300** | **100** | **100** | – |

[*]Vorläufig amtliches Endergebnis

## 5. Ausblick

Den Minderheitsparteien ist zwar ein Viertel der Parlamentssitze und damit die Beteiligung an der politischen Diskussion rechtlich eingeräumt, aber die Möglichkeit, über Wahlen eines Tages die Machtverhältnisse zu ändern und selber an die Entscheidungsgewalt zu gelangen, bleibt ihnen verwehrt. Ob sich vor allem die linken Minderheitsparteien auf die Dauer damit begnügen, zur reinen und dazu noch zur parlamentarisch zweitrangigen »pressure group« verdammt zu sein, ist sehr fraglich. Auch nach der politischen Reform von 1962/63, die erstmals einer halbwegs bedeutsamen Anzahl von Oppositionsvertretern den Weg in den Kongress eröffnet hatte, gab es zunächst eine recht lebhafte Legislative; angesichts der Aussichtslosigkeit, Initiativen durchzusetzen, verflachten jedoch bald die parlamentarischen Aktivitäten der Opposition. Es ist nicht auszuschliessen, dass vor allem vor dem Hintergrund sich verschärfender gesellschaftlicher Spannungen linke Aktivisten nicht-legalistische Formen dem parlamentarischen Ghetto vorziehen. Hinzu kommt die Ausstrahlung des revolutionären Prozesses in Zentralamerika, der auf den strukturschwachen Unterleib Mexikos, den Bundesstaat Chiapas, der Rückzugsgebiet der guatemaltekischen Guerrillas ist, übergreifen kann. Für die nächsten Jahre ist in Mexiko mit einer verstärkten Debatte über die Nationale Sicherheit zu rechnen, was eine stärkere Einbeziehung militärischer Denkkategorien in das politische System beinhaltet. Sollte sich die mexikanische Regierung aufgrund wirtschaftlicher Schwierigkeiten den Pressionen der USA beugen und aussenpolitisch insbesondere gegenüber Zentralamerika eine Kurskorrektur gemäss den »momentanen Umständen und realen Möglichkeiten des Landes« (Miguel de la Madrid) vornehmen, würde der Linken, die sich gewiss nicht mit einer rein verbalen Unterstützung Nicaraguas zufriedengeben wird, eine entscheidende Identifikationsmöglichkeit entzogen. Auch die sieben Leitgedanken Miguel de la Madrids (revolutionärer Nationalismus; integrale Demokratisierung; Gesellschaft der Gleichheit – sociedad igualitaria; moralische Erneuerung der Gesellschaft, Dezentralisierung des nationalen Lebens; Entwicklung, Beschäftigung und Kampf der Inflation; demokratische Planung) dürften in ihrer Unverbindlichkeit kaum eine Anziehungskraft auf Mexikos radikale Linke ausüben.

Gewiss wird auch die Regierung Miguel de la Madrid den Weg der politischen Reform fortschreiten und versuchen, neue Ventile zu öffnen, zumal sich seit der Präsidentschaft López Mateos (1958 – 1964) jedes mexikanische Staatsoberhaupt als demokratischer Erneuerer zu legitimieren und profilieren suchte[4]. Es bieten sich im wesentlichen zwei Möglichkeiten an, den Spielraum der Opposition zu erweitern: In erster Linie ist eine wie auch immer geartete Volksvertretung im Bundesdistrikt zu erwarten, dessen knapp 15 Mio. Einwohner – anders als in den 31 mexikanischen Bundesstaaten – das Recht, ihre lokalen Autoritäten zu wählen, bislang vorenthalten ist. Die Hauptstadt wird von einer unmittelbar dem Staatspräsidenten untergeordneten Behörde verwaltet. Eine weitere Öffnung böte die Öffnung des Senats für Vertreter der Minderheitsparteien.

Ob sich allerdings allein mit derartigen Konzessionen die viel bewunderte politische Stabilität aufrecht erhalten lässt, ist ungewiss. Sicher ist hingegen, dass das herrschende System in den verbleibenden achtziger

Jahren erheblichen Spannungen ausgesetzt sein wird. Die Problemlösungskapazität des Regimes, dessen erklärtes Ziel es ist, über das Jahr 2000 hinaus an der Macht zu bleiben, wird auf's äusserste beansprucht werden.

1) Allein von 1973 bis 1979 hatte sich der BIP-Anteil der rund 900 parastaatlichen Unternehmen von 19 % auf 30 % erhöht. S. Armando Labra: El estado y la economía. In: Jorge Alonso (Hrsg.): El estado mexicano. Editorial Nueva Imagen, México, D.F. 1982

2) Auch wenn Mexiko die Ausbeutung seiner als höchst ergiebig eingeschätzten Uran-Vorkommen (über 200 000 t, davon 25 000 t nachgewiesene Reserven) vorantriebe, würde sich ein Wachstumsfeld allenfalls begrenzter Reichweite ergeben, das zudem viele Risiken in sich birgt. Die mexikanische Regierung hat im Frühjahr 1982 ihr Kernenergieprogramm (20 Atomkraftwerke bis zum Jahr 2000) unter Hinweis auf die finanziellen Engpässe bis auf weiteres zurückgestellt.

3) vgl. Volker G. Lehr: Der mexikanische Autoritarismus. Parteien, Wahlen, Herrschaftssicherung und Krisenpotential. W. Fink Verlag, München 1981, S. 286 ff.

4) Selbst der »Repressionspräsident« Díaz Ordaz (1964–1970), der die blutige Unterdrückung der Studentenrevolte von 1968 zu verantworten hatte, liess durch die Herabsetzung des aktiven Wahlalters in bescheidenem Rahmen demokratisieren.

# Von der »Verwaltung des Überschusses« zur Abwertung — zu einigen industrie- und finanzpolitischen Aspekten der mexikanischen Wirtschaftspolitik unter López Portillo

von Michael Ehrke

Victor Urquidis Aufsatz »Not by Oil Alone ...« steht im Zusammenhang einer allgemeineren Debatte, die in Mexiko nach der Einleitung einer Erdöl-Exportstrategie auflebte und in der nach den Bedingungen gefragt wurde, unter denen das Land seinen Erdölreichtum für die Eröffnung einer neuen Entwicklungsphase einsetzen kann. »Entwicklung« in diesem Zusammenhang meint mehr als »wirtschaftliches Wachstum«: es geht um die Einleitung eines *dauerhaften* Wachstumsprozesses, der sich selbst trägt, die innere Integration des mexikanischen Wirtschaftssystems verstärkt, die Abhängigkeit vom Ausland verringert und eine Umverteilung der Einkommen und Einkommenschancen zugunsten der Bevölkerungsmehrheit befördert. Dabei gilt allgemein als gesichert, dass ein Rohstoff-Exportboom *allein* allenfalls die Voraussetzung für die Einleitung einer neuen Entwicklungsphase abgeben, diese jedoch nicht selber tragen kann: die mexikanische Geschichte kennt zu viele Rohstoff-Exportbooms, vom Silber der Kolonie über den Erzbergbau des 19. und die Ölförderung der 20er Jahre des 20. Jahrhunderts bis zum landwirtschaftlichen Boom der 50er Jahre (Zucker und Baumwolle), von denen *keiner* einen dauerhaften Entwicklungsprozess hat in Gang setzen können.

Die Umsetzung eines Exportbooms in wirtschaftliche Entwicklung hat grundlegende Reformen der wirtschaftlichen und sozialen Struktur zur Voraussetzung: dies ist eine der Kernaussagen auch des Aufsatzes von Victor Urquidi; die Antworten auf die Frage, wie sich gestiegene *monetäre* Ressourcen (Exportgewinne) in ein Wachstum der *realen* Entwicklungspotentiale umsetzen lassen, werden dabei im Bereich der Produktion und der produktionsorientierten und sozialen Infrastruktur gesucht. Die Prioritäten Urquidis reflektieren damit die Prioritäten der mexikanischen Wirtschaftspolitik (und deren Kritik!) der letzten Jahre.

Der finanz- und fiskalpolitische Bereich wurde dagegen eher vernachlässigt. Man war offensichtlich davon ausgegangen, dass ein zu erwartender Überfluss an Erdöldevisen finanz- und fiskalpolitische Reformen überflüssig mache und die Probleme der externen Finanzierung und des staatlichen Defizits automatisch löse. Während die gesamte Reformdiskussion sich auf den Bereich der Produktion und produktiven/sozialen Infrastruktur konzentrierte und hierbei auch wichtige Reforminitiativen eingeleitet wurden – man denke an die neue Qualität der Wirtschaftsplanung in Mexiko –, folgte die Finanz- und Fiskalpolitik einem Muster, das sich in den 50er und 60er Jahren im Rahmen der »stabilisierenden Entwicklungsphase« (desarrollo estabilizador) etabliert hatte, dessen nichtfinanzielle Grundlagen aber seit Beginn der 70er Jahre aufgegeben worden waren.

Doch gerade im Finanzbereich kamen – mit der Abwertung des Peso vom Februar 1982 – die Krisentendenzen zum offenen Ausbruch, die sich in den letzten Jahren unter der Oberfläche hoher wirtschaftlicher Wachstumsraten und einer scheinbar gesicherten aussenwirtschaftlichen Position des Landes akkumuliert hatten. Die Abwertung vom Februar wird derzeit als Wendepunkt der wirtschaftlichen Entwicklung des Landes betrachtet, als Endpunkt einer kurzen, von Inflation und externer Verschuldung begleiteten Wachstumsphase (1978–1981): mit ihr stiess auch der entwicklungspolitische Optimismus, der sich noch im Aufsatz Urquidis zum Ausdruck bringt, an eine Grenze; es scheint in Mexiko niemand mehr zu fragen, ob und wie Mexiko den Sprung vom Entwicklungs- zum Industrieland vollziehen kann, sondern nur, ob und wie eine wirtschaftliche, soziale und politische Katastrophe vermieden werden kann.

Wie war es möglich, dass sich innerhalb so kurzer Zeit die Entwicklungsperspektiven Mexikos so dramatisch umkehrten? Der Hinweis auf den sinkenden internationalen Erdölpreis *allein* reicht nicht aus; es muss beachtet werden, dass die mexikanische Wirtschafts- und Finanzpolitik die Ökonomie des Landes systematisch von Schwankungen des Ölpreises abhängig gemacht hat, bzw. dass Ölpreis*steigerungen,* wie sie für die 70er Jahre kennzeichnend waren, die implizite Voraussetzung für den »Erfolg« der mexikanischen Wirtschaftspolitik gewesen waren. Obwohl die Notwendigkeit einer Diversifikation und Integration des Produktionsapparats von den wirtschaftspolitischen Autoritäten anerkannt worden war – was einen Niederschlag gefunden hatte in langfristig angelegten industriellen, landwirtschaftlichen und sozialen Entwicklungsprogrammen –, war die faktische Entwicklung der Boom-Jahre 1978 bis 1981 gekennzeichnet durch eine »Vereinseitigung« der wirtschaftlichen, insbesondere der aussenwirtschaftlichen Struktur zugunsten der Erdölindustrie. Diese Vereinseitigung war in Kauf genommen worden, da der Ausbau des Erdölsektors als Voraussetzung für die Finanzierung der industriellen Diversifikation und Integration der Gesamtwirtschaft angesehen wurde.

Die Frage, ob die mexikanische Wirtschaftspolitik in der Lage gewesen wäre, den Übergang von dem *ersten* Schritt einer auf dem Erdölexport basierenden Entwicklungsstrategie (dem Ausbau des Erdölsektors und der entsprechenden Infrastruktur) zu dem *zweiten,* schwierigeren Schritt (dem Einsatz der Erdöleinnahmen für die Diversifikation und Integration des Produktionsapparats) zu vollziehen, stellt sich nicht mehr: Bevor der erste Schritt getan war, scheiterte (zumindest vorläufig) die Gesamtstrategie an Finanzierungsproblemen. Dabei wurde deutlich, dass der Handlungsspielraum der mexikanischen Wirtschaftspolitik nicht nur begrenzt war durch strukturelle Deformationen des *Produktionsapparats,* dessen Lücken das wirtschaftliche Wachstum der letzten Jahre inflationär und importintensiv werden liessen, sondern auch durch ein *Finanz*system, das extrem sensibel auf Wertveränderungen des Peso reagierte und die Folgen der Verzerrungen des »realen« Produktionsapparats potenzierte.

Im folgenden sollen beide Seiten der mexikanischen Konjunktur 1978–1981 – die »reale« (»strukturelle«) Entwicklung des Produktionsapparats und die finanzielle Entwicklung – sowie die Ursachen, die das dramatische Ende dieser Konjunktur hervorriefen, kurz beleuchtet werden. Dabei ist vorab zu betonen, dass die Trennung von »realen« und »finanziellen« Variablen nicht strikt vorgenommen werden kann, zu sehr sind beide Bereiche voneinander abhängig. Abschliessend ist noch einmal auf die politische Dimension des Erdölbooms und seines Endes hinzuweisen.

## I. Der »externe Engpass« als Wachstumshemmnis

Die mexikanische Industrialisierung setzte ein als Importsubstitution: die entstehende und expandierende lokale Industrie versorgte den inneren Markt zunächst mit einfachen, dann mit immer komplexeren (»dauerhaften«) Konsumgütern, die vorher hatten importiert werden müssen. Auf den ersten Blick paradoxerweise führte die Importsubstitution zu einer *Verstärkung* der Abhängigkeit von Importen aus den Industrieländern: erstens als Folge der mit der Industrialisierung verbundenen generellen Einkommenssteigerung und zweitens als Folge der Strukturveränderung der Importe; Konsumgüterimporte wurden durch komplexere und teurere Kapitalgüter- und Technologieimporte ersetzt. Diese mussten zunächst mit den Exporten der traditionellen Rohstoffsektoren finanziert werden. Da sich in der Regel die Nachfrage der Industrieländer nach Rohstoffen weniger dynamisch entwickelt als umgekehrt die Nachfrage der sich industrialisierenden Länder nach Kapitalgüter- und Technologieimporten, trat ein chronisches Defizit der Handelsbilanz auf, das nur durch einen Überschuss anderer Posten der Leistungsbilanz (Dienstleistungen) oder Kapitalimporte (Direktinvestitionen oder Kredite) kompensiert werden konnte.

Der Übergang von der Importsubstitution zu einer Strategie der systematischen Förderung *industrieller* Exporte hat in Mexiko nicht stattgefunden: der ungleiche Charakter der auswärtigen Handelsbeziehungen – der Austausch von Rohstoffen gegen industrialisierungsnotwendige Investitionsgüter – veränderte sich nur geringfügig. Ursache ist die geringe internationale Konkurrenzfähigkeit der mexikanischen Industrie, die ihrerseits auf den *selektiven* Charakter des Industrialisierungsprozesses, seine Konzentration auf einen engen und durch hohe Zollmauern geschützten Binnenmarkt und die damit vorherrschenden niedrigeren Produktionsskalen, hohe Produktionskosten und eine unterdurchschnittliche Produktivität zurückgeht. Die Enge des Marktes behinderte auch den Aufbau einer lokalen Kapitalgüterproduktion, womit die Abhängigkeit der Industrie von Importen perpetuiert wurde.

Zur Permanenz des Defizits der Industrie kam die abnehmende Fähigkeit der nicht-industriellen Sektoren, dieses Defizit zu decken. In Mexiko betrug das externe Defizit der Industrie in den vergangenen 20 Jahren immer zwischen 10 und 13 % des industriellen Produkts, d.h. es wuchs im Rhythmus des industriellen Wachstums. Seine Finanzierung entwickelte sich wie folgt:

- 1962/65 wurde das externe Defizit des industriellen Sektors zu 49 % vom Exportüberschuss des Agrarsektors gedeckt; 1975 trug der Überschuss der Landwirtschaft nur noch zu 2 % zur Deckung des industriellen Defizits bei;
- der Überschuss der Dienstleistungsbilanz (v. a. Tourismus und Grenzaktivitäten) finanzierte 1961/65 43 % des industriellen Defizits, 1975 nur noch 29 %;
- der Saldo des Erdölsektors trug 1961/65 mit 2 % zur Finanzierung des industriellen Defizits bei, 1975 (d.h. kurz vor dem »take off« der Erdölindustrie) 3 %;
- der Anteil der externen Verschuldung an der Finanzierung des industriellen Defizits stieg von 7 % (1961/1965) auf 66 % (1975).

D. h. die mexikanische Aussenwirtschaft war in den 60er und 70er Jahren durch *zwei* kritische Entwicklungen gekennzeichnet: durch die Permanenz des industriellen Defizits (d. h. die geringen Fortschritte der Importsubstitution im Investitionsgüterbereich) *und* die sich verringernde Fähigkeit der nicht-industriellen Sektoren, dieses Defizit zu decken. Angesichts der Dauerhaftigkeit *beider* Entwicklungen konnte die externe Verschuldung nur vorübergehend zur Lösung des externen Engpass-Problems beitragen: solange die aufgenommenen Kredite nicht dazu verwandt wurden, die Exportkapazität v. a. des industriellen Sektors zu erhöhen oder seine Importabhängigkeit zu verringern, wurden sie zu einem *zusätzlichen* Belastungsfaktor der Zahlungsbilanz. Mit der akkumulierten externen Schuld bei gleichbleibend unausgewogenen Aussenhandelsstrukturen rückte die Grenze der Verschuldungskapazität immer näher.

Angesichts des strukturellen Charakters des aussenwirtschaftlichen Ungleichgewichts konnte von einer Veränderung der internationalen Preisrelationen (d. h. von einer Abwertung des Peso) *allein* keine Verbesserung der Aussenhandelsposition des Landes erwartet werden. Infolge der Funktion und Zusammensetzung der Importe wird deren Volumen weniger bestimmt durch deren Preis als durch die Wachstumsrate des BSP; umgekehrt hängt auch das Exportvolumen von der Bewegung der inneren Nachfrage ab: Exportüberschüsse liegen in der Regel nur dann vor, wenn die binnenwirtschaftliche Aktivität zurückgeht. D. h. *dass ein Ausgleich des aussenwirtschaftlichen Defizits nur mit einer Restriktion des binnenwirtschaftlichen Wachstums erkauft werden kann.* In dem Masse, in dem die Grenze der Verschuldungskapazität näherrückte, rückte somit auch der Zeitpunkt näher, zu dem die

Krise der aussenwirtschaftlichen Beziehungen nur durch eine Reduktion des wirtschaftlichen Wachstums auf das Niveau, das von der Exportkapazität des Landes vorgegeben wurde, zu lösen sein würde. Ein Rückgang des wirtschaftlichen Wachstums musste aber auch den politischen Spielraum des mexikanischen Regimes einengen: kontinuierliches wirtschaftliches Wachstum war in Mexiko seit den 40er Jahren die Bedingung, unter der allein die Probleme der Bevölkerungsexplosion, des unkontrollierten Wachstums der urbanen Zentren, der sozialen Ungleichheit, der Arbeitslosigkeit, Unterbeschäftigung und des Massenelends zwar nicht gelöst, aber an ihrer politischen Artikulation gehindert werden konnten.

Zwischen 1973 und 1976 verbanden sich zwei Ereignisreihen:
- *in Mexiko* gingen die erwähnten kritischen Tendenzen in den Zustand der offenen Wirtschaftskrise über; externes Defizit, Auslandsverschuldung und Inflation konnten nur noch mit der Restriktion des wirtschaftlichen Wachstums bekämpft werden. Mit der Abwertung des Peso 1976 und der folgenden Einleitung eines mit dem IWF ausgehandelten Stabilisierungsprogramms trat Mexiko in die härteste Wirtschaftskrise ein, die es seit 1929 erfahren hatte.
- *International* multiplizierten sich die Erdölpreise, und die Abhängigkeit der Industrieländer von Energieimporten wurde zu einem der dringlichsten weltwirtschaftlichen und -politischen Probleme.

Musste es nicht wie ein zweites Wunder von Guadalupe erscheinen, dass gerade zu diesem Zeitpunkt scheinbar märchenhafte Erdöl-Reserven unter mexikanischem Boden »entdeckt« wurden? Erdöl bedeutete Devisen, und mit diesen dringend benötigten Devisen schien sich der externe Engpass schliessen zu lassen. Mexiko würde über die internationalen Zahlungsmittel, deren es zur Finanzierung seiner Investitionsgüterimporte bedurfte, verfügen, es würde ausreichend Kapitalgüter und Rohstoffe importieren können, um einen dauerhaften wirtschaftlichen Wachstumsprozess einzuleiten. Voraussetzung war die Expansion der Erdölindustrie, deren Exporte den Importbedürfnissen der Nicht-Erdöl-Sektoren angepasst werden musste. Die Natur hatte Mexiko begünstigt: anders als die krisengeschüttelten Wirtschaften Südamerikas würde es auf »harte« Sanierungsmassnahmen verzichten können; in naher Zukunft würde die »Verwaltung des Überschusses« zum herausragenden wirtschaftspolitischen Problem werden; die Wirtschaftsplanung musste auf die möglichst rationale Verwendung dieses erwarteten Überschusses eingestellt werden.

So – sehr vereinfacht – einige Kernelemente der mexikanischen Erdöl- und Wirtschaftspolitik nach 1976, d. h. nach dem Amtsantritt José López Portillos. Diese Politik basierte allerdings auf zwei nicht weiter thematisierten Voraussetzungen:

1. Erdöl wurde als ein *besonderes* Produkt angesehen, das nicht *zu vergleichen* war mit anderen Rohstoffen. Von einer kontinuierlichen Erdölversorgung waren die Industrien der entwickelten Länder *essentiell* abhängig; Einsparungs- und Substitutionsmöglichkeiten waren für absehbare Zeit begrenzt; das internationale Erdölangebot wurde von einem Kartell (OPEC) kontrolliert; Erdöl begann zu einer physisch knappen Ressource zu werden; und die wichtigste Förderregion, der arabische Golf, war durch extreme soziale und politische Instabilität bestimmt. Vor diesem Hintergrund erschien ein Sinken des internationalen Ölpreises unwahrscheinlich; es deutet viel darauf hin, dass die mexikanischen Politiker ein Sinken des Ölpreises nicht einmal als Möglichkeit in Erwägung zogen.

2. Die zunehmende Anbindung des wirtschaftlichen Wachstums an den Erdölexport würde andere Sektoren der mexikanischen Wirtschaft nicht schädigen. Nach einer ersten Phase der Expansion der Erdölindustrie würde deren Überschuss auf andere Sektoren verteilt werden können; die Transfers der Erdölindustrie an andere Sektoren würde nicht von anderen , umgekehrt wirkenden Entwicklungen neutralisiert werden.

## II. Wachstumszyklus und staatlicher Sektor

Der oben skizzierte Prozess der *Kumulation* aussenwirtschaftlicher Probleme, dessen Zuspitzung in den Jahren 1973–76 sowie die »plötzliche« Lösung aller Probleme durch den nun möglichen Erdölexport lässt einen Faktor ausser acht: seit den 40er Jahren bewegte sich der wirtschaftliche Wachstumsprozess in *Zyklen*, die u. a. auch aussenwirtschaftlich bestimmt sind.

Das Muster des Wachstumszyklus in Mexiko kann wie folgt charakterisiert werden: Wachstumsschübe werden durch öffentliche Investitions-»pakete« eingeleitet; die private Investition folgt den Vorgaben des öffentlichen Sektors. Dessen Investitionsrhythmus entspricht den politischen Zyklen der Präsidentschaftsperioden: das erste und letzte Jahr jeder Prasidentschaftsperiode ist in der Regel ein Jahr der Austerität und des Wachstumsrückgangs; die »mittleren« Jahre der Regierungsperioden sind durch Konjunkturhöhepunkte gekennzeichnet.

Die unzureichende innere Integration der mexikanischen Wirtschaft, insbesondere die Schwäche der Kapital- und Lohngüterindustrie sowie des Grundnahrungsmittel produzierenden Segments der Landwirtschaft, verhinderte es immer, dass staatliche Investitions- »spritzen« sich in einen »sich selbst tragenden« wirtschaftlichen Wachstumsprozess umsetzten. Als »stark« erwies sich meist die Verkettung von öffentlichen Investitionen und dem Wachstum des Produktionssektors differenzierter und dauerhafter Konsumgüter, was auf die physische Struktur der öffentlichen Investitionen (Priorität der Energieerzeugung, Stahlindustrie, städtischen Infrastruktur), auf deren Verteilungseffekte sowie auf die innere Dynamik der Produktionssektoren dauerhafter Konsumgüter, die über umfangreiche Margen unausgelasteter Kapazität verfügen und sehr schnell auf Nachfragesteigerungen reagieren konnten, zurückzuführen ist. Andere Sektoren partizipierten dagegen nur marginal von den öffentlichen Investitons-»paketen«. Das sehr dynamische Wachstum einiger Sektoren bei gleichzeitigem Zurückbleiben anderer liess über kurz oder lang Versorgungslücken aufreissen: mit der Folge inflationärer Tendenzen, einer Zunahme der kompensierenden staatlichen Intervention und v. a. der Importe, die die Lücken des nationalen Produktionssystems schliessen sollten. Wenn sich die zunehmende Belastung der Handelsbilanz in eine Aussenwirtschaftskrise umzusetzen drohte und/ oder wenn der Staat seine kompensierenden Interventionen finanziell nicht mehr tragen konnte (meist trat beides gleichzeitig ein), musste das wirtschaftliche Wachstum durch stabilisierende Eingriffe – in erster Linie die Reduktion der Staatsausgaben und des Kredits für produktive Investitionen – gebremst werden. Die periodisch auftretenden Stabilisierungsphasen, die – wie angedeutet – einhergehen mit den sechsjährlich stattfindenden politischen Machtwechseln, sind dann die Vorläufer neuer öffentlicher Investitions-»pakete« und neuer Wachstumszyklen.

Durch stabilisierende Eingriffe und Wachstumsrückgänge waren die Jahre 1947/48, 1954/55, 1964–67 und 1970/71 gekennzeichnet. Es handelte sich jeweils um leichte Rezessionen, nicht um gravierende Einschnitte in den Wachstumsprozess; anders 1976/77 und 1982: hier war die Stabilisierung von Abwertungen und schweren Erschütterungen des Wirtschaftsprozesses begleitet; d. h., dass die Abwertungen und

Restriktionen von 1976/77 und 1982 die Kontinuität des politisch determinierten Wachstumszyklus fortsetzten, ihm aber eine neue Qualität hinsichtlich der Krisen*dimension* zufügten.

Der Wachstumsprozess der Jahre 1978−81 folgte im wesentlichen diesem Muster. Ein Grossteil der Erdöleinnahmen wurden von staatlichen Grossprojekten absorbiert wie
- der Elektrifizierung der staatlichen Eisenbahnen;
- dem Ausbau des staatlichen Stahlkomplexes SICARTSA an der Pazifikküste;
- der Verbindung der Pazifikküste mit dem Gold von Mexiko durch eine Container-Eisenbahnlinie (Alpha-Omega);
- dem Ausbau von vier Häfen des Landes (Salina Cruz, Tampico, Lázaro Cardenas und Coatzacoalcos);
- dem Aufbau einer nationalen Röhrenindustrie, die die von der Erdölindustrie benötigten Röhren grossen Durchmessers produzieren kann;
- der Erhöhung der Erdöl-Lagerkapazität und dem Ausbau des neuen Ölhafens Dos Bocas in Tabasco;
- der Erweiterung der Raffinerie- und petrochemischen Produktionskapazitäten des staatlichen Erdölunternehmens PEMEX in Veracruz, Oaxaca und Tamaulipas;
- der Ausweitung der staatlichen Düngemittelindustrie;
- der Expansion der Erdölförderung, primären Verarbeitung (Trennung von Erdöl und Gas) sowie des Transports von Erdöl und Erdölderivaten (Pipelines).

Im Verhältnis zum Impact dieser Grossprojekte erwies sich die Angebotselastizität komplementärer Sektoren als unzureichend. Engpässe traten auf
- *im öffentlichen Sektor* selber, v. a. in Bereichen, die seit Jahrzehnten unterversorgt worden waren (ein Teil des Eisenbahnsystems, der Wasserversorgung);
- in der *Landwirtschaft,* die in einen Export- und einen Grundnahrungsmittel produzierenden Sektor gepalten ist. Letzterer konnte mit der Nachfrage nach Grundnahrungsmitteln nicht mehr Schritt halten: 1980 musste ein grosser Teil der benötigten Grundnahrungsmittel, mit denen Mexiko sich bislang immer selbst versorgt hatte (Mais, Ölsaaten), importiert werden;
- in einigen Branchen der staatlichen, gemischten oder privaten *Grundstoffindustrien* (Stahl, Zement);
- in der *Konsumgüterindustrie;* hier erfolgte eine Akzentuierung der

»Ungleichgewichte«: während die Produktion differenzierter (dauerhafter) Konsumgüter sensibel auf den staatlich induzierten Nachfrageschub reagierte, blieb die Lohngüterproduktion (Nahrungsmittel; Textilien, Bekleidung etc.) hinter dem durchschnittlichen industriellen Wachstum zurück und liess Versorgungsengpässe entstehen;
– die *Kapitalgüterproduktion* schliesslich wuchs zwar schneller als der Durchschnitt der verarbeitenden Industrie, blieb aber absolut zu unbedeutend, um einen »autonomen» Wachstumszyklus tragen zu können; das Wachstum v. a. der öffentlichen Investitionen konnte zu nur geringen Anteilen vom lokalen Angebot gedeckt werden. Hinzu kommt, dass die Geschwindigkeit, mit der man die Erdölindustrie erweitern wollte, oft dazu führte, dass fertig entwickelte und erprobte Kapitalgüter»pakete« (Bsp.: petrochemische Anlagen) importiert wurden, anstatt dass auf das teuere und weniger erprobte potentielle nationale Angebot zurückgegriffen wurde.

Der Zyklus von 1978–1981 war also gekennzeichnet durch eine Heterogenisierung der produktiven Struktur: Ein äusserst dynamisches Wachstum der Erdölindustrie, einiger der Erdölindustrie angeschlossener Sektoren, der auf die Erdölindustrie bezogenen Verkehrsinfrastruktur sowie der dynamischsten Sektoren der Konsumgüterindustrie (Automobil-, chemische, elektronische Industrie) stand einem relativen Zurückbleiben der Massenkonsumgüterindustrie, der Landwirtschaft und weiter Bereiche des öffentlichen Sektors gegenüber. Die entstehenden Engpässe setzten sich um in eine Erhöhung der Importe, in inflationäre Pressionen und in eine explosive Zunahme der externen Verschuldung. Man kann sagen, dass der Zyklus einem bekannten Muster folgte – mit einer Ausnahme: die aussenwirtschaftliche Grundlage des Wachstums – der Erdölexport – erschien also so gesichert, dass man nicht damit rechnete, dass Wachstum durch eine neuerliche restriktive Politik einschränken zu müssen. Mexikanische Wirtschaftspolitiker und internationale Banken waren sich darin einig, dass die mexikanischen Erdölreserven eine ausreichende Sicherheit für Kredite abgaben, deren Höhe die »Absorptionskapazität« der mexikanischen Wirtschaft längst überstiegen hatte. M. a. W., die mexikanischen Politiker nahmen und die internationalen Banken gaben bereitwillig Kredite, weil man davon ausging, die künftigen Erdöl-Exporteinnahmen garantierten die Rückzahlung der explosiv angewachsenen Schulden.

Das »explodierende« externe Defizit und die dramatisch anwachsende Auslandsschuld (die höher ist als die des gesamten Ostblocks) erschienen vor dem Hintergrund einer immer noch anhaltenden »Erdöleuphorie« als sekundäre Probleme, d.h. als Übergangsprobleme, die sich in dem Augenblick lösen würden, zu dem die Exporteinnahmen der Erdölindustrie die Kosten des Schuldendienstes überstiegen. Uneingestanden wurde so *die beliebige Steigerbarkeit der Erdöl-Exporteinnahmen zum Schlüsselfaktor der mexikanischen Wachstumsstrategie.* Zumindest bis Anfang 1981 rechnete man mit einer Steigerung des internationalen Ölpreises oberhalb der Inflationsraten der Industrieländer; aber auch die Steigerung des Exportvolumens war eine immer präsente Option. Zwar hat Präsident José López Portillo 1980 eine Obergrenze der Produktion, gültig bis 1982, deklariert; die Produktions*kapazität* des staatlichen Erdölunternehmens PEMEX wurde jedoch bis Ende 1981 auf das Doppelte der Fördermenge gesteigert, die die »Produktionsplattform« von 1980 vorsah. Der künftige Präsident Mexikos würde also jederzeit in der Lage sein, Engpässen auszuweichen, indem er »von einem Tag auf den anderen« das Exportvolumen steigerte.

Das am stärksten kritisierte Element dieser Strategie war *die Belastung der Reserven.* Die Nicht-Intervention anderer Faktoren vorausgesetzt, hätte man sich folgendes Wachstumsmodell vorstellen können: umfangreiche öffentliche Investitionen induzieren hohe wirtschaftliche Wachstumsraten, das Wachstum wird begleitet von der Erweiterung des staatlichen und externen Defizits, die Defizite werden mittels neuer internationaler Kreditaufnahmen gedeckt, und die Erdölexporte müssen gesteigert werden, um die Rückzahlung der Schulden zu gewährleisten. *Die zunehmende Belastung der Erdölreserven wäre dann an die Stelle der in der Vergangenheit vorherrschenden periodischen, durch die Stabilisierungspolitik der Regierung eingeleiteten Wachstumsrückgänge oder Rezessionen getreten.* Zwar könnten hohe Wachstumsraten längerfristig aufrechterhalten werden, aber es handelte sich um einen Wachstumsprozess, der auf der Aufzehrung eines »Kredits der Natur« basierte. Zwei Fragen schoben sich damit in den Vordergrund:
a) Welchen zeitlichen Spielraum gewährten die Reserven?
b) Gab es Chancen für einen industriellen »take-off« als Ergebnis eines vorübergehend auf Erdölexporten basierenden Wachstumsprozesses, und welche politischen und wirtschaftlichen Massnahmen mussten ergriffen werden, um diesen »take-off« zu ermöglichen?

Die öffentlichkeitswirksamsten Debatten zur mexikanischen Erdölpolitik konzentrierten sich auf die erste Frage: die Dauer der Reserven wurde sowohl von PEMEX als auch von den Kritikern des Unternehmens zum Schlüsselproblem der Erdölpolitik erklärt, die Reserveschätzungen der PEMEX wurden von den Kritikern permanent in Zweifel gezogen, und auf der anderen Seite bemühte sich PEMEX mittels einer Explorationspolitik, die kaum noch an realistische Perspektiven der Förderpolitik geknüpft war, die nachgewiesenen Reserven systematisch zu erhöhen – nicht nur im Hinblick auf die Kritik aus Mexiko selbst, sondern auch auf die internationalen Banken, für die die Kreditfähigkeit Mexikos an den Stand der nachgewiesenen Erdölreserven gebunden war. Um die Zeitdimensionen anzudeuten, mit denen die offizielle Erdölpolitik und deren Kritiker operierten: während PEMEX-Generaldirektor Diaz Serrano 1980 erklärte, die nachgewiesenen Reserven würden bei gleichbleibendem Produktionsniveau für mindestens 64 Jahre ausreichen, rechneten die Kritiker mit einer Zeitdauer von ca. 20 Jahren, d.h. vermuteten die Erschöpfung der Reserven gegen Ende des Jahrhunderts. Die Zeit, die Mexiko für den »take-off« verblieb, wurde so pessimistisch auf 20, optimistisch auf 64 Jahre (bzw. mehr, da die Reserven mit weiteren Explorationen zunehmen würden) angesetzt.

*Der Einbruch erfolgte ein Jahr später:* mit dem Sinken des internationalen Erdölpreises. Das Sinken des Ölpreises machte deutlich, dass die mexikanische Wachstumsstrategie den Spielraum, den der Erdölexport gewährte, überzogen hatte, dass eine Reduktion der Entwicklungsprogramme, eine »Anpassung nach unten« notwendig war, kurz, dass stabilisierende Eingriffe, wie sie bislang jeden Wachstumszyklus abgeschlossen hatten, und damit auch ein Rückgang des wirtschaftlichen Wachstums notwendig werden würden. Damit ist noch nicht erklärt, warum die Anpassung durch eine gravierende Abwertung des Pesos um 75 % eingeleitet wurde, warum das politische System nahezu paralysiert ist, und warum die Erwartungen der letzten Jahre nun durch beinahe apokalyptische Zukunftsvisionen ersetzt wurden. Diese Steigerung der stabilisierenden Wachstumsrestriktion zur Katastrophe kann m. E. mit der besonderen Funktionsweise des mexikanischen Finanzsystems und seiner Einbindung in das internationale Finanzsystem auf der einen, mit der derzeitigen Fixierung des politischen Regimes auf wirtschaftliche Erfolge via Erdölkonjunktur auf der anderen Seite erklärt werden.

## III. Das mexikanische Finanzsystem

Das mexikanische Finanzsystem ist grundlegend dadurch charakterisiert, dass es für jeden potentiellen Sparer oder Investor finanzieller Ressourcen nördlich der Grenze *sicherere* Anlagemöglichkeiten gibt. Da eine 3000 km lange Grenze mit den USA jede Devisenbewirtschaftung sehr schwierig macht, muss das mexikanische Finanzsystem den potentiellen Sparern und Investoren so attraktive Anlagebedingungen bieten, dass der Nachteil einer geringeren Sicherheit in Mexiko neutralisiert wird. Dieses Prinzip ist nach 1954 (der letzten Abwertung vor 1976) zu einem Kernelement der mexikanischen Finanzpolitik geworden. Seit diesem Datum war die Wirtschaftspolitik des Landes drei (bis 1976) unumstösslichen Prinzipien unterworfen:
– die mexikanische Inflationsrate darf die der USA nicht übersteigen;
– der Devisenverkehr darf auf keinen Fall restringiert werden;
– die Parität des Peso (im Verhältnis zum Dollar) ist aufrechtzuerhalten.

Da das private Banksystem einen möglichst grossen Anteil der internen Ersparnisse erfassen, Kapitalflucht vermeiden und zusätzlich externe Ersparnisse anziehen musste, wurde eine Politik hoher realer Zinssätze verfolgt; Einkommen aus Kapital wurden sehr niedrig besteuert; zudem war das mexikanische Finanzsystem durch eine äusserst hohe Liquidität gekennzeichnet: die Sparer und Investoren finanzieller Ressourcen gaben in der Regel kurzfristigem Anlagen, die jederzeit zurückgezogen werden konnten, den Vorzug. Folglich war das Finanzsystem durch kurzfristige Transaktionen extrem verwundbar. Darüberhinaus wurden die öffentlichen Finanzen eng mit dem privaten Banksystem verbunden: da die steuerlichen Einnahmen des Staates begrenzt waren (das mexikanische Steuerungssystem gehört zu den regressivsten und ineffizientesten Lateinamerikas, der Steueranteil des Sozialprodukts ist einer der niedrigsten; eine Steuerreform, die Kapitaleinkommen stärker belastet hätte, hätte automatisch zur Kapitalflucht geführt), der Staat aber eine ganze Reihe wichtiger Funktionen im Wirtschaftsprozess zu erfüllen hatte, war das Defizit des Staatshaushalts unvermeidbar; seine Finanzierung mit inflationären Mitteln widersprach dem wirtschaftspolitischen Ziel der Inflationskontrolle; folglich musste zum Teil auf die interne Staatsverschuldung zurückgegriffen werden: Die Mindestreserven, die die privaten Banken bei der Zentralbank einlegen mussten, waren eine wichtige Quelle der staatlichen Defizitfinanzierung. Zum Teil – und mit der Zeit in immer stärkerem Ausmass – wurde auf die Auslandsverschuldung zurückgegriffen. Die Aufnahme internationaler Kredite war aber nicht nur notwendig, um das staatliche Defizit abzudecken, sondern trug gleichzeitig zur Deckung des zunehmenden Leistungsbilanzdefizits bei; der Staat musste sich international verschulden, um die Parität des Peso mit dem Dollar aufrechtzuerhalten.

Die staatliche Finanzpolitik stand in gewissem Gegensatz zur Ausgabenpolitik des öffentlichen Sektors. Wie oben angedeutet, spielten die staatlichen *Investitionen* eine wichtige Rolle als dynamisierendes Element des wirtschaftlichen Wachstums; staatliche Unternehmen kontrollieren einen beachtlichen Teil des Sozialprodukts v. a. in strategischen Sektoren (Energie, Stahl, Grundstoffchemie, Düngemittel etc.). Mit einem ganzen Netz von Subsidien unterstützte der Staat »nichtkonkurrenzfähige« ökonomische Aktivitäten. Neben dem Markt organisiert der Staat ein umfangreiches System der politisch bestimmten Verteilung von Einkommen und Einkommenschancen, dessen Funktionieren die berühmte politische Stabilität Mexikos zum guten Teil erklärt. In dem Masse, in dem die staatliche Ausgabenpolitik in Widerspruch zu den für das Funktionieren des Finanzsystems unabdingbaren Stabilitätsbedingungen geriet, eröffnete sich ein Dilemma: Entweder musste das System der staatlichen Finanzierung grundlegend verändert werden – mit dem vorhersehbaren Ergebnis der Kapitalflucht –, oder der Staat musste sich sukzessive aus dem Wirtschaftsleben zurückziehen und immer weitere Bereiche dem Markt überlassen – mit dem vorhersehbaren Ergebnis eines Rückgangs des wirtschaftlichen Wachstums und einer Zunahme sozialer und politischer Konflikte.

Bis 1970 entschied sich die mexikanische Regierung für den zweiten Weg: für eine Einschränkung der staatlichen Ausgaben. Eine immer noch günstige internationale und binnenwirtschaftliche Konjunktur liess die negativen Ergebnisse der Austeritätspolitik relativ gemässigt ausfallen; bereits in den 60er Jahren akkumulierten sich jedoch hinter der Fassade wirtschaftlicher Stabilität und akzeptabler Wachstumsraten kritische Tendenzen, die eine Reorientierung der Wirtschaftspolitik unabwendbar machten. Unter der Präsidentschaft Luis Echeverrías (1970–1976) entschied man sich für den ersten Weg, musste aber sehr bald erfahren, dass eine Reorganisation der staatlichen Finanzierung – und d. h. v. a. eine Steuerreform – am politischen Widerstand der Unternehmer und eines Teils der staatlichen Bürokratie scheiterte. In der Folge kombinierte man beide Alternativen: während die staatlichen Ausgaben expandierten, um den Rückgang der privaten Investitionen zu kompensieren, blieb man im Bereich der Finanzpolitik bei dem Modell des »desarrollo estabilizador«: mit dem Ergebnis einer »explodierenden« Auslandsverschuldung und einer für mexikanische Verhältnisse sehr hohen Inflationsrate.

Man wird die Sensibilität des mexikanischen Finanzsystems nicht von *politischen* Faktoren trennen können: die von den Sparern *wahrgenommene* Differenz des politischen Risikos von Geldanlagen in Mexiko und den USA ist eine der Determinanten der Erfassungskapazität des mexikanischen Banksystems; das »Vertrauen«, das die Sparer in die mexikanische Regierung setzen — und das nicht allein abhängig ist von realen Zielen und Erfolgen der Wirtschaftspolitik, sondern auch von der Einhaltung bestimmter »Spielregeln«, der Bewahrung eines gewissen Konservativismus — ist eine der grundlegenden Funktionsbedingungen des Finanzsystems. Umgekehrt formuliert: da die Besitzer finanzieller Ressourcen diese jederzeit in die USA transferieren können, verfügen sie über eine Vetomacht gegen jede Veränderung der offiziellen Wirtschaftspolitik; die Umwandlung von Pesos in Dollar ist so etwas wie ein permanenter Abstimmungsprozess der Besitzer von Geldvermögen (one Dollar -one vote) über den wirtschaftspolitischen Kurs der Regierung. Dieser Abstimmungsprozess bildet die Grenze jedes mexikanischen Reformprojekts.

Mit seiner expansiven Wirtschaftspolitik, die eine neue, aktivere Rolle des Staates im Wirtschaftsprozess vorsah, verletzte Echeverría bereits eine der in der Vergangenheit etablierten Spielregeln, die das Verhältnis zwischen Staat und privaten wirtschaftlichen Akteuren festlegten. Die Regelverletzung fand in einem von der Regierung selbst angeheizten Klima populistischer Rhetorik statt; Forderungen nach der Umverteilung der Einkommen und nach grundlegenden wirtschaftlichen und sozialen Reformen gingen in das Regierungsprogramm ein; eine gewisse Lockerung des politischen Kontrollapparats liess oppositionelle Gewerkschaftsbewegungen entstehen und ermöglichte die Zunahme von Arbeitskämpfen. M. m. W.: den negativen Folgen einer inkohärenten Wirtschaftspolitik fügten sich *befürchtete* Veränderungen der politischen Rahmendaten zu, so dass ein real zunehmendes wirtschaftliches durch ein vermutetes politisches Risiko gleichsam multipliziert wurde. Mit dem Transfer ihrer Guthaben stimmten die Besitzenden Mexikos *gegen* die Wirtschaftspolitik Echeverrías; die 1975 einsetzende und 1976 dramatisch anschwellende Kapitalflucht zwang die Regierung zur Abwertung vom September

1976 und zur Einleitung eines mit dem IWF vereinbarten Stabilisierungsprogramms. Mit dem Wert des Peso fiel aber nicht nur das Ansehen der Regierung Echeverría, sondern ein Symbol nicht nur der wirtschaftlichen, sondern auch der politischen Stabilität Mexikos.

Zum mit dem IWF vereinbarten Stabilisierungsprogramm der Jahre 1977–1979 nur eine Anmerkung: die Stabilisierungspolitik wurde de facto 1978 eingestellt und sehr viel weniger konsequent durchgeführt, als dies in anderen lateinamerikanischen Staaten der Fall war bzw. als es angesichts der Dimension der aussenwirtschaftlichen Krise Mexikos hätte erwartet werden können. Grund war zum einen die vertrauensmobilisierende Kapazität des politischen Regimes für die Besitzer von Geldvermögen: der Präsidentschaftswechsel von Luis Echeverría zu José López Portillo, wirkungsvoll inszeniert, wirkte schon für sich »vertrauensmobilisierend«. Hinzu kam die offen unternehmerfreundliche Politik López Portillos und die Bereitschaft der parastaatlichen Gewerkschaften zur Akzeptierung erheblicher Reallohnsenkungen. Zum andern aber mobilisierte die öffentlichkeitswirksam inszenierte »wunderbare« Entdeckung märchenhafter Erdölvorkommen unter mexikanischem Boden bedeutende Vertrauenskontingente. Bis 1978 war ein grosser Teil des 1975/76 »geflohenen« Kapitals nach Mexiko zurückgekehrt, und dies *nicht,* weil der Erdölexport die aussenwirtschaftliche Situation des Landes *real* verändert hätte, sondern weil er eine *Perspektive* der Veränderung abgab. Zugleich wuchs auch die Bereitschaft internationaler Banken, die in den Erdölreserven Kreditsicherheiten sahen, Mexiko mit Krediten zu versorgen. Innerhalb von zwei Jahren war aus der Krise ein Boom geworden, dessen Antriebe eher von *Erwartungen* hinsichtlich der zukünftigen Entwicklung bestimmt war als von realen Veränderungen.

1978 setzte ein v. a. von öffentlichen Investitionen induzierter Wachstumsprozess ein (s. o.), der von erheblichen inflationären Pressionen begleitet war. Die Inflation, die aus Engpässen des Produktionssystems, die kurzfristig nicht zu überwinden waren, heraus entstand, wurde mehr oder weniger bewusst akzeptiert. Um sie jedoch nicht zu einem Erosionsfaktor des gerade sanierten Finanzsystems werden zu lassen, mussten Korrekturmechanismen eingesetzt werden, die aber den inflationären Prozess verstärkten und eine zusätzlich verzerrende Wirkung auf das Wachstum der Jahre 1978–81 ausübten. Da die mexikanische Inflationsrate höher war als die der USA und man eine kumulative Überbewertung des Peso, die irgendwann eine »schockartige« Abwertung wie die von 1976 hätte hervorrufen müssen, verhindern wollte, führte man das System der »Miniabwertungen« (monatlich ca. 1 % im Verhältnis zum Dollar) ein. Um jedoch die Flucht des Kapitals vor einer langsamen aber ununterbrochenen Wertverminderung des Peso zu bremsen, wurden mit jeder »Miniabwertung« die Zinssätze angehoben. Der Anstieg der Zinsen verstärkte die Inflation (und verringerte die Anreize zur produktiven Investition, mit der allein die Engpässe des produktiven Apparats hätten überwunden werden können); die Differenz der mexikanischen zur nordamerikanischen Inflationsrate nahm zu, neue Miniabwertungen und neue Anhebungen des Zinssatzes wurden notwendig: ein Teufelskreis ohne sichtbaren Ausweg.

Die u. a. von den steigenden Zinssätzen angeheizte Inflation war einer der Mechanismen *der Umverteilung der Erdölgewinne zugunsten des privaten Sektors;* um die Preise für öffentlich erstellte Güter und Dienstleistungen nicht zu einem zusätzlichen Inflationsfaktor werden zu lassen, verfolgten die staatlichen Unternehmen eine Politik der weitgehend stabilen Preise (mit Ausnahme der längst überfälligen Benzinpreiserhöhung vom Dezember 1981), so dass sich die Kaufkraft des öffentlichen Sektors sukzessive im Verhältnis zum privaten Sektor verringerte. Die Inflation beförderte die Konzentration der privaten Einkommen und eine substantielle Erhöhung der privaten Ausgaben. In einer Situation, die durch zu zunehmende Überbewertung des Peso (die von den Miniabwertungen nicht hatte kompensiert werden können) bestimmt war, setzten die gestiegenen privaten Ausgaben sich um in eine Steigerung der Importe in einem bisher nicht gekannten Ausmasse.

Die gesamtwirtschaftliche Situation, bestimmt durch steigende Importe, einen Rückgang des Zollschutzes für viele Industrien, hohe und steigende Zinssätze und die Überbewertung des Peso, war nicht geeignet, die produktive Investition zu befördern – ausgenommen die Produktion für Luxusgüter, die direkt an die Erdölindustrie angeschlossenen Produktions- und Dienstleistungssektoren sowie die Bereiche, die international nicht kommerzialisierbare Güter und Dienstleistungen erstellen. Wohl aber wurden Investitionen in Luxuskonsum, Auslandstourismus und Finanz- und Devisenspekulationen befördert, die eine realistische Alternative zu risikoreichen produktiven Investitionen abgaben.

Man kann so zusammenfassend behaupten, dass die Einnahmen aus dem Erdölexport in zweierlei Hinsicht verwandt bzw. verschwendet wurden:

a) in einem von der öffentlichen Investition induzierten Wachstumsprozess, der die Heterogenität der produktiven Struktur verstärkte, die Angebotselastizität der privaten Industrie und der Landwirtschaft überforderte und inflationäre Engpässe aufreissen liess;
b) in einem inflationären Umverteilungsprozess der Erdöleinnahmen, der die Konzentration der Einkommen, spekulative Investitionen, Importe und den Luxuskonsum beförderte.

Während der erste Bereich zum Gegenstand von *Planungen* wurde, die am »anarchischen« und »unausgewogenen« Charakter des Wachstumsprozesses zunächst zwar wenig änderten, langfristig aber u. U. eine Orientierung des Wachstumsprozesses an politisch definierten Prioritäten (regionale Dezentralisierung, Exportförderung, Komplementierung der Infrastruktur, prioritäre Förderung der landwirtschaftlichen Grundnahrungsmittelproduktion, der Agroindustrien, Kleinindustrie und lokalen Kapitalgüterproduktion) hätte erbringen können, organisierte man den finanziellen Bereich nach denselben Kriterien, die seit den 50er Jahren die mexikanische Finanzpolitik bestimmt hatten, d. h. man versuchte trotz der sukzessiven Überbewertung des Peso die Attraktivität des lokalen Finanzsystems mit allen Mitteln aufrechtzuerhalten.

Der externe Überschuss der Erdölindustrie wurde so vollständig von den Nicht-Erdöl-Sektoren verbraucht; mehr: der Anstieg der Importe in ungekanntem Ausmass, verbunden mit dem steigenden internationalen Schuldendienst, führte zu einer »Explosion« des Defizits der Leistungsbilanz, das nur deshalb relativ lange nicht in eine binnenwirtschaftliche Krise umschlug, weil die Perspektive, weiter mehr Erdöl zu höheren Preisen exportieren zu können, einen stabilisierenden Eingriff überflüssig zu machen schien (s. o.). Das Sinken des internationalen Ölpreises und der Rückgang der PEMEX-Verkäufe 1981 zerschlugen abrupt die aussenwirtschaftliche »Deckung« des Wachstumsprozesses. Auch in diesem Zusammenhang ist zu betonen, dass die *realen* Folgen der Ölpreissenkungen (in der Form verringerter staatlicher Einnahmen) multipliziert wurden durch ein auf wirtschaftliche und politische Risiken extrem sensibel reagierendes Finanzsystem, in dem die Nachrichten über sinkende Ölpreise und zurückgehende Verkäufe panische Reaktionen auslösten. Die Sparer in Mexiko begannen ihre Einlagen in Dollar zu transferieren; die mexikanische Zentralbank verbrauchte den grössten Teil ihrer Devisenreserven, um den Peso zu stabilisieren, konnte die Kapitalflucht aber nicht eindämmen. Am 23. Februar 1982 zog sich die Zentralbank vom Devisenmarkt zurück und überliess den Peso dem Spiel von Angebot und Nachfrage. Eine Abwertung von über 75 % war das Ergebnis.

## IV. Die politische Perspektive

Nach der Abwertung erklärte José López Portillo dem schockierten mexikanischen Publikum: »Yo soy un presidente devaluado – ich bin ein abgewerteter Präsident«. Wer die reale und symbolische Funktion des Präsidenten im politischen System Mexikos kennt, wird ermessen können, was diese Aussage bedeutete: das Eingeständnis der totalen politischen Niederlage nicht nur einer Person, sondern einer Institution. Anders als López Portillos Vorgänger Echeverría, der seine von der Abwertung von 1976 besiegelte Niederlage mit einer Steigerung der populistischen Rhetorik gegen die an der Abwertung »Schuldigen« zu kompensieren versuchte, scheint die Regierung López Portillos eher resigniert zu haben; die politische Aktivität der derzeitigen Regierung ist paralysiert. Eine wirksame Intervention in den Wirtschaftsprozess findet offensichtlich nicht mehr statt, eine ganze Reihe wichtiger staatlicher Wirtschaftsprojekte wurde einfach abgebrochen. Die politische Paralyse ist *zum Teil* dem institutionalisierten Verlauf der politischen Konjunktur Mexikos selbst geschuldet: das letzte Amtsjahr eines Präsidenten ist in der Regel das Jahr der grössten politischen Schwäche der Regierung; die politischen Kräfte beginnen sich um den künftigen Präsidenten zu regruppieren und versuchen, dessen zukünftige Politik zu beeinflussen. Diese künftige Politik ist aber noch nicht definiert, das Projekt des Präsidentschaftsnachfolgers wird in der Regel erst in dem Zeitraum zwischen der Wahlkampagne und dem Ende des ersten Regierungsjahres formuliert; die Übergangsphase zwischen zwei Präsidentschaftsperioden ist so durch ein gewisses Machtvakuum gekennzeichnet, in dem die konkurrierenden politischen Kräfte eher »anarchisch« agieren und die Bedingungen des folgenden Sexenniums mitzubestimmen versuchen. Die Paralyse der derzeitigen Regierung ist aber *nicht nur* dem bevorstehenden Regierungswechsel geschuldet: die Abwertung bedeutete das Scheitern eines politisch-wirtschaftlichen *Projekts*, das als *langfristiges* Projekt konzipiert war. Diese Langfristigkeit brachte sich in der Kontinuität zum Ausdruck, die mit dem Übergang von López Portillo zu Miguel De La Madrid personell gewährleistet zu sein schien. Der vorzeitige Abbruch dieses Projekts traf die mexikanischen Wirtschaftspolitiker jedoch ohne Handlungsalternativen. Hinzu kommt, dass die derzeitige Regierung ihre politische Legitimation gegenüber den Massen systematisch auf ihrer Rolle als »Verwalterin des Erdölreichtums im Nationalen Interesse« aufgebaut hat. Die derzeitige Situation lässt zumindest den Verdacht aufkommen, diese Regierung habe den Reichtum Mexikos zugunsten partikularer Interessen »verspielt«. Mit dem Hinweis auf den Erdölreichtum Mexikos hatte die Regierung massenhaft Erwartungen produziert, deren Nicht-Einlösbarkeit sie jetzt selber zugestehen muss. Welche Folgen dieses Scheitern für die Legitimation des mexikanischen Regimes und damit für die politische Stabilität des Landes hat, lässt sich derzeit noch gar nicht abschätzen.

Was sind die Perspektiven der mexikanischen Entwicklung? Diese Frage hat vor noch kurzer Zeit mit dem phantasievollen Entwurf von Entwicklungsszenarios beantwortet werden können; es schien, dass auf jeden Fall *grundlegende Veränderungen* bevorstünden, dass Mexiko auf jeden Fall ein *anderes* Land werden würde, dass die Erdölkonjunktur eine unaufhaltbare und von ihrem Ergebnis her offene Dynamik ins Leben rufen würde, die – wenn auch mit enormen sozialen Kosten – ein *neues* Mexiko schaffen könnte. Heute fallen die Prognosen trüber aus: eine Wachstumsrate von 4 % für 1982, d. h. ein Pro-Kopf-Wachstum von 0.6 %, gilt schon als optimistische Prognose (auch Nullwachstums-Prognosen fehlen nicht), und eine Inflationsrate von 50 % wird von den Wirtschaftspolitikern für wahrscheinlich gehalten. Der Entwicklungsspielraum ist auf jeden Fall sehr viel enger, als er 1977 beim Amtsantritt López Portillos war. Phantasie müsste sich heute eher bei dem Entwurf von Negativ-Szenarios entfalten können.

*Eine* Variable, die die zukünftige Entwicklung bestimmen wird, ist der internationale Erdölpreis, der nicht nur das Einkommen des mexikanischen öffentlichen Sektors mitbestimmt, sondern auch über das »Vertrauen«, das der wirtschaftlichen Entwicklung des Landes entgegengebracht wird – und damit über den Zustand des Finanzsystems – entscheidet. Hier kann wohl vermutet werden, dass eine Stabilisierung des Internationalen Ölpreises bzw. ein Preisanstieg mindestens im Rhythmus der Inflationsrate in den Industrieländern wahrscheinlich ist. Man kann also auf eine gewisse Verbesserung der finanziellen Position Mexikos in den kommenden Jahren rechnen. Eine Vervielfachung des Ölpreises, wie sie in den 70er Jahren stattfand, ist dagegen kaum wahrscheinlich. Man wird in Mexiko daher nicht auf ein weiteres Wunder von Guadalupe rechnen können, das die drohenden Wolken der Wirtschaftskrise hinwegfegt. Die Frage einer rationellen Verwendung der Erdölerlöse wird daher an Gewicht zunehmen.

Eine Stabilisierung bzw. leichte Anhebung des Ölpreises, ein Aufschwung in den Industrieländern, die Folgen der Abwertung und der Austeritätspolitik sowie die ökonomisch mobilisierenden Folgen des Regierungswechsels könnten den Spielraum einer neuen Wachstumsphase für die Jahre nach 1983 schaffen, wenn es auch wenig wahrscheinlich ist, dass Wachstumsraten um 8 %, wie sie 1978−81 vorgeherrscht hatten, erzielt werden können. Es wird dagegen immer unwahrscheinlicher, dass mit einer akzeptablen wirtschaftlichen Wachstumsrate *allein* sich die grundlegenden sozialen Probleme des Landes werden lösen lassen. Vor dem Hintergrund der gegebenen produktiven und sozialen Struktur wird sich das Wachstum wieder in eine Verschlechterung der finanziellen und aussenwirtschaftlichen Position des Landes umsetzen. M. a. W., *wenn* wieder ein Wachstumsboom einsetzt, wird er etwa so verlaufen wie 1977−81. Dies unter der realistischen Voraussetzung, dass der mexikanische Staat zu grundlegenden Reformen (v. a. zur Steuerreform) unfähig ist, weil er der Vetomacht der Besitzer von Geldvermögen unterworfen ist − und diese werden keiner Politik zustimmen, die ihre Vetomacht einschränkt.

Damit ergibt sich die Perspektive eines trüben politisch-ökonomischen Zyklus, einer Wiederholung der Entwicklungen der vergangenen beiden Sexennien: ein Wachstumsprozess, der finanziell und aussenwirtschaftlich nicht abgesichert ist, führt zur Inflation und sukzessiven Überbewertung des Peso, zur Kapitalflucht und einer weiteren Abwertung gegen Ende des künftigen Sexenniums. *Die Inflation ist der Mechanismus, mit dem die »Früchte« des Wachstums von den Besitzern von Geldvermögen angeeignet werden können. Kapitalflucht und Abwertung sind die Mechanismen, mit denen die »Kosten des Wachstums« auf die Nicht-Besitzer umverteilt werden.* Die Frage ist nur noch, wie unter diesen Bedingungen die politische und soziale Stabilität aufrechterhalten werden kann.

Die Regierung wird nicht in der Lage sein, diesen Zyklus zu verändern: weder kann sie die Grundlagen des Wirtschaftsprozesses reformieren (s. o.), noch kann sie darauf verzichten, das wirtschaftliche Wachstum (auch unter Bedingungen der Instabilität) mit allen Mitteln zu forcieren: ihre eigene Existenz hängt ab von einem System der politischen Verteilung von Einkommen und Einkommenschancen, das nur unter Wachstumsbedingungen funktionsfähig ist. Für die Einführung einer neoliberalen Wirtschaftspolitik, die auf die Stimulierung des Wachstums verzichtet und den Staat aus dem Wirtschaftsprozess zurückzieht, wäre eine Transformation des *politischen* Regimes notwendig. Angesichts der Schwäche des Militärs gibt es jedoch keinen politischen Träger einer neoliberalen Wirtschaftspolitik. Die Linke auf der anderen Seite ist ebensowenig in der Lage, als politische Alternative zum PRI-Regime aufzutreten; ihre Schwäche ist von ihr selbst als Datum akzeptiert, und von einer Verschärfung der Krise hat sie bislang noch nie profitieren können.

Bleibt die Möglichkeit einer Selbsttransformation des PRI in einen Träger neoliberaler Wirtschaftspolitik? Auch diese Entwicklung ist m. E. versperrt: Funktionsmodus und Existenzbedingung des PRI ist die hierarchisch organisierte Verteilung von Einkommenschancen gegen politische Loyalität. Als Verteilungsapparat wirkt der PRI bis in das letzte Dorf, bis in die kleinste Betriebsgewerkschaft, bis in das letzte Elendsviertel hinein. Ein Austrocknen der Kanäle, durch die die Partei mit allen Regionen und Sektoren des Landes verbunden ist, würde die faktische Spaltung der Partei provozieren und deren Funktionsunfähigkeit besiegeln.

Aber gerade auf diesem Wege *könnte* das politische System Mexikos erodieren: weder Militärdiktatur, noch linke Reformregierung oder gar Revolution, *sondern der Verfall*. Ein Verlust an wirtschaftlicher Interventions- und politischer Legitimationskapazität des Regimes könnte sich umsetzen in die Zersetzung der zentralstaatlichen Autorität, den Machtgewinn der Gouverneure und lokalen Machthaber, die Zersetzung des Apparats parastaatlicher Massenorganisationen (Gewerkschaften und Bauernverbände) und den Machtgewinn der Caudillos von Einzelgewerkschaften und lokalen Bauernligen, in eine Segmentierung des Staatsapparats, die Verwandlung einzelner staatlicher Dependenzen und Unternehmen in lokal-regionale Machtzentren (ein Beispiel ist bereits PEMEX, das gemeinsam mit der Erdölarbeitergewerkschaft STPRM die Erdölregionen politisch kontrolliert), in die Zunahme paramilitärischer Organisationen, das Anwachsen der Aufstände der Bauern und ethnischer Minderheiten, die Militarisierung einzelner Regionen, das Überspringen des Bürgerkriegs in Guatemala auf den Süden Mexikos, in eine Zunahme nicht mehr kalkulierbarer sozialer Gewalt (die von keinem »politischen Zentrum«, Partei o. ä. gelenkt wird) und ein Anschwellen des Migrationsflusses in den Norden.

Die Pulverisierung der politischen Macht hat in Mexiko ein historisches Vorbild: die Revolution von 1910. Historische Analogien sollten nicht zu weit getrieben werden. Nur verweist die Unfähigkeit des derzeitigen Regimes zur dringend notwendigen Reform darauf, dass 70 Jahre »institutionalisierter Revolution« noch nicht die Institutionen geschaffen haben, die in Phasen der wirtschaftlichen und v. a. politischen Krise die Regression des Systems abwenden können.

# Mexiko im internationalen Kontext

von Klaus Eßer

## Die wirtschaftliche Basis der Aussenwirtschafts- und Aussenpolitik

Eine günstige Kapitalausstattung ist eine wichtige, keineswegs aber eine hinreichende Entwicklungsbedingung. Ein Ressourcenzufluss aus Rohstoffexporten trägt nicht ohne weiteres dazu bei, ungünstige Entwicklungsbedingungen aufzuheben. Üblicherweise schafft er vielmehr im Entwicklungsprozess neue Verzerrungen, die sich bald als zusätzliche Entwicklungshemmnisse herausstellen können.[1]

Im Falle Mexikos ermöglichte der Ressourcenzufluss aus dem Ölexport die Fortführung und Intensivierung des traditionellen Wachstumsmodells, das spätestens 1975/76 an seine aussenwirtschaftlichen Grenzen gestossen war. Diese Grenzen wurden jedoch mit der drastischen Abwertung ab Februar 1982 erneut sichtbar. Der Preisverfall auf dem Ölmarkt, die Stagnation der agrarischen und industriellen Exporte, die sprunghaft gestiegene Auslandsverschuldung, der ausser Kontrolle geratene Staatshaushalt und die zunehmende Inflation haben verdeutlicht, dass die aussenwirtschaftlichen Spielräume Mexikos aufgrund der Ölexporte bei weitem nicht so gross geworden sind, dass ein vorwiegend binnenorientiertes industrielles Wachstum und *gleichzeitig* eine unkontrollierte Konsumsteigerung, die ebenfalls die Leistungsbilanz stark belastet, möglich würden.

Die während der Boomjahre (1978 − 81) unterlassene Anpassung ist nun in einer Phase niedrigen wirtschaftlichen Wachstums nachzuholen. Es gibt Anzeichen für eine realistischere Einschätzung des entwicklungspolitischen Spielraumes, den die immerhin wachsenden Exporteinnahmen in den nächsten Jahren eröffnen; sofern aber die Macht- und Wirtschaftselite des Landes nicht wesentlich grössere Anstrengungen zur Fortentwicklung des mexikanischen Wachstumsmodells unternimmt, wird sich dieses bestenfalls auf einem erheblich höheren Verschuldungsniveau für einige Jahre stabilisieren lassen. Wahrscheinlicher sind allerdings bei blosser Fortschreibung dieses Modells, angesichts der weiterhin hohen Bevölkerungszunahme sowie einer Arbeitslosigkeit und Unterbeschäftigung, die bereits mehr als 40 % der Erwerbsfähigen betreffen, Tendenzen zu einer sozialen und politischen Destabilisierung, durch die sich die politische Position des Militärs weiter verstärken dürfte.

Eine Fortentwicklung des mexikanischen Wachstumsmodells ist besonders bei den folgenden seiner Elemente unerlässlich:

1. Es gilt, ein überproportionales Wachstum der langlebigen Konsumgüter- einschliesslich der Kfz-Industrie zu vermeiden. Angesichts der hohen Einkommenskonzentration und der Devisenbeträge, die ins Land fliessen, hat die Nachfrage gerade in diesem Industriebereich stark zugenommen, während die Produktion einfacher Massenkonsumgüter nur wenig Dynamik aufweist. Ein kritikloses Nachholen der entsprechenden brasilianischen Erfahrungen hätte erhebliche entwicklungsstrategische Nachteile:

— Gute Investitionschancen ergeben sich vor allem für ausländische Konzerne, die diesen Industriebereich dominieren. Sie ziehen einen bedeutenden Teil der Einnahmen aus dem Ölexport an sich, tragen erheblich zur Ausweitung der Importe (später auch des Gewinntransfers und der Technologiezahlungen) bei und verbessern ihre ohnehin starke wirtschaftliche und politische Position im Lande.

— Das schnelle Wachstum in diesem Industriebereich verschärft die bereits grossen sozialen, sektoralen und regionalen Ungleichgewichte und steigert die ökologischen Belastungen in den Grossstädten. Aufgrund des engeren Binnenmarktes könnte Mexikos Regierung weitaus eher und stärker als die Brasiliens unter Druck geraten, den Aufbau integrierter Kfz-Komplexe durch eine noch stärkere Einkommenskonzentration sowie die Ausweitung des Strassenbaus auf Kosten der Nah- und Fernschnellverkehrsnetze auf der Schiene zu fördern.

Vordringlich wären im Bereich der langlebigen Konsumgüter- und besonders der Kfz-Industrie ein schneller Abbau der Importe und eine frühzeitige Exportorientierung. Die Massnahmen der Regierung zur Steigerung des mexikanischen Fertigungsanteils in der Kfz-Industrie, zur Senkung des Benzinverbrauches von neuen Modellen und zur Verringerung des Importes von Autoteilen weisen in die richtige Richtung, reichen aber bei weitem nicht aus, um die Dynamik in diesem Industriebereich ausreichend zu bremsen.

2. Nur über eine noch stärkere Förderung der Grundstoff- und der Investitionsgüterindustrie können die durchaus vorhandenen Möglich-

keiten genutzt werden, in den 80er Jahren die Wirtschaft des Landes über die neuen industriellen Agglomerationszentren stärker zu regionalisieren und einen zunehmend selbsttragenden und autonomen Industrialisierungsprozess durchzusetzen. Der Beitrag der Petrochemie, der Stahlindustrie und anderer Zweige der Grundstoffindustrie sowie der Investitionsgüterindustrie, insbesondere für die Bereiche Ölförderung und -verarbeitung, und der Chemie zum Gesamtwachstum kann eine solche Grössenordnung erreichen, dass Mexiko nicht im dem Masse wie etwa Brasilien im Zeitraum 1965 − 75 auf einen dynamischen Ausbau der Kfz-Industrie angewiesen ist. Dies würde um so mehr gelten, als auch für die noch wenig entwickelten Industrien, die der Landwirtschaft vor- und nachgelagert sind, bei geeigneter Förderung gute Wachstumschancen bestehen.

Über ein starkes staatliches Engagement in der Grundstoff- und der Investitionsgüterindustrie könnte in Mexiko in den 80er Jahren eine ähnliche stabile Dreieckskonstellation von Staat plus staatlichem Wirtschaftssektor, multinationalen Konzernen und nationaler Privatwirtschaft entstehen, wie sie für Brasilien charakteristisch ist.[2]

Vor allem in vielen Bereichen der Investitionsgüterindustrie besitzt das ausländische Kapital gute Investitionschancen, wenn es sich stärker mit Staat und nationaler Privatwirtschaft verflicht. Im Rahmen wachsender Tendenzen zu einer »mixed economy« kommt neuen Kooperationsformen zwischen diesen drei Fraktionen eine wichtige Bedeutung zu, um die traditionellen Formen des ausländischen Engagements allmählich zu substituieren und mehr als bisher den Technologietransfer zu fördern. Über die genannte Dreieckskonstellation könnte vielleicht sogar die bisher bestehende Neigung zur Überschätzung der staatlichen Steuerungskapazität sowie zu Gross- und Verbundprojekten, die sich − ähnlich wie in Brasilien − hinsichtlich ihrer binnen- und aussenwirtschaftlichen Wirkungen häufig als unübersichtlich erweisen und meist wenig zum Importabbau beitragen, reduziert werden. Der staatliche Wirtschaftssektor sollte auf wenige industriestrategisch wichtige Bereiche beschränkt werden.

3. Selbst bei dauerhaft hohem wirtschaftlichem Wachstum wird der »moderne Sektor« nicht ausreichend dazu beitragen können, Arbeitslosigkeit und Unterbeschäftigung zu verringern. Dies gilt um so mehr, als die Investitionsschwerpunkte Grundstoff- und Investitionsgüterindustrie ebenso wie die langlebige Konsumgüterindustrie relativ kapitalintensiv sind. In der Phase des Aufbaus dieser Industriebereiche sind begleitende Investitionsschwerpunkte in anderen Sektoren besonders

wichtig, soll das Beschäftigungsproblem in Grenzen gehalten werden. Auch aus diesem Grunde sollte die lange vernachlässigte Landwirtschaft nach der Grundstoff- und Investitionsgüterindustrie eine eindeutige zweite Priorität bei der staatlichen Förderung erhalten. Die positive Reaktion der Landwirtschaft auf die vermehrte Förderung in den letzten Jahren zeigt, dass gute Chancen zu einer kostengünstigeren Binnenversorgung mit Grundnahrungsmitteln, einem Abbau der Agrarimporte und darüber hinaus zu einer Steigerung der Agrarexporte in Bereichen mit hohen komparativen Vorteilen zum geographisch nahen US-Markt bestehen. Erforderlich ist eine zunehmende spezifische Förderung in Kombination mit strukturbereinigenden Massnahmen.

Unter beschäftigungspolitischen Gesichtspunkten kommt auch den folgenden Überlegungen Bedeutung zu: Würde zur Verbesserung der aussenwirtschaftlichen Lage und zur Bekämpfung der Inflation die Nachfrage, die durch die Peso-Abwertung ohnehin eingedämmt worden ist, drastisch verringert, etwa über weitere Einschränkung der öffentlichen Ausgaben und der Kreditvergabe an die Privatwirtschaft, wären die Beschäftigungserfolge der gegenwärtigen Administration schnell aufgehoben.[3] Sinnvoller ist es, die Politik zur Schaffung zusätzlicher Arbeitsplätze fortzuführen, zugleich aber die Realeinkommen langsamer wachsen zu lassen. Die öffentlichen Investitionen sollten weitaus stärker als schon 1982 vom Ölsektor weg auf die Schwerpunkte »Grundstoff- und Investitionsgüterindustrie«, »Landwirtschaft plus Ausbau der unzulänglichen Infrastruktur im Hinterland« und »soziale Dienste« gelenkt werden. Diese Schwerpunkte sind auch unter politischen Gesichtspunkten wichtig: Um den »modernen Sektor« der mexikanischen Gesellschaft gruppieren sich grosse und schnell wachsende Bevölkerungsschichten, deren Erwartungen steigen, ohne dass sich ihre Lebensbedingungen wesentlich verbessern.

4. Die aussenwirtschaftliche Flanke des mexikanischen Wachstumsmodells wird auf absehbare Zeit kritisch bleiben. Die durchschnittliche Ölexportmenge lag 1981, u. a. wegen der verfolgten Politik hoher Preise, bei nur 1,1 Mio. bpd, während 1,5 Mio. bpd, damit etwa 6 Mrd. US$ mehr, erwartet worden waren. Angesichts der Zahlungsbilanzprobleme wird 1982 eine aggressive Exportpolitik unter erheblichen Preisverzichten betrieben. Obwohl damit im Unterschied zur OPEC-Strategie eine Anpassung an den wegen Rezession und Einsparungen in den westlichen Industrieländern entstandenen Käufermarkt erfolgt, scheint die beabsichtigte Verdopplung der Ölexporte auf 2 Mio. bpd bis

Ende 1982 kaum möglich. Auch der Abbau der hohen Importe von Investitionsgütern zur Ölförderung kann aufgrund der Zielsetzung, die Exportmenge in sechs Jahren auf 4 Mio. bpd zu steigern, kaum so schnell wie beabsichtigt erfolgen. Dies gilt selbst für den Fall, dass es gelingen würde, die Ansätze zu Energiesparmassnahmen, besonders beim Benzinverbrauch, weiter auszubauen.

Die Tendenzen zu einer Monoexportstruktur könnten sich noch weiter verstärken: Bei wichtigen Exporten von Bergbau und Landwirtschaft ergab sich am Weltmarkt ein deutlicher Preisverfall. Wegen der Rezession in den Industrieländern und im übrigen Lateinamerika wird auch eine starke Ausweitung der Industriegüterexporte trotz der Peso-Abwertung und geringerer Binnennachfrage kurz- bis mittelfristig kaum möglich sein. Wichtigstes Instrument zur Verbesserung der Handelsbilanz, die 1981 mit etwa 5 Mrd. US$ defizitär war, dürfte also die Verschärfung der Importkontrolle bleiben. Auch das hohe Defizit der Leistungsbilanz wird kaum schnell abbaubar sein: Aufgrund der ungünstigen Wirtschaftsentwicklung in den USA und erheblichen Preissteigerungen nach der Peso-Abwertung durch das Hotelgewerbe Mexikos ist eine starke Verbesserung der Tourismusbilanz nicht zu erwarten.[4] Die ausländischen Direktinvestitionen, die 1981 mit 2,1 Mrd. US$ einen bisher unerreichten Zuwachs aufwiesen, dürften 1982 erheblich niedriger ausfallen. Die öffentliche Auslandsschuld, die sich 1981 um fast 15 auf etwa 48 Mrd. US$ erhöhte, wird 1982 mindestens um weitere 11 Mrd. US$ wachsen.[5]

Der Spielraum für eine weitere Neuverschuldung des Landes engt sich in dem Masse ein, wie der Schuldendienst – auch angesichts der weiterhin hohen Zinsen in den USA – die Grössenordnung der Einnahmen aus den Ölexporten zu erreichen droht.

Selbst wenn die internationale Nachfrage nach Öl und anderen mexikanischen Produkten wieder zunehmen würde, ist in den nächsten Jahren kein neuer ausseninduzierter Wirtschaftsboom zu erwarten. Vielmehr wird der aussenwirtschaftlichen Konsolidierung eine weitaus grössere Beachtung zu schenken sein als bisher. Dies gilt für Politiken und Massnahmen in verschiedenen Bereichen:
– die Steigerung der Öl- und Gasexporte, die Gewinnung neuer Partner für diese Exporte in Industrie- und Entwicklungsländern, die Etablierung möglichst dauerhafter Absatzbeziehungen zu den wichtigen Bezugsländern, die Steigerung des Know-how beim Marketing sowie die Ausweitung der Ausfuhr von Raffinerieprodukten;
– die Steigerung und Diversifizierung der Industriegüterexporte, die

im Vergleich mit ost- und südostasiatischen Entwicklungsländern, aber auch Brasilien, gering sind; hierzu sollte die generelle, hohe Dauersubventionen erfordernde Exportpolitik durch eine spezifische, auf jeweils neue Produkte, die Exporterfolge erwarten lassen, abstellende Förderungspolitik abgelöst werden, die vermutlich den wachsenden Protektionismus der Industrieländer eher unterlaufen kann; die mexikanische Industrie sollte schrittweise einem stärkeren internationalen Wettbewerb ausgesetzt werden; der Exportorientierung der Grundstoffindustrie, besonders der Petrochemie, kommt eine besonders wichtige Bedeutung zu,
- der konsequente Abbau der Importe von industriellen und agrarischen Konsumgütern bis hin zu einer Importstruktur wie der brasilianischen, die fast ausschliesslich Investitionsgüter aufweist; die Aufschiebung von Grossprojekten, etwa im Rahmen des ambitiösen Nuklearprogrammes, die die Zahlungsbilanz langfristig erheblich belasten, wie sich im Falle Brasiliens zeigt;
- eine kontrollierte Zunahme der Auslandsverschuldung, was vor allem eine stärkere Mobilisierung von inländischem Investitionskapital sowie eine Kontrolle der Verschuldung der staatlichen Wirtschaftsunternehmen voraussetzt; schliesslich laufende Abwertungen, die der in den nächsten Jahren sicherlich weiterhin stark unterschiedlichen Entwicklung der Inflationsraten in Mexiko und den USA Rechnung tragen (mexikanische Inflationserwartungen für 1982: 45 – 60 %).

Selbst bei konsequenter Verfolgung einer solchen Strategie wird Mexiko um 2000 höchstens eine regionale Industriepotenz[6] sein:
- Das Land hat bis zu diesem Jahr ein Bevölkerungswachstum um fast 40 Millionen, ein weit überdurchschnittliches Wachstum der Grossstädte, in denen die Lebensqualität bereits schnell sinkt, sowie eine durchschnittliche jährliche Zunahme der Erwerbspersonen von 3,6 % zu verkraften.[7] Selbst wenn eine stärkere Regionalisierung der Wirtschaft erreicht würde, dürfte der soziale und politische Druck in den Städten und den an Guatemala anschliessenden ländlichen Regionen bisher unbekannte Grössenordnungen erreichen.
- Der Aufbau einer tendenziell eigenständigen Grundstoff- und noch mehr einer Investitionsgüterindustrie ist, wie sich in Brasilien oder Südkorea seit Jahren zeigt, ein langwieriger und die Zahlungsbilanz erheblich belastender Prozess. Wichtige Hemmnisse dieser Prozesse in Mexiko sind das Fehlen breiter Facharbeiterschichten und ein nicht nur im Vergleich mit Industrieländern noch geringes

Niveau von Forschung und Entwicklung. Ein weiteres wichtiges Hemmnis besteht trotz der Ölexporte im aussenwirtschaftlichen Bereich: Während die Auslandsverschuldung Brasiliens vor allem *aufgrund* des dynamischen Industrialisierungsprozesses wuchs, ist sie in Mexiko bereits auf einem ungleich niedrigeren Industrialisierungsniveau[8] fast gleich hoch. Auch deswegen erscheint es notwendig, die Handelsbilanz nicht *gleichzeitig* durch hohe Investitionsgüterimporte der langlebigen Konsumgüter- und der Grundstoff- und Investitionsgüterindustrie zu belasten, sondern die Entwicklung der beiden letzten Industriebereiche zeitlich vorzuziehen und prioritär zu behandeln.

— Zwar betonen Politiker und Wissenschaftler seit der Abwertung des Peso, dass Mexiko aufgrund des Ölexportes allein durchaus nicht an einem »turning point« seiner Entwicklung stehe; die Tendenzen zu einer »petrolized economy« und darüber hinaus einer Venezolanisierung« der Konsumansprüche erfordern aber weitaus grössere Bemühungen als bisher zur Steigerung der Steuerungskapazität der staatlichen Administration. Die Leistungsfähigkeit des politischen Systems Mexikos wird sich darin zeigen, inwieweit es gelingt, die staatlichen Unternehmen zu rationalisieren, die allgemeine Korruption einzudämmen, die im Vergleich mit anderen teilindustrialisierten Ländern geringen Steuereinnahmen zu steigern, die überaus grossen Möglichkeiten zur Energieeinsparung zu nutzen sowie die Importe von Luxusgütern und die kostspieligen Auslandsreisen von Mexikanern zu bremsen. Auch die Gesellschaft eines ölexportierenden Landes ist, wie sich für Mexiko bald zeigte, dem Druck zur Effizienzsteigerung aufgrund von Ressourcenknappheit unterworfen.

Vor diesem Hintergrund sind die Tendenzen und Spielräume der mexikanischen Aussenwirtschafts- und Aussenpolitik sowie die Rolle des Landes im internationalen Kontext in den 80er Jahren einzuschätzen. In den nächsten Jahren werden die Verbesserung der aussenwirtschaftlichen Position angesichts der hohen Verschuldung und der hohen Zinsen sowie die Konsolidierung der Binnenwirtschaft im Mittelpunkt der Wirtschaftspolitik stehen. Längerfristig gesehen ist Mexiko in dem Masse ein attraktiver Wirtschaftspartner, wie es seinen Industrialisierungsprozess beschleunigen und *gleichzeitig* seinen Binnenmarkt durch strukturverbessernde Massnahmen, welche auf eine Steigerung der Masseneinkommen abzielen, ausweiten kann. Politiken zur Aufschliessung des Binnenmarktes kommt um so mehr Bedeutung zu, als die Inflation besonders die Masseneinkommen angreift. Mexikos wirtschaftliche Expansion nach innen wird für die Industrieländer von grösserem Interesse bleiben als der Bezug von Öl. Die Formel für die Gestaltung der Aussenwirtschaftsbeziehungen muss daher lauten: »Investitionsfelder, besonders in der Investitionsgüterindustrie, plus Öl und petrochemische Produkte gegen Importe von Investitionsgütern und Technologie«.

### Entwicklung der Beziehungen zu den USA: Kooperation und Konflikt

Die Phase der »buena vecindad« und der »relación especial« in den Beziehungen zu den USA (1942 – 1972/73) ist abgeschlossen. In den nächsten Jahren werden die Wirtschaftsbeziehungen zu den USA relativ an Bedeutung verlieren. Der Anteil des wichtigsten Wirtschaftspartners an den Exporten Mexikos sinkt aufgrund der Politik des Landes zur Auffächerung seiner Wirtschaftspartner. Auch der Anteil der USA an den Importen wird vermutlich abnehmen: wegen der Rezession, des geringeren Interesses an Ölbezügen aus Mexiko, der mexikanischen Diversifizierungspolitiken und des dynamischeren Wachstums der Landwirtschaft Mexikos, schliesslich weil sich dieses Land immer mehr zu einem Ausgleich seiner stark defizitären Handelsbilanz mit den USA gezwungen sehen wird. Die Formel »Öl gegen Nahrungsmittel«, die von US-Wissenschaftlern zur Kennzeichnung der bilateralen Beziehungen zu Mexiko benutzt worden ist, hat bereits an Relevanz verloren.

Die handelspolitischen Probleme zwischen beiden Ländern werden eher zu- als abnehmen: Mexiko trat dem GATT nicht bei. Die USA wenden sich gegen mexikanische Exportsubventionen für Fertigwaren und mexikanische Exporte von Produkten, die US-Spitzentechnologien einschliessen, in sozialistische und andere Drittländer. Die Technologiegesetzgebung Mexikos verbietet politische Handelsrestriktionen. Zugleich ergeben sich aus den mexikanischen Importrestriktionen Probleme für die US-Wirtschaft. Die Investitionen von US-Unternehmen in Mexiko werden hoch bleiben; längerfristig ist jedoch aufgrund der mexikanischen Diversifizierungspolitiken mit einem fallenden Anteil an den gesamten ausländischen Direktinvestitionen zu rechnen. Die USA möchten die Zuwanderung von Wanderarbeitern durch Regulierung verringern; Mexiko dagegen besitzt angesichts des hohen Bevölkerungswachstums Interesse an weiterer Abwanderung.

Aus einer ökonomisch-sicherheitspolitischen Allianz einschliesslich einer »Nordamerikanischen Wirtschaftsgemeinschaft« (USA, Kanada, Mexiko) würden sich für Mexiko mehr Nach- als Vorteile ergeben: Die Möglichkeiten der USA, gegenüber Mexiko Grossmachtansprüche durchzusetzen, würden zunehmen. Das Land würde durch Einbeziehung in die Ost-West-Frontstellungen die günstigen Chancen, seinen aussenwirtschaftlichen und -politischen Spielraum auszuweiten, verringern. Zugleich würden sich bei Aufgabe des »tercermundismo« die innenpolitischen Fronten verhärten. Das Interesse Washingtons an einer solchen Wirtschaftsgemeinschaft scheint allerdings bereits wieder abzunehmen: Die Nachfrage nach mexikanischem Öl sinkt; das südliche Nachbarland lässt sich nicht auf langfristige umfassende wirtschaftliche und politische Abkommen mit den USA festlegen. Zugleich werden die Unterschiede in der Bewertung der politischen Entwicklung in der zentralamerikanisch-karibischen Subregion deutlicher.

Während sich die Politik Washingtons gegenüber Mexiko (und dem übrigen Lateinamerika) alle vier Jahre zu wandeln pflegt, besteht seit dem Zweiten Weltkrieg eine enge und kontinuierliche Zusammenarbeit zwischen Teilen der mexikanischen und der US-Privatwirtschaft, die von Veränderungen und Beziehungen auf Regierungsebene kaum je stark berührt worden ist.[9] Besonders die Privatwirtschaft im Norden Mexikos (Monterrey) ist in vielfältiger Weise mit US-Konzernen verflochten. Sie steht daher den Bestrebungen der Zentralregierung zur Auffächerung der Aussenhandelspartner gleichgültig bis ablehnend gegenüber. Zwar sind die USA nicht mehr in der Lage, durch Druckausübung sowie die Unterstützung alternativer wirtschaftlicher Konzepte und oppositioneller Macht- und Wirtschaftsgruppen eine wirtschaftliche und politische Kooperationsbereitschaft zu erzwingen;[10] dennoch werden die aussenwirtschaftlichen und -politischen Optionen Mexikos dadurch eingeschränkt, dass seine Wirtschaft im Norden mit derjenigen der USA zusammengewachsen ist, etwa auch über arbeitsintensive Exportindustrien (»maquiladoras«), und im Süden derjenigen der anschliessenden Länder Zentralamerikas ähnlicher wird.

**Entwicklung der Beziehungen zu den übrigen Industrieländern**

Die Ölexporte bieten Chancen, das Spektrum der Aussenwirtschaftspartner Mexikos aufzufächern und neue Kooperationsformen mit den

Ländern Westeuropas, Japan und Kanada sowie Staaten im Industrialisierungsprozess zu entwickeln. Die mexikanische Politik einer zwischenstaatlichen Verhandlung bestimmter Ausschnitte der bilateralen Beziehungen (»verhandelter Bilateralismus«) hat bereits zu einem Netzwerk von Regierungsabsprachen, Kooperationsabkommen, bilateralen Kommissionen und neuen Kooperationsformen auf Unternehmensebene[11] geführt. Ziel Mexikos ist es, über Rahmenverträge das Investitions- und Handelsvolumen mit den Partnerländern auszuweiten sowie alle Elemente der Industriekooperations-, Technologie-, Kultur- und Entwicklungspolitik zu koordinieren und mit der Wirtschafts-, Aussenwirtschafts- und Aussenpolitik abzustimmen.

Ab Ende der 60er Jahre sicherte sich Japan über ein bilaterales Vertragssystem eine stabile und ausbaufähige Position auf dem mexikanischen Markt, die Beteiligung an vielen Grossprojekten in Industrie und Infrastruktur, etwa in den neuen Industriehäfen, und eine längerfristige abgesicherte Ölversorgung. Japans Position als Wirtschaftspartner Mexikos wird mittelfristig wahrscheinlich die der Bundesrepublik Deutschland übertreffen. Auf ähnlichem Wege versuchen seit einigen Jahren weitere Industrieländer, vor allem Spanien und Frankreich, ihre bisher unbedeutenden Wirtschaftsbeziehungen zu Mexiko auszuweiten. Eine enge gemeinsame Investitionstätigkeit bahnt sich besonders zwischen spanischen und mexikanischen Staatsunternehmen an. Mit Schweden und Kanada wurde eine intensivere industrie- und energiepolitische Zusammenarbeit vereinbart. An Italien und Grossbritannien, probeweise auch an die Bundesrepublik Deutschland, wurden Öllieferungen aufgenommen.

Grenzen für den von Mexiko angestrebten »verhandelten Bilateralismus« ergeben sich aus der relativ geringen Nachfragedynamik der OECD-Länder. Angesichts von fast 30 Millionen Arbeitslosen, niedrigen Lohnsteigerungen sowie technologischen Veränderungen wird die Importnachfrage dieser Länder auch in den nächsten Jahren kaum erheblich zunehmen. Mexiko kann allerdings die ungünstigen Zugangsbedingungen der Märkte der Industrieländer und die Konkurrenz anderer teilindustrialisierter Länder unter Umständen durch kombinierte Angebote von festen Ölquoten, Zulieferungen von Investitionsgütern sowie Chancen für Direktinvestitionen überwinden. Über eine »westeuropäisch-japanische Option«, die im Falle Westeuropas auf eine starke Auffächerung der Wirtschaftspartner setzt, scheint es möglich, bis Ende der 80er Jahre die Grössenordnung der ausländischen Direktinvestitionen der USA einerseits (1980: 69 %) sowie der EG/

EFTA und Japans zusammen andererseits anzugleichen. Der Beitrag dieser letzten Gruppe zu Mexikos Exporten dürfte dann bei 40 – 45 % liegen, der zu den Importen bei 40 %.

Bei einfacher Fortschreibung der bilateralen Beziehungen werden die Spielräume für eine Intensivierung der Wirtschaftsbeziehungen zu Mexiko kaum voll zu nutzen sein. Industrieländer ohne Rahmenabkommen werden ebenfalls am mexikanischen Industrialisierungsprozess partizipieren können, jedoch vermutlich zunehmend an Expansionsgrenzen stossen.[12] Da Mexiko trotz seiner Verschuldungsprobleme einer der wichtigsten Investitionsstandorte in der Dritten Welt bleiben wird, ist es wahrscheinlich, dass immer mehr seiner Partnerländer zu einer »Politik verhandelter Beziehungen« übergehen werden. Eine Absicherung dieses Bilateralismus durch interregionale Beziehungen, etwa zwischen der EG und Lateinamerika, wäre vorteilhaft. Die entsprechenden wirtschaftlichen Spielräume sind nicht gross, aber bei weitem auch noch nicht ausgeschöpft.[13] Die bescheidenen Ansätze zur bilateralen politischen Zusammenarbeit, etwa zwischen Mexiko und Frankreich, könnten durch eine interregionale politische Kooperation, die bisher nicht existiert, gestützt und weiterentwickelt werden.

Mexikos Wirtschaftsbeziehungen zu den osteuropäischen Ländern sind bisher unbedeutend, sollen aber über bilaterale Kooperationsabkommen ausgebaut werden. Angesichts der Produktions- und Exportstruktur Mexikos und dieser Länder ist zumindest in den nächsten Jahren nicht mit einer starken Ausweitung dieser Beziehungen zu rechnen. Möglichkeiten bestehen zur Verhandlung von Öllieferungen Mexikos gegen Zulieferungen für seine Investitionsgüterindustrie und zum Ausbau der Infrastruktur.

**Entwicklung der interregionalen Süd-Süd-Beziehungen**

Auch die Wirtschaftsbeziehungen Mexikos zu Ländern in den übrigen Entwicklungsregionen (Mittel-, Ostasien, Naher Osten, Afrika) werden in den 80er Jahren unbedeutend bleiben. Die Exporte des Landes sind grösstenteils auf die westlichen Industrieländer ausgerichtet (1979: 80 %; Brasilien: 66 %). In geringerem Masse gilt dies auch für die Fertigwarenausfuhr (1978: 69 %; Brasilien 50 %).[14] Während in einigen Jahren etwa 55 % der Exporte Brasiliens auf Entwicklungsländer entfallen werden, sind die entsprechenden Diversifizierungsmöglichkeiten für Mexiko gering, da es weder über eine starke Investitionsgüter- und Rüstungsindustrie (wie Brasilien) noch über hohe Agrarüberschüsse (wie Argentinien) verfügt. Eine gewisse Ausweitung der Wirtschaftskooperation mit Entwicklungsländern, etwa Indien, ist über Ölexporte und technologische Zusammenarbeit möglich. Die Kooperation mit Israel ist angesichts von dessen Rüstungsgüterlieferungen und Beraterengagements zugunsten lateinamerikanischer Militärdiktaturen, etwa der El Salvadors, in eine kritische Phase geraten.

Nicht nur aufgrund schwacher Wirtschaftsbeziehungen mit den übrigen Entwicklungsregionen, sondern auch wegen politischer Faktoren werden die Nord-Süd- und die interregionalen Süd-Süd-Beziehungen in den 80er Jahren kaum im Mittelpunkt der mexikanischen Aussenpolitik stehen. Der »globale« Nord-Süd-Dialog wird in den 80er Jahren wahrscheinlich eine wesentlich geringere Rolle spielen als in den 70er Jahren: Das Interesse der Industrieländer an seiner Fortführung ist gering, wie bereits die Cancún-Konferenz zeigte. Die Profilierungsmöglichkeiten eines ölexportierenden Landes wie Mexiko nehmen ausserdem wegen der wirtschaftlichen und politischen Differenzierungsprozesse in der Dritten Welt ab. Zudem ergibt sich aus der geringeren Nachfrage der Industrieländer nach Öl und dem Auftreten weiterer Ölförderländer ein relativer Bedeutungsverlust der OPEC-Länder und auch Mexikos.

Dennoch wird Mexiko ein Schlüsselland der Dritten Welt bleiben, das vor allem auf der UN-Ebene eine politische Bedeutung besitzt, die vermutlich noch zunehmen wird: Seine wirtschaftliche und politische Stabilität basiert auf einem gesellschaftlichen Konsens, der zumindest bisher immer wieder hergestellt werden konnte. Seine nicht-monetaristische, an nationalen Bedingungen orientierte Wirtschaftspolitik mit ihren Tendenzen zur Verstärkung der »mixed economy« findet in vielen Entwicklungsländern Anerkennung. Diese gilt auch seiner legalistisch-moralischen Grundposition in der Aussenpolitik,[15] vor allem dem Nicht-Interventionsprinzip, das im Gegensatz zu den Positionen der Grossmächte entwickelt wurde. Schliesslich überzeugt die mexikanische Position wegen des Eintretens für die »Charta der wirtschaftlichen Rechte und Pflichten der Staaten«, für die wirtschafts- und entwicklungspolitische Ausweitung der UN-Arbeit, die Aufwertung der Generalversammlung gegenüber dem Sicherheitsrat, der stärker durch die Grossmächte dominiert wird, sowie für eine Aufhebung des Bipolarismus dieser Mächte und für Stabilisierungspolitiken in der Dritten Welt, welche die Ursache der Unterentwicklung, nicht aber hauptsächlich deren politische Folgeerscheinungen bekämpfen.

**Entwicklung der regionalen Beziehungen**

Mexiko lehnt seit langem das Interamerikanische System als Instrument zur Regulierung lateinamerikanischer Probleme ab. In den 80er Jahren werden sich die Bemühungen des Landes weiter verstärken, das Lateinamerikanische Wirtschaftssystem (SELA), dem Kuba angehört, nicht aber die USA, zu einem umfassenden Ordnungsrahmen auszubauen.

Den traditionellen Integrationsansätzen in Lateinamerika, besonders der ALALC, stand Mexiko zurückhaltend gegenüber, weil sie häufig einseitig die ausländische Privatwirtschaft stärkten, nicht aber eine »mixed economy«, in der dem Staat eine wichtige Rolle als Motor von Wachstum und Entwicklung zufällt. Mexiko setzte in den 70er Jahren vor allem auf den Aufbau internationaler Verhandlungsmacht durch Lateinamerika, die Koordinierung der Länder der Region in internationalen und lateinamerikanischen Fragen und auf »collective self-reliance«, etwa im Währungs- und Finanzierungsbereich. Das Land wird diese Politiken in den 80er Jahren verstärken, vielleicht auch regionale Retorsionsmassnahmen, etwa gegenüber protektionistischen Politiken von Industrieländern, fordern, zugleich aber seine Politik eines »verhandelten Bilateralismus« auf Lateinamerika beziehen.

Einer mexikanisch-brasilianischen Achse in Wirtschaft und Politik wird angesichts gegenseitiger Wirtschaftsinteressen sowie der Krisen und Konflikte in der Region vermutlich immer mehr Bedeutung zukommen. Zwar ist Brasilien, das am weitesten industrialisierte Land Lateinamerikas, seit Jahren der mit Abstand grösste Handelspartner Mexikos in der Region; beide Länder bemühen sich jedoch erst jetzt um einen intensiven wirtschaftlichen und politischen Bilateralismus. Da ihre Volkswirtschaften in weiten Bereichen komplementär sind, scheint eine erhebliche Ausweitung der gegenseitigen Wirtschaftsbeziehungen möglich (»Öl, sonstige Rohstoffe, zunehmend auch petrochemische Produkte gegen Investitions- und Rüstungsgüter sowie Technologie«). Hinzu kommen die Komplementärabkommen zwischen multinationalen Konzernen beider Länder, die die Tendenzen zu einer Regionalisierung der Volkswirtschaften verstärken, sowie eine mögliche Kooperation im Nuklearsektor. Auf dem Regionalmarkt ergibt sich zumindest bei Investitionsgütern auch längerfristig kaum eine Konkurrenz zwischen beiden Ländern: Mexikos Investitionsgüterindustrie wird weiterhin vornehmlich nach innen expandieren; Brasiliens Kapitalgüterindustrie konkurriert auf dem Regionalmarkt eher mit derjenigen einiger westlicher Industrieländer.

In den 80er Jahren werden Brasilien und Mexiko sowie die Beziehungen dieser beiden Länder untereinander Wirtschaft und Politik in der Region zunehmend dominieren, zumal traditionell wichtige Akteure wie Argentinien schnell an Bedeutung verlieren. Es gibt bereits Anzeichen dafür, dass sich die wirtschaftliche Kooperation mit einer politischen Zusammenarbeit verbindet. Beide Länder halten die einseitige »antikommunistische Politik« der USA in Lateinamerika, welche die Ursachen der Unterentwicklung ausklammert, für weniger wirksam. Beide weisen Tendenzen zu »mixed economies« auf und lehnen die gegen eine dynamische Industrialisierung gerichteten und monetaristischen Wirtschaftspolitiken der Länder des cono sur ab. Beide sind um gleichgewichtige Beziehungen zu den Industrieländern bemüht und besitzen das wirtschafts- und machtpolitische Potential, solche allmählich durchzusetzen.

**Entwicklung der subregionalen Beziehungen**

Mexiko bemüht sich seit den 60er Jahren um eine Intensivierung des Handelsaustausches mit Ländern Zentralamerikas, um gemeinsame mexikanisch-zentralamerikanische Investitionen und um eine Koordinierung der Positionen bei regionalen und internationalen Wirtschaftsverhandlungen. Das Ergebnis dieser Bemühungen ist relativ bescheiden; z. B. entfallen auf Zentralamerika nicht einmal 3 % des mexikanischen Aussenhandels. Ursachen sind die wenig entwickelten Transportsysteme, die geographische Entfernung der mexikanischen Industriezentren (Norden, Mexiko-Stadt), die Produktionsstruktur in Zentralamerika, die für Produktion und Konsum in Mexiko wenig attraktiv ist, das geringe Interesse der mexikanischen Privatwirtschaft an Engagements in Zentralamerika und schliesslich die offene Abneigung der mexikanischen Regierung gegen die traditionellen Wirtschafts- und Militäreliten Zentralamerikas. Hinzu kommt in den letzten Jahren die mehr oder weniger offene Sympathie von Regierung und Massen Mexikos mit den reformistischen und revolutionären Bewegungen der Subregion; natürlich verfolgt die Regierung mit ihrer Sympathie auch innenpolitische Ziele.

Die materielle Basis der mexikanischen Beziehungen zum zentralamerikanisch-karibischen Raum dürfte sich in den nächsten Jahren erheblich ausweiten. Im Jahre 1980 schlossen Mexiko und Venezuela ein Abkommen, in dem sie sich verpflichteten, neun Ländern in diesem Raum Kredite in Höhe von 30 % der Öllieferungen an sie zu gewähren. Die Konditionen dieser Kredite vergünstigen sich in dem Masse, wie sie von den Empfängerländern für Energieprojekte verwandt werden. Dieses Abkommen soll von Jahr zu Jahr verlängert und bei Nachfrage auch auf andere Entwicklungsländer in diesem Raum ausgedehnt werden. Um Costa Rica bei der Überwindung seiner Wirtschaftskrise zu unterstützen, will Mexiko die Importe aus diesem Land erheblich steigern. Im Falle bilateraler Abkommen sollen auch die Importe aus anderen Ländern der Subregion ausgeweitet werden können.

Längerfristig ergibt sich die Frage nach möglichen Formen der Arbeitsteilung zwischen dem Ölland im Industrialisierungsprozess und den primären Exportwirtschaften der Subregion. Mexiko wird zunehmend die Lieferungen petrochemischer und anderer Grundstoffe und von Zwischenprodukten an die kleinen Nachbarländer bestreiten können. Diese Länder werden für die Wirtschaft Mexikos in dem Masse interessant, wie sie in der Lage sind, nicht-traditionelle Agrarprodukte und komplementäre Industrieprodukte zu liefern. Mexiko besitzt also Interesse an Exportprodukten, die zu einer Diversifizierung der Wirtschaft der Nachbarländer beitragen, und konzediert darüber hinaus neuartige Kooperationsformen. Die USA dagegen unterstützen durch ihre Importe eher die traditionelle Agrarproduktion im benachbarten Raum, damit auch ihre eigenen Konzerne und die traditionellen Wirtschaft- und Machteliten. Ein »verhandelter Ausbau« der wirtschaftlichen Beziehungen zwischen Mexiko und Zentralamerika kann insbesondere eine Art »Ersatzmarkt« für Industrien der kleineren Länder schaffen, die bisher auf die Zentralamerikanische Wirtschaftsgemeinschaft (MCCA) setzten.

Die unterschiedlichen Interessen und Bewertungen angesichts der Krisen und Konflikte im zentralamerikanisch-karibischen Raum schaffen ein Spannungsfeld zwischen Mexiko und den USA, das die Beziehungen beider Länder nachhaltig und anhaltend belasten wird. Mexiko lehnt nicht nur jede »Inanspruchnahme« durch US-Interessen ab, sondern sieht auch die Bemühungen Washingtons um eine erneute politisch-militärische Stabilisierung traditioneller Kräfte als höchstens kurzfristig erfolgreich und kontraproduktiv an. Gerade die langjährige und einseitige Stützung entwicklungspolitisch ineffizienter Wirtschafts- und Militäreliten, so wird argumentiert, habe die Position der USA geschwächt und weise auf ihre geringe Leistungsfähigkeit bei der Überwindung von Krisen und Konflikten ohne militärisches Engagement. Mexiko geht davon aus, dass seine Aussenwirtschaft- und Aussenpolitik die Kleinstaaten im zentralamerikanisch-karibischen Raum stärker beeinflussen wird als die der USA, und dass zumindest in Zentralamerika allmählich ein »subregionales Einflussgebiet« entsteht.

Entscheidend wird allerdings sein, ob Mexiko den Partnern im Süden realistische Wirtschafts- und Sozialstrategien empfehlen und sich ausreichend an deren Umsetzung beteiligen kann. Vor allem auf diese Weise wäre längerfristig eine Orientierung postrevolutionärer Regierungen wie der Nikaraguas auf die UdSSR, wie sie im Falle Kubas erfolgte, zu verhindern. Der Kooperation Mexikos mit den Nachbarländern kommt um so mehr Bedeutung zu, als die USA im Falle einer gewissen politischen Stabilisierung der Subregion vermutlich bald – wie schon früher – ihre Interesse an grösseren finanziellen und entwicklungspolitischen Engagements verlieren würden. Die Schwerpunkte ihrer Entwicklungspolitik liegen ohnehin in anderen Räumen.[16]

Während die USA versuchen, ausserhalb des zentralamerikanischen Raumes, etwa in Argentinien und Israel, Alliierte für ihren politisch-militärischen Lösungsansatz zu finden und südamerikanische Länder mit antikommunistischen Regierungen, etwa Kolumbien, zu weiteren Regionalmächten zu küren, strebt die mexikanische Regierung eine »Subregionalisierung« von Krisen und Konflikten an. Auch Interventionen Kubas, zu dem immer wirtschaftliche und politische Beziehungen unterhalten wurden, werden strikt abgelehnt. Zugleich stärkt Mexiko seine subregionale Position über den Ausbau der bilateralen Beziehungen zu westlichen und östlichen Industrie- und zu Entwicklungsländern. Diese Position würde auch auf der UN-Ebene jederzeit eine breite Mehrheit erhalten. Dies gilt um so mehr, als das Land trotz der genannten Gegensätze seine Politik soweit wie möglich mit Washington abzustimmen versucht und eine erfolgreiche Vermittlertätigkeit zwischen den USA und revolutionären Bewegungen und Regierungen übernommen hat.

**Mexikos internationale Position in den 80er Jahren**

Auch in den 80er Jahren wird sich Mexiko vornehmlich auf seine wirtschaftliche Expansion nach innen konzentrieren. Der aussenwirtschaftliche und -politische Spielraum des Landes wird aufgrund der noch wachsenden internen Ungleichgewichte und Verzerrungen, ferner wegen Öleinnahmen, die zumindest in den nächsten Jahren nicht sehr dynamisch wachsen werden, und der äusserst hohen Aussenverschuldung viel begrenzter sein, als in den letzten Jahren vermutet wurde. Im Mittelpunkt werden die Aufschliessung des subregionalen Wirtschaftspotentials, die Stabilisierung der Nachbarländer im Süden, die Ausweitung der wirtschaftlichen und politischen Beziehungen zu den teilindustrialisierten Ländern Südamerikas, besonders Brasilien, der allmähliche Abbau von Dominationselementen in den Beziehungen zu den USA und die Entwicklung neuer Kooperationsformen mit immer mehr westlichen und östlichen Industrieländern stehen.

1. Die Tendenzen zur Herausbildung eines eigenständigen Industriekerns werden sich vor allem über den Ausbau der Investitionsgüterindustrie verstärken. Zwar wird dieser Industriekern ebenso wie die alten Kerne allmählich über die nationalen Grenzen hinauswachsen und im zentralamerikanisch-karibischen Raum Randzonen bilden; schon hier aber wird die mexikanische Investitions- und Handelsdynamik auf wirtschaftliche und politische Interessen der USA, Venezuelas und auch Kubas stossen. Die geographische Lage des Landes erzwingt eine komplexe subregionale Politik: In einigen Fragen ist ein abgestimmtes Vorgehen mit den übrigen Regionalmächten unerlässlich; zugleich aber werden die Bemühungen einer jeden der Regionalmächte um eine eigenständige Strukturierung der »Einflusssphäre« zunehmen. Im Extremfall wird Mexiko sogar Massnahmen der USA zur politisch-militärischen Stabilisierung einzelner Kleinstaaten unterlaufen müssen, um seine Position zu bewahren oder auszubauen. Zumindest wird der Spielraum für direkte Interventionen der Grossmacht in der Subregion enger.

2. Bemühungen Mexikos zur Schaffung von weiter entfernten Peripheriegebieten werden auf weit grössere Probleme treffen: Aufgrund der langjährigen Binnenorientierung werden die Unternehmen des Landes kaum wettbewerbsfähig genug sein, um in Konkurrenz zu Brasilien oder Industrieländern neue Märkte für Industrieprodukte aufzuschliessen. Über bilaterale Komplementärabkommen, die Ölexporte einschliessen, wird die relativ geringe internationale Wettbewerbsfähigkeit Mexikos nicht in allen Fällen auszugleichen sein. Aus diesen Gründen, zudem weil das Land selbst noch eine Zeitlang einige Charakteristika der Randzone eines internationalen Industriekerns behalten wird, sind dem zentrischen Druck des neu entstehenden Industriekerns, damit auch der Tendenz zur »Individualisierung grossräumiger

Industriekomplexe«,[17] enge Grenzen gesetzt. Allerdings sind die USA gezwungen, bei der Verfolgung ihrer Wirtschafts- und Sicherheitsinteressen in Lateinamerika mehr als früher auf die sich herausbildenden Industriekerne Brasilien und Mexiko Rücksicht zu nehmen. Dies gilt um so mehr, weil diese beiden Länder versuchen, ihre Position in der Region und gegenüber den USA durch bi- und multilaterale Vertragssysteme abzusichern.

3. In den 80er Jahren wird Mexiko vor allem wegen seiner hohen Importe und der günstigen Anlagemöglichkeiten in seinem Industriesektor internationale Bedeutung gewinnen. Zwar werden sich seine wirtschaftlichen und politischen Beziehungen zu vielen Industrie- und Entwicklungsländern verbreitern und vertiefen lassen; das Land wird jedoch trotz seiner Öl- und Industriegüterexporte für die Weltwirtschaft kaum eine ähnlich grosse Bedeutung wie Brasilien aufgrund von Investitions- und Rüstungsgüterausfuhren erlangen können. Die internationale Rolle Mexikos wird vor allem von den Ergebnissen seines »verhandelten Bilateralismus« abhängen. Durch eine enge Kooperation mit den alten und den neuen Mittelmächten kann das Land einen gewissen Beitrag zur Auflockerung der Bipolarität zwischen den Grossmächten und zur Funktionsfähigkeit des internationalen Systems leisten. Bei Verfolgung dieser Politik durch weitere Staaten könnten über eine Vielzahl von Abstimmungs- und Koordinationsmechanismen Anpassungs- und Umstrukturierungsprozesse erzielt werden, die den Nord-Süd-Dialog auf der Ebene allgemeiner Verhandlungen entlasten und seine Konzentration auf einige weltwirtschaftlich wichtige Probleme erlauben. Mexiko wird in den 80er und 90er Jahren nicht in den »Club der Highly Developed Nations«[18] eintreten; über die Dynamik, die von seinem Industriekern ausgeht, werden jedoch die Tendenzen zur Herausbildung einer multizentrischen Weltwirtschaft und -politik verstärkt werden.

1) vgl. *K. Eßer*, Lateinamerika – Industrialisierungsstrategien und Entwicklung, Frankfurt am Main 1979, S. 158 ff.

2) ders., Militär und Entwicklung in Lateinamerika, in: Verfassung und Recht in Übersee, 2, 1982

3) Banco de México, México: ajustes a la política económica, in: Comercio Exterior, März 1982, S. 293 – 297, S. 294

4) 1981: 3.957.000 ausländische Besucher, die 1,75 Mrd. US-$ im Lande liessen; Auslandsreisen: 3.985.000 mit Ausgaben von 1,49 Mrd. US-$ (Deutsch-Mexikanische Industrie- und Handelskammer, cooperación, 2, 1982, S. 4)

5) Angaben der mexikanischen Regierung

6) vgl. *R. Villarreal,* El petróleo como instrumento de desarrollo y de negociación internacional. México en los ochentas, in: El Trimestre Económico, 189, Jan. –März 1981, S.3 – 44, S. 43; V. gibt die Meinung vieler Politiker und Wissenschaftler Mexikos 1980/81 wieder, wenn er schreibt: »El año de 1980 representa el punto de cambio (turning point) hacia un nuevo modelo de desarrollo que permita a México emerger como una potencia industrial para fines de siglo.«

7) Weltbank, Weltentwicklungsbericht 1981, Washington 1981, S. 184, Tab. 19

8) Die Investitionsgüterindustrie Mexikos liegt etwa zehn Jahre hinter der Brasiliens und selbst Argentiniens zurück; vgl. *P. Richter/K. Eßer,* Schwerpunktland Mexiko – Zur Fortentwicklung der bilateralen Kooperationspolitik der Bundesrepublik Deutschland, Berlin 1981, S. 5, S. 18 ff.

9) *O. Pellicer de Brody,* La política de Ronald Reagan hacia México: La difícil recuperación de la buena vecindad, in: CIDE, Cuadernos Semestrales, estados unidos: perspectiva latinoamericana, Mexiko, 1. Sem. 1981, S. 255 – 270

10) *L. Brock,* Intervention und Konfliktverschärfung: Die Lateinamerika-Politik, in: E.-O. Czempiel (Hrsg.), Amerikanische Aussenpolitik im Wandel, Stuttgart, Berlin, Köln, Mainz 1982, S. 145 – 167, S. 164 f.

11) *Ch. Pollak,* Mexiko: Ein interessanter Kooperationspartner der deutschen Industrie, in: ifo-Schnelldienst, 3, 1982, S. 13 – 19

12) vgl. *P. Richter/K. Eßer,* Schwerpunktland Mexiko ..., a. a. O., S. 54 ff.

13) *G. Ashoff,* Lateinamerika und die Europäische Gemeinschaft, in: *K. Lindenberg (Hrsg.),* Lateinamerika – Herrschaft, Gewalt und internationale Abhängigkeit, Bonn 1982, S. 263 – 291

14) Weltbank, Weltentwicklungsbericht 1981, S. 168 – 171, Tab. 11 und 12

15) vgl. *W. Grabendorff,* Bestimmungsfaktoren und Dimensionen der Aussenpolitik Mexikos, Ebenhausen, Dez. 1977

16) vgl. *OECD,* Development Co-operation, 1981 Review, Paris 1981, S. 106 f.

17) *A. Lemper,* Handel in einer dynamischen Weltwirtschaft, München 1974, S. 132; vgl. *E. P. W. Minx,* Von der Liberalisierungs- zur Wettbewerbspolitik – Internationale Wirtschaftspolitik zwischen Industrieländern nach dem Zweiten Weltkrieg, Berlin, New York 1980, S. 122 – 135

18) Siehe *V. L. Urquidi,* Nicht nur vom Öl allein – Mexikos Zukunftaussichten, S. 18 ff in diesem Sammelband.

# Nachtrag und Ausblick:
# Das Krisenjahr 1982

Im Jahr 1982, dem letzten Amtsjahr der Regierung López Portillo, kam es zur grössten Wirtschaftskrise des modernen Mexikos. Ihr Ausbruch signalisierte vielleicht mehr als andere Indizien den Anfang vom Ende eines Entwicklungskonzepts, das in vier Jahrzehnten kontinuierlichen Wachstums auf Erfolg programmiert zu sein schien.

Der Weg in die wirtschaftliche Krise lief in drei bestimmbaren Etappen ab, die fast zwangsläufig der kurzfristig konzipierten Wachstumsstrategie auf Erdölbasis ein Ende setzten.

Die rasch angewachsenen Ölreserven aus den neuen Produktionsfeldern im Südwesten des Landes hatten es ermöglicht, die Wirtschaftskrise von 1975/76 zu überwinden. Durchschnittliche Wachstumsraten des Bruttosozialproduktes von 8,4 % im Zeitraum 1978-1981 schienen die ungebrochene Kraft der mexikanischen Wirtschaft zu beweisen – trotz der Stimmen, die vor den Gefahren einer »petrolisierten« Wirtschaft warnten.

Diese Gefahren, und damit auch die prekäre Situation, in die sich Mexiko hineinmanövriert hatte, wurden deutlich, als wegen der sich verschlechternden Weltmarktbedingungen für Rohöl die staatliche Ölgesellschaft PEMEX Anfang des Jahres ihre Preise zum zweiten Mal um bis zu 2,50 US-$ pro Fass senkte. Dies bedeutete einen Devisenausfall von mehr als 500 Mio. US-$. Dem versuchte die Regierung damit entgegenzutreten, die Exportmengen über die offizielle Förderbeschränkung von 2,75 Mio. Fass pro Tag zu steigern. Der Vorschlag wurde aus politischer Rücksicht nicht aufgegriffen, obwohl der Einnahmeverlust durchaus bedeutend war und auf die wirtschaftlichen Zielgrössen einen erheblichen Einfluss haben musste. Da man aber ohnehin mit einer Verminderung des Bruttosozialproduktes rechnete, schätzte man den Effekt auf die schon traditionelle Abflachung des ökonomischen Wachstums am Ende einer Regierungsperiode nicht so gross ein. Davon zeugte auch die immer noch äusserst optimistische Erwartung, ein Wirtschaftswachstum zwischen 6,5 % und 7 % erreichen zu können. Die Regierung sah den offiziellen Verlautbarungen zufolge ihre Hauptaufgabe in der Bekämpfung der Inflation, die im Jahr 1981 mit 28,9 % fast an den Vorjahreswert von 31 % herangekommen war.

Die Signalwirkung des erneuten Preisverfalls bei Rohöl übertraf jedoch bei weitem die offiziellen Einschätzungen. In dem sich verschärfenden Klima wirtschaftlicher Unsicherheit, die bereits Mitte 1981 mit der ersten Ölpreissenkung und der damit verbundenen Entlassung des PEMEX-Chefs begonnen hatte, nahm die Flucht in den US-Dollar rasch zu. So soll nach inoffiziellen Schätzungen in der Zeit von November 1981 bis Februar 1982 die Furcht vor Abwertung und weiterem Preisverfall einen Devisenabzug von etwa 4 Mrd. US-Dollar bewirkt haben. Die ungehinderte weitere Aussenverschuldung (Verhandlungen über einen weiteren Grosskredit an PEMEX waren im Gange), um das steigende Leistungsdefizit zu decken, verstärkte den Druck auf die mexikanische Währung. Mit dem Rückzug der mexikanischen Zentralbank vom Devisenmarkt am 18. Februar kam die Abwertung des Peso. Die erste Etappe einer Einschnürung der mexikanischen Wirtschaft war erreicht.

Die daraufhin ergriffenen Sofortmassnahmen zur Dämpfung des Abwertungseffektes auf die breiten Schichten der Bevölkerung schlossen eine Erweiterung der schon existierenden Preiskontrollen ein. Lohnanpassungen sowie der verstärkte Import von Massenkonsumartikeln, der einen weiteren Inflationsschub aufgrund von Spekulationen verhindern sollte, waren darauf gerichtet, die negativen Auswirkungen in Grenzen zu halten. Kurzfristig angesetzte Hilfsprogramme für Unternehmen, die ausländische Kreditverpflichtungen eingegangen waren, sollten einer Produktionskostenexplosion und einer allgemeinen Kapitalverknappung entgegenwirken. Die Reduzierung des öffentlichen Haushaltes um 3 % (6 Mrd. Pesos / etwa 120 Mio. US-$ bei einem Kurs von 49) sollte den Druck auf den Peso vermindern. Die Wachstumserwartungen für die Wirtschaft wurden von der Regierung auf 4,5 % reduziert, obwohl PEMEX Ende Februar einen weiteren Preisnachlass von bis zu 2,50 US-$ gewährte.

In den Wochen nach der Abwertung entstand ein Wettlauf zwischen den notwendigen finanziellen Stabilisierungsmassnahmen und den direkten Auswirkungen auf Konsum und Produktion. Dabei entglitt der Regierung schon bald die Kontrolle über die Krise. Man lavierte sich von einer Krisensituation in die andere und versuchte, mit hinhaltendem Widerstand über die letzten Monate der auslaufenden Regierungsperiode zu kommen; eine Haltung, die stets auf ein »zu wenig«

und »zu spät« hinauslief. Ein erstes Notprogramm war die generelle Anhebung der Löhne um 10 % bis 30 % rückwirkend zum 18. Februar. Dies führte zu Konflikten mit der Privatwirtschaft, die angab, dass eine solche Steigerung zusammen mit der bereits Anfang des Jahres verfügten Anhebung des Minimallohns um 30 % nicht mehr absorbiert werden könne. Über 1.700 Firmen mit mehr als 2 Mio. Arbeitnehmern erhielten Streikandrohungen, weil sie die angeordneten Lohnerhöhungen verweigerten. Die Regierung stellte Hilfe in Aussicht. Sie versprach, dass bis zu 42 % der durch die veränderte Devisenlage verursachten Verluste entweder vom Staat direkt übernommen würden oder durch andere Massnahmen wie steuerliche Abschreibungen ausgeglichen werden könnten. Liquiditätsschwachen Firmen sollte bei den Schwierigkeiten der Lohnanpassung geholfen werden. Im Grunde genommen ging es bei der Bekämpfung der akuten Krise um die Erhaltung eines Wachstumsmodells, das schon als gescheitert anzusehen war, doch die Regierung konnte und wollte keine Abstriche an ihrem bisherigen Kurs machen. Jedes Eingeständnis hätte den schwankenden Grund der nunmehr tatsächlich »petrolisierten« Wirtschaft offengelegt.

Die personellen Konsequenzen aus der finanziellen Krise liessen nicht auf sich warten. Der Finanzminister und der Zentralbankpräsident wurden entlassen, eine ungewöhnliche Entscheidung so kurz vor dem Ende einer Amtsperiode, die auf weitere wichtige Massnahmen schliessen liess. Schon bald begannen auch die ersten Verhandlungen über die enorm gewachsene Auslandsverschuldung. Gleichzeitig bemühte sich die Regierung, mit vorsichtigen Anpassungen auf die veränderte Situation zu reagieren. Die Nettoneuverschuldung für das laufende Jahr 1982 sollte nicht höher als 11 Mrd. US-$ sein und der öffentliche Haushalt nochmals um 5 % gekürzt werden. Auch die Einfuhren sollten gegenüber den vorausgegangenen Jahren gekürzt werden, um das Zahlungsbilanzdefizit zu verringern.

Doch das Klima genereller wirtschaftlicher Unsicherheit veränderte sich wenig, wobei der offensichtliche Kontrast zwischen einem zur Schau getragenen regierungsamtlichen Zweckoptimismus und den erkennbaren Realitäten des Landes eine grosse Rolle spielte. So erreichte die Inflation im ersten Halbjahr mit 31,7 % die Rate der Vorjahre. Selbst optimistische Erwartungen gingen von einer Rate für das ganze Jahr von über 60 % aus. Demgegenüber wirkten die offiziellen Verlautbarungen von einer um 3 Monate verlängerten »Preiskontrolle«, die u. a. zu Spekulation und Horten von Konsumartikeln veranlasste, als weiteres Eingeständnis wirtschaftspolitischer Ohnmacht. Auch Ankündigungen, dass die Aussenverschuldung 65 Mrd. US-$ nicht übersteigen würde und dass diese Schuld nur wenig mehr als 2 % des Gesamtwertes der bisher angenommenen Ölreserven ausmache, also im Grunde gering sei, trugen dazu bei, die allgemeine Verunsicherung zu verstärken.

Immer deutlicher wurden die privatwirtschaftlichen Krisensymptome. Anfang Mai brach mit der Bekanntgabe, dass die Firmengruppe Alfa in Monterrey ihre Zahlungen bis auf weiteres einstelle, der grösste private Konzern zusammen. Zu diesem Zeitpunkt beliefen sich seine Kredit- und Zinsverpflichtungen auf 2,3 Mrd. US-$. Obwohl Alfa schon im Jahr davor nur mit Hilfe eines dubiosen Kredits des Staates seinen Verpflichtungen nachkommen konnte, kam dieser Schritt überraschend. Andere grosse Firmen folgten. So stellte das drittgrösste Unternehmen der Bauindustrie, Constructora General del Norte, die Zahlungen ein. Mexicana de Aviación, die grosse private Luftlinie, musste die Tilgung von 350 Mio. US-$ aussetzen, und Mitte Juli ging das Unternehmen in staatlichen Besitz über.

Der Ernst der wirtschaflichen Lage wurde durch eine Reihe von Sofortmassnahmen im öffentlichen Sektor unterstrichen. Ein neuer Haushalt für das Jahr 1982 wurde aufgestellt, der die schon angekündigten Sparmassnahmen in Höhe von 8,3 % voll integrierte. Alle nicht unbedingt notwendigen Projekte, wie z. B. Neubauten für die PEMEX-Hauptverwaltung oder die Instandsetzung des kolonialen Zentrums von Mexiko-Stadt, wurden bis auf weiteres zurückgestellt. Das öffentliche Eingeständnis von einem zu erwartenden Wirtschaftswachstum von unter 1 % für 1982 illustrierte die Unfähigkeit, das bisherige Prokopfeinkommen bzw. den Lebensstandard der breiten Schichten zu halten. Anfang August waren die wirtschaftlichen Reserven erschöpft. Die Regierung musste mit kräftigen Preisschüben bei Grundnahrungsmitteln, Elektrizität und Benzin dem inflationären Druck nachgeben; auch unter sanftem Druck des IWF, der auf ein »Signal« wartete. Die Erhöhungen von teilweise bis zu 100 % sollten die riesig angewachsene Subventionslast des Staates verringern. Die aus taktischer Sicht nach den Präsidentschaftswahlen vom Juli getroffenen Massnahmen waren das Ergebnis einer gescheiterten Wirtschaftspolitik. Während der Subventionsfonds im Jahre 1976 noch 5 % des Bruttosozialproduktes ausgemacht hatte, belief er sich schon vier Jahre später auf 16 %. Nach der Februar-Abwertung wurde er zu einer drückenden Last. Um den Preis z. B. des Hauptnahrungsmittels Tortilla bei

5,5 Pesos pro Kilo zu halten, musste die Regierung bei jedem Kilo 1 Peso zuschiessen. Die latenten Folgen der »petrolisierten Wirtschaft« traten immer offener zutage: Solange das Erdöl ständig zunehmende Einnahmen des Staates bewirkte, konnte mit einer grosszügigen Subventionspolitik der wirtschaftliche, politische und soziale Frieden gesichert werden. Die Abhängigkeit vom Erdöl musste zwangsläufig dann zu grossen Schwierigkeiten führen, wenn die Erlöse nicht mehr wachsen oder gar abnehmen würden.

Am 6. August 1982 brachte eine zweite und noch grössere Abwertung der mexikanischen Währung alle Ansätze zur Bewältigung der Krise zu einem abrupten Halt. Die zweite Etappe, in der sich die Hilflosigkeit des Staates gegenüber einem schon verselbständigten Auflösungsprozess des einmal konzipierten Wachstumsmodells auf Erdölbasis zeigte, war damit abgeschlossen.

Um die weitreichenden Folgen der erneuten Abwertung etwas zu dämpfen, wurde zunächst ein gespaltener Wechselkurs eingeführt. Ein sogenannter Vorzugskurs von 50:1 zum US-Dollar sollte unter der Kontrolle der Zentralbank bleiben und allen für die Volkswirtschaft wichtigen Transaktionen zugrunde liegen; so z.B. für den Import von Nahrungsmitteln und unbedingt notwendigen Kapitalgütern für private und staatliche Unternehmen. Der sogenannte »freie Kurs« sollte sich durch Angebot und Nachfrage einpendeln. Dabei spielte die Überlegung mit, dass eine strikte Devisenbewirtschaftung durch eine 3.000 km lange Grenze zu den USA praktisch unmöglich ist. Die Einführung eines sogenannten »Mexdollars« verfügte den zwangsweisen Umtausch sämtlicher in Mexiko unterhaltenen Dollarkonten in Pesos zu einem festen Kurs von 69.50:1. Durch diese letzte Massnahme verschaffte sich der mexikanische Staat eine gewisse Liquidität. Wie schon im Februar wurden erneut Anstrengungen unternommen, die unmittelbaren negativen Auswirkungen dieser Massnahme auf Unternehmen und Geschäfte durch Steuererleichterungen und finanzielle Unterstützungen zu mildern. Das Handelsministerium verlängerte die »Preiskontrolle« für mehr als 5.000 Produkte, die der Grundbedürfnisbefriedigung dienen, bis zum 31. Dezember. Die internen Notmassnahmen wurden auf internationaler Ebene mit der Bitte begleitet, alle Zahlungsverpflichtungen Mexikos für 90 Tage auszusetzen. Gleichzeitig bot Mexiko an, in Verhandlungen über eine Umschuldung seiner Auslandsschulden zu treten. Einzige Vorbedingung war die rasche Bewilligung eines Notkredits zur Überbrückung des akuten Devisenmangels. Am 30. August entschied der IWF sich für einen ersten Kredit in Höhe von 925 Mio. US-$ als Teil eines grösseren Kreditpakets, das aber noch bestimmt werden musste.

Doch diese Anstrengungen konnten nicht über die Probleme des schwer angeschlagenen Regimes hinwegtäuschen, denn mit dieser zweiten Abwertung konnte es keine Beschönigung der wirtschaftlichen Situation geben. So trat der Präsident López Portillo die Flucht nach vorn an. In seinem letzten Bericht zur Lage der Nation am 1. September 1982 gab er überraschend die Verstaatlichung aller privaten Banken, mit Ausnahme der Filialen ausländischer Banken, bekannt. Dem Vernehmen nach wurde die Entscheidung für diesen sensationellen Schritt im kleinsten Kreis und unter Ausschluss der wichtigsten Minister des Kabinetts gefällt. Dieser einsame Entschluss in Machtvollkommenheit eines mexikanischen Präsidenten ist nur im Kontext der auslaufenden Amtsperiode zu verstehen. Das schon verloren geglaubte Image des Regimes schien schlagartig wiederhergestellt zu sein. López Portillo stellte sich an die Spitze einer Woge nationaler Erhebung, wobei ihm der Vergleich mit Lázaro Cárdenas (1934–1940), unter dem die Verstaatlichung der Erdölindustrie verfügt wurde, auch persönlich angenehm zu sein schien. Auch hinsichtlich des politischen Kalküls war die Entscheidung zunächst nicht ohne Wirkung. Einerseits konnte die einflussreiche Gruppe der Bankiers, die ohnehin wenig Sympathien unter den breiten Schichten der Bevölkerung genoss, für die Krise verantwortlich gemacht werden. Auf der anderen Seite konnte auf einen Schlag der innere Zusammenhalt der politischen Legitimation gegenüber anderen Gruppierungen einschliesslich der linken erneuert werden.

Gleichzeitig mit der Verstaatlichung der Banken wurde die Devisenbewirtschaftung eingeführt. Ein fester, aber gespaltener Wechselkurs zum Dollar (50:1 und 70:1) sollte eine gewisse finanzielle Stabilität garantieren. Einschränkungen gab es für mexikanische Touristen, die nur noch 250 US-$ ausführen durften; eine drastische Massnahmen für die bürgerlichen Kreise, die, einer Studie des Handelsministeriums zufolge, die ausgabefreudigsten Touristen (pro Kopf 1.000 US-$) der Welt waren. Die Zinsen für Spareinlagen wurden von 4,5 % auf 20 % erhöht. Diese Massnahme war besonders angetan, dem Regime politische Unterstützung zukommen zu lassen, zumal auch die Inflationsrate gewaltig angestiegen war ( allein für August betrug sie 11,2 %). Demgegenüber plante die Regierung, die Kreditvergabe langsam zu drükken, um die interne Kreditvergabe für Investitionen zu fördern. Doch alle diese Massnahmen konnten nicht mehr als kosmetische Operationen sein, wenn es Mexiko nicht gelänge, neue Auslandskredite an Land zu ziehen.

Anfang November zeichnete das Land mit dem IWF einen »letter of intent« über einen Kredit von 3,8 Mrd. US-$, verteilt auf drei Jahre. Einige der wichtigeren Aspekte des dabei vorgesehenen Sanierungsprogramms waren die folgenden:
- Verringerung des augenblicklichen Haushaltsdefizits des öffentlichen Sektors gemessen am Bruttosozialprodukt von 16,5 % auf 3,5 % im Jahre 1985;
- Begrenzung der externen Neuverschuldung auf 5 Mrd. US$ für 1983;
- Abbau der Subventionen für Produktion und Konsum;
- »realitätsbezogenere« Löhne und Gehälter;
- Abbau der Preiskontrollen;
- Abbau von protektionistischen Regelungen für die Industrie;
- Verbesserung des Steuersystems.

Als Gegenleistungen wurde Mexikos Bitte um eine Verlängerung der Aussetzungen der Rückzahlungen für weitere 90 bis 120 Tage entsprochen. 810 Mio. US-$ als finanzielle Überbrückungshilfe kamen aus zusätzlichen Öllieferungen an die USA. Auf diese Weise wurde die Gefahr eines Moratoriums vermieden, ohne die wirtschaftspolitische Last der neuen Regierung ungebührlich zu erhöhen.

Bei seiner Antrittsrede als neuer Präsident stellte Miguel de la Madrid ein 10-Punkte-Programm vor, das wesentliche Auflagen des IWF berücksichtigte. Leitmotiv des Sanierungsansatzes war die bessere Ausnutzung der eigenen Ressourcen, grössere Effizienz und Produktivität in Verbindung mit zusätzlichen Sparmassnahmen im öffentlichen Bereich. Die Begründung für die bittere Wirtschaftsmedizin wurde eine Woche später in einer Gesetzesvorlage für den Haushalt 1983 geliefert. In ungewöhnlicher Offenheit wurde die Wirtschaftslage wie folgt umrissen:
- Die offene Arbeitslosigkeit hat sich verdoppelt, und 800.000 zusätzliche Arbeitsuchende drücken im nächsten Jahr auf den Markt.
- Im Jahr 1983 müssen 7 Mio. Tonnen Nahrungsmittel eingeführt werden, und im industriellen Sektor werden viele Unternehmen aus Mangel an Kapital und Devisen schliessen müssen.
- Eine Inflation von 98,8 % im Jahre 1982 verschlechtert die wirtschaftliche Situation der breiten Schichten der Bevölkerung, stoppt internes Kapitalaufkommen und neue Investitionen. Inflationsraten von 200 % und darüber sind für die nächste Zukunft denkbar.

- Mexiko hat mit den Abwertungen und der immensen Kapitalflucht, die immer noch nicht gestoppt ist, seine währungspolitische Souveränität verloren.
- Der öffentliche Sektor registriert ein in der Geschichte Mexikos ungekanntes Defizit, hat kein eigenes Kapitalaufkommen mehr, gibt zuviel aus, verschwendet wichtige Ressourcen und ist so hoch verschuldet, dass von jedem Peso Einnahmen 32 Centavos zur Tilgung der Schulden verwendet werden müssen.
- Das Wachstum der nicht-ölbezogenen Einkommen ist niedriger als die Inflation.

Mit dem Hinweis, dass diese Situation keineswegs konjunkturell bedingt sei, sondern auf Jahre hinaus die mexikanische Gesellschaft belasten werde, schliesst die Gesetzesvorlage mit den Hauptrichtlinien für ein strenges Austeritätsprogramm, das im wesentlichen die schon oben erwähnten Empfehlungen des IWF berücksichtigt. Mit dem Hinweis, dass die Hauptursachen der aktuellen Krise auf interne Unzulänglichkeiten zurückzuführen seien und jeder Lösungsvorschlag deshalb auch den Mexikanern vorbehalten sei, werden vier politische Massnahmebündel zur »Neuordnung der Volkswirtschaft« vorgeschlagen:
- Massnahmen zur Hebung des internen Sparaufkommens;
- Massnahmen zur Stabilisierung des Devisenmarktes und zur Reduzierung der Devisenknappheit;
- Massnahmen zur Arbeitsplatzbeschaffung und zum Schutze der Produktionsplattform;
- Massnahmen zur Bekämpfung der Inflation.

Was die Ausführung dieser Massnahmen angeht, so sollen sie einen annehmbaren Kompromiss zwischen den Notwendigkeiten wirtschaftlicher Vernunft und den realen Möglichkeiten des Landes darstellen. Dabei sollen auch sozialpolitische Akzente gesetzt werden. Dies gilt besonders für den Bereich der einkommensschwachen Schichten der Bevölkerung. Unter dem Prinzip einer möglichst gleichmässigen Verteilung der Kosten und Opfer für die Sanierung werden die folgenden Programme betont:
- Programme zum Schutz der Arbeitsplätze;
- Programme zum Schutz der Grundbedürfnisse für die marginalen Schichten der Bevölkerung.

Im Zusammenhang mit einer verstärkten Führungsrolle des Staates, die möglicherweise auch Verfassungsänderungen bedingt, soll darauf gedrungen werden, dass neben moderaten Erhöhungen bei Löhnen und Gehältern auch die Gewinne der Unternehmen nur einen moderaten Anstieg verzeichnen. Unter Berücksichtigung der institutionellen und ideologischen Rahmenbedingungen der mexikanischen Wirtschaft lässt sich unter einer solchen Zielsetzung vielleicht nicht ein Bruch mit offiziellen Verlautbarungen, aber zumindest gewisse Abstriche feststellen. Der Staat wird weiterhin mit grossen Investitionen die Sicherung und Erweiterung des Arbeitsmarktes übernehmen müssen. So soll nach konkreten Plänen der Regierung ein Strassenbauprogramm 350.000 Arbeitsplätze schaffen. Im sozialen Wohnungsbau sollen noch einmal 50.000 dazu kommen. Diese und andere Projekte dürften dafür sorgen, dass der Forderung des IWF nach »weniger Staat« nur sehr mühsam nachzukommen ist.

Hinsichtlich der Bemühungen zur Bewältigung der gegenwärtigen Krise ist die Wirtschaftskrise von 1975/76 lehrreich. Auch die damals angestrebten Restriktionen im öffentlichen Haushalt wurden, wenn überhaupt, nur sehr zögernd in die Pläne einbezogen. Schon vor Ablauf des mit dem IWF geschlossenen Abkommens für die Jahre 1977–1979 hatte Mexiko die meisten Vereinbarungen zumindest de facto nicht eingehalten. Für die schwierige Anfangsphase der Regierung Miguel de la Madrid scheint sich etwas Ähnliches anzubahnen. Ein Hinweis darauf ist die kürzlich vorgenommene Teilreform des verstaatlichten Bankenwesens, die bis zu 34 % des Kapitals in private Hände zurückführen wird. Andere Indizien sind kräftige Preisschübe und die Aufstockung der Mehrwertsteuer von 10 % auf 15 % (für Luxusgüter 20 %), die alle grössere Opfer von den einkommensschwachen Schichten verlangen. Dieses »quid« soll plakativ mit einem »quo« von mehr Staat bei der Arbeitsplatzsicherung honoriert werden, die den einzig echten Test für die Regierung bedeutet. Schon jetzt ist es wahrscheinlich, dass, vor eine Alternative gestellt, die Regierung dem Ziel der Beschäftigungserhaltung gegenüber den »abstrakten« Forderungen des IWF den Vorzug geben wird. Dafür spricht nicht zuletzt, dass prominente Politiker als sog. »Koordinatoren« dieser Politik zum Schutz der Arbeitsplätze fungieren.

Das wirtschaftliche Katastrophenjahr 1982 hat der Regierung Miguel de la Madrid eine Hypothek hinterlassen, die allein in ihrer Dimension einen Bruch mit den traditionellen Machtwechseln der mexikanischen Politik bedeutet. Noch nie hat ein neues Regime über einen derartig verengten Spielraum verfügt, um einer Krise Herr zu werden. Das Zusammenwirken sozialer Belastungen, ökonomischer Zwänge und politischer Gegebenheiten erzeugt gesellschaftlichen

Druck, der die Verantwortlichen möglicherweise dazu zwingt, neue Wege aus der Krise zu beschreiten. Dazu gehören eine grundlegende Veränderung der Agrarstruktur und die Beseitigung der unausgewogenen Regionalentwicklung ebenso wie eine Reform des überkommenen politischen und gesellschaftlichen Systems. Ob Mexiko diese grosse Bewährungsprobe annimmt und besteht, ist noch offen, die Chancen dafür sind gegeben.

## ZU DEN AUTOREN

*Gabriela Comel*, Studium der Geschichte in Köln, 1969 Forschungsaufenthalt in Mexiko, Anschlussstudium der Energiewirtschaft in London, freiberufliche Tätigkeit bei verschiedenen Erdöl- und Consultinggesellschaften, gegenwärtig freiberuflicher Energie-Consultant in Hamburg.

*Michael Domitra*, 1945, Studium der Volkswirtschaftslehre in Köln, 1972–1975 Forschungsaufenthalt in Mexiko, 1975–1978 Auslandsmitarbeiter der Friedrich-Ebert-Stiftung in Mexiko, seit 1978 wissenschaftlicher Mitarbeiter im Forschungsinstitut der Friedrich-Ebert-Stiftung in Bonn.

*Michael Ehrke*, 1950, Studium der Politik- und Sozialwissenschaften in Hannover, 1976–1981 Forschungsaufenthalt in Mexiko, seit 1982 wissenschaftlicher Mitarbeiter des Instituts für Iberoamerika-Kunde in Hamburg.

*Klaus Eßer*, 1940, zahlreiche Forschungsaufenthalte in Lateinamerika, seit 1971 wissenschaftlicher Mitarbeiter am Deutschen Institut für Entwicklungspolitik in Berlin, gegenwärtig Leiter der Abteilung Industrialisierungsprozesse, Wachstum und Entwicklung. Gutachtertätigkeit für nationale und internationale Regierungsstellen.

*Albrecht von Gleich*, 1929, Studium der Betriebswirtschaftslehre in Hamburg, Lehrtätigkeit in Kolumbien und den USA, zahlreiche Forschungsaufenthalte in Lateinamerika. Seit 1963 wissenschaftlicher Mitarbeiter und seit 1971 Direktor des Instituts für Iberoamerika-Kunde in Hamburg. Gutachtertätigkeit für nationale und internationale Institutionen.

*Rainer Godau*, 1947, Studium der Soziologie in Austin/Texas und Mexico, D. F., Forschungs- und Lehrtätigkeit am Colegio de México, gegenwärtig freier Mitarbeiter des Instituts für Iberoamerika-Kunde in Hamburg.

*Wolfgang König*, 1938, Studium der Volkswirtschaftslehre in Berlin und London, 1965–1967 Forschungsaufenthalt in Mexiko, Lehrtätigkeit in den USA, Tätigkeit für nationale und internationale Organisationen, seit 1973 Professor für Volkswirtschaftslehre an der Universität Göttingen.

*Volker Lehr*, 1951, Studium der Politik- und Sozialwissenschaften in Bonn, 1976–1978 Forschungsaufenthalt in Mexiko, zur Zeit Dozent an der Autonomen Nationaluniversität Mexiko.

*Christian Pollak*, 1947, Studium der Volkswirtschaftslehre in Linz und der Politikwissenschaften in Paris, seit 1975 wissenschaftlicher Mitarbeiter der Abteilung Entwicklungsländer am Ifo-Institut für Wirtschaftsforschung in München.

*Victor L. Urquidi*, 1919, Studium der Wirtschaftswissenschaften in London, Tätigkeit bei mexikanischen Regierungsstellen und internationalen Organisationen, 1952–1958 Direktor des Regionalbüros der CEPAL in Mexiko, seit 1966 Präsident des Colegio de México, seit 1980 Präsident der International Association of Economy, Mitglied des Club of Rome.